V&R

GISELA KITTEL

Befreit aus dem Rachen des Todes

Tod und Todesüberwindung im Alten und Neuen Testament

VANDENHOECK & RUPRECHT
IN GÖTTINGEN

Biblisch-theologische Schwerpunkte

BAND 17

Die Deutsche Bibliothek – CIP-Einheitsaufnahme

Gisela Kittel: Befreit aus dem Rachen des Todes: Tod und Todesüberwindung im Alten und Neuen Testament / Gisela Kittel. – Göttingen: Vandenhoeck und Ruprecht, 1999
(Biblisch-theologische Schwerpunkte; Bd. 17)
ISBN 3-525-61364-4

Umschlagabbildung: *Christi Auferstehung* (Höllenfahrt), Anfang 16. Jahrhundert
Ikonen-Museum Recklinghausen

Umschlag: Michael Rechl, Wanfried

Gesetzt aus Sabon
Satz: Satzspiegel, Nörten-Hardenberg
Druck und Bindearbeit: Hubert & Co., Göttingen

Inhalt

Vorbemerkung

Das vorliegende Buch ist aus der Beschäftigung mit der in Mk 16,1–8 überlieferten Ostergeschichte von der Auffindung des geöffneten und leeren Grabes Jesu erwachsen, bei der die Frage nach den diese Erzählung prägenden Metaphern, ihrer Herkunft und ihrem Bedeutungsgehalt im Vordergrund stand. Doch sehr bald führten die Untersuchungen über diese Geschichte hinaus zu den Todesvorstellungen und dem Todesverständnis der biblisch-orientalischen Welt und von hier aus zu der Frage, wie die Hoffnung auf eine auch die physische Todesgrenze durchstoßende Todesüberwindung in Israel erwachen konnte. Dabei trat ein Lern- und Erkenntnisprozeß in den Blick, der uns Heutigen deshalb so nahekommt, weil an seinem Anfang gerade nicht der Glaube an ein wie auch immer geartetes »Leben nach dem Tode« stand, sondern die tiefe Klage über die Vergänglichkeit und das unwiderrufliche Ende des irdischen Lebens. Dennoch hat sich der Glaube Israels mit dieser Sichtweise nicht abfinden können. Vielmehr ließ die Hoffnung auf die den Menschen nicht aufgebende Treue Gottes einzelne Psalmbeter und Weisheitslehrer an der letzten Grenze des Todes immer wieder anklopfen und führte sie allmählich zu einer auch den Tod überschreitenden Hoffnungsperspektive, für die sie zunächst noch keine besondere Sprache hatten und die sie daher nur andeutungsweise, dann aber in immer deutlicher und kühner werdenden Hoffnungsbildern artikulierten. In den ersten drei Kapiteln des vorliegenden Buches wird dieser Lern- und Erkenntnisprozeß, der sich in wenigen, aber doch herausragenden Textzeugnissen im Alten Testament niedergeschlagen hat, nachgezeichnet.

Doch der erwähnte Lernprozeß ist an den Grenzen des alttestamentlichen Kanons nicht zu Ende. Er findet seine Fortsetzung in den apokalyptischen Schriften des Frühjudentums und vor allem in den Textzeugnissen des Neuen Testaments. Denn wenn auch durch das Auftreten Jesu und die Osterwiderfahrnisse der Jünger etwas kontingent Neues in die Glaubensgeschichte Israels eintrat, bleibt doch unübersehbar, daß die Apostel die Osterbotschaft nur in der ihnen vorgegebenen Sprache des Alten Testaments verkündigen konnten. Einerseits wurden dabei die alttestamentlichen Begriffe und Hoffnungsbilder mit den in ihnen enthaltenen Bedeutungsgehalten übernommen. Andererseits wurden sie aber auch umgesprochen und mit neuen Inhalten gefüllt, indem sie sich nun auf Jesus, seinen Todes- und Lebensweg, und die sich daraus ergebenden Hoffnungen neu bezogen. Es ist einsichtig, daß in den neutestamentlichen Kapiteln nicht mehr alle in Frage kommenden Texte entfaltet werden konnten. Ist doch der Tod und die Auferweckung Jesu das allen neutestamentlichen Zeugen gemeinsame Thema ihrer Verkündigung. So beschränkt sich der neutestamentliche Teil auf ausgewählte Bildworte und Erzählungen, in denen wie in der Geschichte von der Auffindung des geöffneten Grabes der Tod selbst und seine Überwindung im Blick stehen. Wie sehr das Wissen um das altorientalisch-biblische Todesverständnis diese Texte erhellen und zum genaueren Erfassen ihrer Botschaft führen kann, mögen die Einzelauslegungen zeigen.

Die Untersuchung gliedert sich bewußt nicht in einen alt- und einen neutestamentlichen Teil, die einander abgegrenzt gegenüberstehen würden, sondern in eine Kapitelfolge, die den biblischen Gesamtzusammenhang unterstreicht. Dennoch wird unschwer zu erkennen sein, daß die Kapitel I bis III die alttestamentlichen und die Kapitel IV bis VI die neutestamentlichen Textzeugnisse bieten, wobei Kapitel III und VI jeweils die Zusammenfassung und den Ausblick geben. Am Ende der Untersuchung findet sich ein Anhang unter der fragenden Überschrift: »Historisch-faktisches oder realsymbolisches Verstehen?« Es handelt sich um Thesen, die die bei der Arbeit an den neutestamentlichen Texten gemachten

Entdeckungen und ihre Konsequenzen für unser Lesen und Verstehen der Schrift bündeln und so zur Diskussion stellen möchten.

September 1998 Gisela Kittel

I. Wesen und Macht der Todeswelt

Im Alten Testament hören wir immer wieder die ergreifende Klage über die Vergänglichkeit des menschlichen Lebens. Das Leben »fährt schnell dahin, als flögen wir davon« (Ps 90,10). Wie eine Blume auf dem Felde, die am Morgen noch aufgeht und blüht und doch schon am Abend verwelkt, so ergeht es dem Menschen in seiner Lebenszeit (Jes 40,6 f.; Ps 90,5 f.; 103,15 f.). Seine Tage vergehen »wie ein Rauch« (Ps 102,4; vgl. auch Ps 39,6; 89,48). Sie fliegen schneller dahin »als ein Weberschiffchen« (Hi 7,6). Und das Ende ist unwiderruflich! »Eine Wolke vergeht und fährt dahin: so kommt nicht wieder herauf, wer zu den Toten hinunterfährt« (Hi 7,9). »Wie Wasser ausläuft aus dem See, und wie ein Strom versiegt und vertrocknet, so ist ein Mensch, wenn er sich niederlegt, er wird nicht wieder aufstehen« (Hi 14,11 f.; vgl. auch 2. Sam 14,14a). Nie wieder werden die Augen dessen, der in den Tod geht, das Licht sehen (Ps 49,20). Nie wieder wird er Glück und Heil erfahren (Hi 7,7). Aber auch die Augen der noch Lebenden werden ihn nicht mehr erblicken (Hi 7,8). Wer zu den Toten hinunterfährt, kommt nicht wieder zurück (2. Sam 12,13; Hi 7,9; 10,21; 14,10; 16,22), und auch der Ort, wo er seine Lebenszeit verbracht hat, kennt ihn am Ende nicht mehr (Hi 7,10; 24,20; Ps 103,16). Ergreifend kommt diese Sichtweise in der Klage des totkranken Königs Hiskia zum Ausdruck:

> Ich sprach: Nun muß ich zu des Totenreiches Pforten fahren
> in der Mitte meines Lebens,
> da ich doch gedachte, noch länger zu leben.
> Ich sprach: Nun werde ich den HERRN nicht mehr schauen
> im Lande der Lebendigen,
> nun werde ich die Menschen nicht mehr sehen mit denen,
> die auf der Welt sind.

Meine Hütte ist abgebrochen
und über mir weggenommen wie eines Hirten Zelt.
Zu Ende gewebt hab ich mein Leben wie ein Weber;
er schneidet mich ab vom Faden. Tag und Nacht gibst du mich preis ... (Jes 38,10–12)

Der Tod wird in vielen alttestamentlichen Texten vorgestellt wie ein finsteres und ödes Land (Ps 88,13). Er ist geradezu das »Land der Finsternis und des Dunkels«, »wo es stockfinster ist und dunkel ohne alle Ordnung, und wenn's hell wird, so ist es immer noch Finsternis« (Hi 10,21 f.[1]). Schweigen herrscht in diesem Land (Ps 31,18; 94,17; 115,17) und ewiges Vergessen (Ps 88,13; Hi 24,20). Hier gibt es weder »Tun noch Denken, weder Erkenntnis noch Weisheit« (Pred 9,10). Aber auch die Herrschaft und Pracht der Mächtigen wird an diesem Ort ein Ende haben (Ps 49,7–15.17–20). Im Tode sind die Kleinen und die Großen, die Gefangenen und ihre einstigen Antreiber alle gleich (Hi 3,13–19; Jes 14,9–19).

Manche Texte sprechen vom Tod wie von einem Haus, in dem sich alle Lebenden einmal versammeln (Ps 49,12; Hi 30,23; 17,13; Pred 12,5). Kammern hat dieses Haus (Spr 7,27; Jes 14,18) sowie Pforten (Jes 38,10; Ps 9,14), die mit Riegeln verschlossen sind (Hi 38,17; Ps 107,16). Wer einmal durch die verriegelten Tore eingetreten ist, kommt nicht wieder heraus (Jona 2,7). So gleicht dieses Haus eher einem Gefängnis, in dem die Toten mit Stricken und Banden gefesselt liegen (Ps 107,10–16; 18,5 f.; 116,3).

Aber die Totenwelt wird in den Texten des Alten Testaments nicht nur wie ein *Raum* beschrieben, sie ist gleichzeitig auch eine *Macht*, die wie ein Ungeheuer vorgestellt ist. In diesem Sinne wird von des Todes »Hand« gesprochen (Ps 49,15 f.; 89,49) und von seinem »Schoß« (Jona 2,3), sowie

1 Dies ist Luthers Übersetzung. V. 22 ist so verderbt, daß er von allen Übersetzern nur mit Vorbehalten wiedergegeben werden kann. F. Horst übersetzt die Verse Hi 10,21 f. in: Hiob 1, BK XVI/1, Neukirchen-Vluyn 1968, S. 139: »ehe denn ich gehe und nicht wiederkehre ins Land des Dunkels und der Finsternis, ins Land der Düsternis (...), da keine Ordnung, wo, wenn es Tag wird, [Dunkel] dämmrig scheint.«

dem weit aufgerissenen »Rachen«, in den Menschen und Völker hineinfahren (Jes 5,14; Hab 2,5). Unersättlich ist dieser Rachen. Das Totenreich spricht nie: »Es ist genug!« (Spr 27,20; 30,15 f.). Vielmehr hat es als aggressive Macht ständig die Tendenz, über seinen Herrschaftsbezirk hinauszugreifen und auch andere Bereiche – Bereiche, die eigentlich dem Leben gehören – zu erobern. Wo immer das Leben gemindert wird, wo die Lebenskräfte versiegen und Gott, die »Quelle allen Lebens« (Ps 36,10), fern bleibt, da tritt die Todesmacht auf den Plan und macht sich schon in der Lebenswelt in Unglück, Krankheit, Gefangenschaft oder Feindesnot tödlich bemerkbar (vgl. Jes 5,13 f.; Hes 26,19–21). Hier haben die Klagen des Psalters ihren Ort, in denen der Beter seine Not beschreibt, daß er schon zu denen gehöre, die in die Grube fahren (Ps 88,5), daß die Stricke und Banden der Todeswelt ihn umwunden haben (Ps 18,5 f.) und er bereits unter den Toten verlassen liegen muß (Ps 88,6). Dies sind keine nur umschreibenden, uneigentlichen Bilder. Berichtet wird von realen Erfahrungen mit der Wirklichkeit der Todeswelt, die mit ihrer über alle Ränder tretenden aggressiven Macht bereits in das Leben der Beter eingebrochen ist.

Wenn im Alten Testament vom Tod und der Todeswelt gesprochen wird, so wird vornehmlich der Begriff der »Scheol« gebraucht, der in der Septuaginta (der griechischen Bibel) mit dem Wort »Hades« übersetzt wird. Etymologisch ist es nach wie vor ungeklärt, woher dieser Begriff kommt. Einige Forscher möchten ihn von einem Verb ableiten, das u. a. den Bedeutungsinhalt »öde sein« hat, so daß die Scheol als »Öde«, als »Unland«, als »Gegenstück zur Erde« begrifflich zu denken ist.[2]

Dem Begriff entsprechen die weltbildlichen Vorstellungen, die sich mit der Scheol verbinden. In jedem Fall liegt die Totenwelt in der Tiefe, und zwar – im Gegensatz zum Himmel – am tiefsten Punkt der räumlich vorgestellten Welt (vgl. Am 9,2; Ps 139,8; Hi 11,8). Dieser aber kann in der Tiefe der Erde, im Abgrund des Ozeans oder aber an den äußer-

2 Vg. G. Gerleman, Art. š^{e}'ōl Totenreich, THAT II, Sp. 837–841: 839.

sten Randzonen der Erde sein. So wird in den Psalmen davon gesprochen, daß der Beter bereits zu den »Gründen der Berge« hinunter gesunken sei (Jona 2,7), daß die Bedränger »in die Tiefen der Erde« hinunterfahren werden (Ps 63,10; Hes 26,20b) oder daß Gott einen Menschen »aus den Tiefen der Erde« herausgeholt habe (Ps 71,20). Die Toten sind als in der Erde schlafend vorgestellt (Ps 22,30). Nach anderen Textstellen hingegen muß man die Tore des Todes bei den »Quellen des Meeres« auf dem »Grund der Urflut« suchen (Hi 38,16 f.). Der Mensch, der in die Nähe der Todeswelt gerät, droht in den Fluten der Scheol zu ertrinken (Jona 2,4–6; Ps 18,5.17; 42,8; 88,7 f.). Die Toten sind diejenigen, »die im Wasser wohnen« (Hi 26,5 f.). Doch auch die Wüste kann als das Land beschrieben werden, in dem die Finsternis und Öde des Todes herrscht (Jer 2,6.31; Ps 44,20; Hi 12,24 f.).

Diese Aussagen haben mit den Vorstellungen der altorientalischen Welt zu tun. Gemäß dem babylonischen Weltbild schwimmt die Erde wie eine zerbrechliche Scheibe auf den Fluten des Urmeeres, nur von Pfeilern getragen, die sie über den Wassern halten, und durch das Firmament vor den oberen Wassern geschützt. Wollte man versuchen, die Scheol in dieses Weltgebäude einzuzeichnen, müßte man sie in den Bauch der Erdscheibe, auf den Grund der Urflut oder an den äußersten Rand der Erde verlegen, wie es in vielen Darstellungen des altorientalischen Weltbildes geschieht[3] Doch schon Christoph Barth warnte vor einer weltbildlichen und damit gleichsam geographischen Festlegung[4] Insbesondere Othmar Keel stellt aufgrund seiner Untersuchung der altorientalischen Bildsymbolik die Übertragung unseres empi-

3 Vgl. u. a. Stuttgarter Bibelatlas. Historische Karten der biblischen Welt, Stuttgart 1989, Nr. 27.

4 Chr. Barth, Die Errettung vom Tode in den individuellen Klage- und Dankliedern des Alten Testaments, Zürich 1947. Neu herausgegeben von B. Janowski unter dem Titel: Die Errettung vom Tode. Leben und Tod in den Klage- und Dankliedern des Alten Testaments, Stuttgart/Berlin/Köln 1997, S. 63 f. Barth gibt S. 65 zwei Skizzen wieder, in denen das Totenreich jeweils verschieden, innerhalb der Erdscheibe und unter dem irdischen Ozean, eingezeichnet ist.

risch-technischen Denkens auf die altorientalische Weltschau grundsätzlich in Frage. »Für den AO weist die empirische Welt als Manifestation und Symbol über ihre vordergründige Wirklichkeit hinaus. Es findet eine ständige Osmose zwischen Tatsächlichem und Symbolischem, und umgekehrt auch zwischen Symbolischem und Tatsächlichem statt. Diese Offenheit der alltäglichen, irdischen Welt auf die Sphären göttlich-intensiven Lebens und bodenloser, vernichtender Verlorenheit hin ist wohl Hauptunterschied zu unserer Vorstellung der Welt als eines praktisch geschlossenen mechanischen Systems ... Die Welt ist nach biblischer und ao Vorstellung auf das Über- und Unterirdische hin offen und durchsichtig. Sie ist keine tote Bühne.«[5] Das wird durch die angeführten alttestamentlichen Textstellen voll bestätigt. Schon die Tatsache, daß in einigen Texten die Tiefen der Erde, die Wasser der Urflut und manchmal auch die Öde als Räume der Scheol neben- und miteinander genannt werden (vgl. Hes 26,19 f.; Ps 18,16; 69,16; Jona 2,4–7; Klgl 3,53–55), spricht dagegen, diese Angaben als Hinweise auf empirisch feststellbare Orte verstehen zu können. Vollends aber die Beobachtung, daß von der Scheol immer auch in Verbindung mit den konkreten Orten des Todes gesprochen wird, macht deutlich, daß es sich bei ihr um einen Raum und eine Wirklichkeit eigener Art handelt. Auffallend ist z. B., in wievielen Texten im gleichen Atemzug von der Totenwelt und der »Grube«, also dem in der irdischen Welt konkret vorhandenen Einzelgrab, die Rede ist, und zwar so, daß die Begriffe »Scheol«, »Abgrund«, »Finsternis« einer- und »Grab«, »Grube«, »Brunnenloch« andererseits geradezu synonym füreinander stehen und sich in parallelen Sätzen und Satzfolgen ergänzen. »... mein Leben ist nahe der *Scheol*. Ich bin denen gleichgeachtet, die in die *Grube* fahren ... Du hast mich hinunter in die *Grube* gelegt, in die *Finsternis* und in die *Tiefe*« (Ps 88,4 f.7), – klagt der Beter von Psalm 88 und spricht dabei gleichzeitig von der Finsternis

5 O. Keel, Die Welt der altorientalischen Bildsymbolik und das Alte Testament. Am Beispiel der Psalmen, Neukirchen-Vluyn [5]1996, S. 47.

des konkreten Grabes und derjenigen in der Tiefe der Todeswelt. Dann fragt er: »Wird man im *Grabe* erzählen deine Güte und deine Treue im *Abgrund*?« (Ps 88,12). Mit den Worten: »Denn die *Scheol* lobt dich nicht, ... und die in die *Grube* fahren, warten nicht auf deine Treue« (Jes 38,18 f.), – wird Gott im Psalm des Hiskia zum Eingreifen zugunsten des notleidenden Beters herausgefordert. Aber auch die Gewißheit, daß Gott das Leben des Einzelnen »nicht der *Scheol* überlassen und nicht zugeben (wird), daß dein Heiliger die *Grube* sehe« (Ps 16, 10), kann den Frommen erfüllen. In diesen wie in weiteren Textstellen (vgl. Ps 30,4; Jes 14,15; Jona 2,7 u. a.) sind die Scheol und das konkrete Grab nahezu identisch. Sie durchdringen sich in der Weise, daß sich die Todeswelt in und hinter jedem konkreten Einzelgrab auftut, ja, die Grabeshöhle, die Grube, der Brunnenschacht bereits Teile der Scheol sind. So ist also die Totenwelt nicht nur in der Ferne zu suchen: in den Tiefen des Urmeeres, an der Berge Gründen oder in den Wüstenzonen der Erde. Sie öffnet sich an all den Orten und in den Situationen des Lebens, in denen der Tod mit seiner unheimlichen Macht für den Menschen erfahrbar wird. Diese Orte und diese Situationen sind die »realen Zugangsbereiche«[6], durch die die Lebenden in die Welt der Scheol eintreten.

Weil sich die Todeswelt in und hinter jedem faktischen Grab auftut, kann sie auch wie eine Grabhöhle oder ein Brunnenschacht beschrieben werden. So wie die reale Grabhöhle in einen Felsen gehauen oder in den Erdboden gegraben, wie sie durch einen Stein verschlossen wird, wie Dunkel und Schweigen in ihr herrschen, so verhält es sich mit dem

---

6 O. Keel, Bildsymbolik, S. 33. V. Maag versucht in seinem Aufsatz: Tod und Jenseits nach dem Alten Testament, SThU 34, 1964, S. 17–37:20–22, die unterschiedlichen Ortsbestimmungen aus einem »mentalen Archaismus« heraus zu erklären, demzufolge sie Ausdruck für zwei einander widerstreitende archaische Gefühle seien. Doch so richtig es sein mag, daß mit den verschiedenen Örtlichkeiten: der nahen Grabstätte und dem fernen Totenreich, unterschiedliche Empfindungen verbunden sind, so kann doch diese psychologische Erklärung nicht allein die altorientalische Denk- und Redeweise erschließen.

Totenreich insgesamt[7]. Es ist die »tiefste Grube« (Jes 14,15; Ps 88,7), ausgehauen an den »Gründen der Berge« und abgeriegelt von der Welt des Lebens (Jona 2,7), in überdimensionaler Größe Raum gebend für viele Völker (vgl. Hes 32,17–32). Christoph Barth[8] und Othmar Keel[9] sprechen daher im Anschluß an Johannes Pedersen[10] von der Scheol als dem »Urgrab«, das sich »in jedem Einzelgrab manifestiert«.

Doch auch das Meer verkörpert mit seiner tosenden Gewalt die Welt des Todes. Auch seine Wogen und Wellen und vor allem seine Tiefe bilden einen Zugangsbereich in die Totenwelt. Daher kann im Zusammenhang der Scheol auch von der »Tiefe des Meeres« (Ps 68,23), den »Fluten des Verderbens« (Ps 18,5) oder von »großen Wasserfluten« (Ps 18,17; 32,6; 42,8; 144,17) gesprochen werden, wie es besonders eindringlich im Psalm des Jona geschieht: »Du warfest mich in die Tiefe, mitten ins Meer, daß die Fluten mich umgaben. Alle deine Wogen und Wellen gingen über mich ... Wasser umgaben mich und gingen mir ans Leben, die Tiefe umringte mich, Schilf bedeckte mein Haupt« (Jona 2,4.6). Auch in Gestalt der unergründlichen Tiefe des Meeres, seiner Wogen und Wellen, existiert das Totenreich und bringt sich im Leben der Menschen mit seiner unheimlichen und tötenden Macht zur Geltung.[11]

Es ist ein eigenartiges Denken, das uns in den besprochenen Texten begegnet. Man kann es als konkret und abstrakt zugleich bezeichnen. Falsch wäre es, wie wir sahen, das Totenreich als eine empirisch faßbare Größe anzunehmen und entsprechend auf einer Weltkarte zu verorten. Auch die Menschen der Alten Welt standen angesichts der Erfahrungen des Todes vor einer hintergründigen, verborgenen Wirklichkeit, die für sie von anderer Art war als die der sichtbar

7 Vgl. O. Keel, a. a. O., S. 53–60.
8 Chr. Barth, Errettung, S. 66.88.
9 O. Keel, a. a. O., S. 54.
10 Johannes Pedersen, Israel. Its Life and Culture I–II, London/Copenhagen [4]1959, S. 461 f.
11 Vgl. Chr. Barth, Errettung, S. 67 f. O. Keel, Bildsymbolik, S. 63–66.

vorhandenen Welt. Eben dies sollen die Raumangaben, die die Scheol in die Tiefe des Meeres oder der Unterwelt verlegen, anzeigen. Sie verweisen auf eine Wirklichkeit, die eine andere Dimension hat und daher »jenseits« bzw. in der »Tiefe« der uns Menschen faßbaren und zugänglichen Welt liegt. Die jenseitige Welt des Todes ist aber auch nicht einfach ein Gedankenkonstrukt oder ein Abstraktum. Sie hat ungeheure Realität und wird daher auch in ganz bestimmten Situationen und an ganz bestimmten Orten dieser Welt immer wieder konkret und spürbar, nämlich dort, wo den Menschen die Lebenskraft verläßt, wo Krankheit, Not und Tod über ihn hereinbrechen, wo er »in die Grube« fahren muß. Diese Situationen sind die realen Zugangsbereiche in die Welt des Todes. Hier kommt das Totenreich mitten in dieser Welt zur Erscheinung, und das nicht nur bild- und gleichnishaft, sondern in seiner vollen Realität. Othmar Keel gebraucht daher für die konkreten Orte und Situationen des Todes den Begriff der »exemplarischen Wirklichkeit«[12]. In jeder partiellen Erfahrung des Todes ist die ganze Todeswelt präsent. »Jedes einzelne Grab ist im Grunde ein kleines ›Totenreich‹.«[13] Christoph Barth spricht den gleichen Sachverhalt an, wenn er von der »kosmischen Klassifizierung« aller einzelnen Gräber redet, in denen sich das Totenreich als »Urgrab« manifestiert.[14] »Indem der Tote den sichtbaren Raum des Grabes betritt, wird er auch Bewohner des Totenreichs und ist er dessen Existenzbedingungen unterworfen«.[15] Dies gilt auch von allen anderen Erscheinungs- oder Zugangsorten der Totenwelt. »Grab, Ozean und Wüste gehören zum Totenreich, ohne doch selbst mit ihm identisch zu sein. Wer einen dieser Räume betritt, kommt in den Machtbereich des Todes. Das Schicksal der Toten erwartet ihn dort nicht weniger als im Totenreich selbst. Die Räumlichkeit dieses Reiches scheint es an sich zu haben, daß sie nur durch das Mittel anderer Räume in Erscheinung tritt, denen sie ihren Todescharakter

---

12 O. Keel, a. a. O., S. 53.
13 Ebd.
14 Chr. Barth, a. a. O., S. 88.
15 A. a. O., S. 66.

aufprägt. Daß sie deswegen als bloße Idee eines Raumes aufzufassen sei, wird man nicht behaupten dürfen. In den von ihr beanspruchten Räumen erweist sich das Totenreich als wirklicher Raum.«[16]

Diese Einsichten sind bedeutsam bis in das Neue Testament hinein. Daß sich von ihnen her manche Ostertexte ganz neu erschließen, wird in späteren Kapiteln noch gezeigt werden.

16 A. a. O., S. 69.

II. Gott und die Todeswelt

1. Die große Kluft

Die Klage über das unwiderrufliche Endes des Lebens hat in vielen Psalmstellen darin ihre Spitze, daß im Tod auch die Beziehung zu Gott abbricht. So klagt der Beter in Psalm 88:

> Ich liege unter den Toten verlassen,
> wie die Erschlagenen, die im Grabe liegen,
> derer du nicht mehr gedenkst
> und die von deiner Hand geschieden sind. (Ps 88,6)

Nicht nur die Menschen wird derjenige, der zu den Toten hinunterfährt, nicht mehr sehen, auch JHWH, den Herrn, wird er nicht mehr schauen im Lande der Lebendigen (Jes 38,11). Denn zwischen Gott und der Scheol besteht eine unüberwindliche Kluft. Er hat mit der Totenwelt nichts zu tun, und diese nichts mit ihm. Mit unerbittlicher Härte ist dies im Psalm des Hiskia ausgesprochen:

> Denn die Scheol lobt dich nicht,
> und der Tod rühmt dich nicht,
> und die in die Grube fahren,
> warten nicht auf deine Treue. (Jes 38,18 f.)

Ganz ähnlich sagt es der 115. Psalm:

> Die Toten werden dich, JHWH, nicht loben,
> keiner, der hinunterfährt in die Stille;
> aber wir loben JHWH,
> von nun an bis in Ewigkeit. Halleluja! (Ps 115,17 f.)

Weil der Tod den Menschen aus der Welt der Lebenden und damit zugleich aus Gottes Reichweite reißt, könnte es selbst für ihn einmal zu spät sein, sich noch um einen Menschen kümmern zu wollen. Daher bedrängt Hiob den sich vor ihm verbergenden Gott, der ihn so grundlos dem Tode aussetzt, mit dem Argument: »Bedenke, daß mein Leben ein Hauch ist ... kein lebendiges Auge wird mich mehr schauen; sehen deine Augen nach mir, so bin ich nicht mehr« (Hi 7,7 f.). Kann es Gott denn tatsächlich wollen, daß der mit ihm verbundene Mensch in den Tod sinkt? Hat Gott selbst etwas davon? Eben dieser Gedanke wird zum immer wieder ausgesprochenen Argument in den Klagepsalmen, mit dem die Beter ihre Bitten um Rettung aus der Todesnot verstärken:

> Denn im Tode gedenkt man deiner nicht;
> wer wird dir in der Scheol danken? (Ps 6,6)

Im Psalm 30 berichtet der Beter im Rückblick, wie er in seiner Not Gott angefleht hat:

> Zu dir, JHWH, rief ich,
> und zum Herrn flehte ich:
> Was nützt dir mein Blut,
> wenn ich zur Grube fahre?
> Wird dir auch der Staub danken
> und dein Treue verkündigen?
> JHWH, höre und sei mir gnädig!
> JHWH, sei mein Helfer! (Ps 30,9–11)

Die eindrücklichsten Fragen aber werden vom Beter des 88. Psalms gestellt:

> Wirst du an den Toten Wunder tun,
> oder werden die Verstorbenen aufstehen und dir danken?
> Wird man im Grab erzählen deine Güte
> und deine Treue im Abgrund?
> Werden denn deine Wunder in der Finsternis erkannt
> oder deine Gerechtigkeit im Lande des Vergessens?
> Aber ich schreie zu dir, JHWH,
> und mein Gebet kommt frühe vor dich. (Ps 88,11–14)

Dies alles sind *rhetorische* Fragen, deren zu verneinde Antwort für den Beter feststeht! An den Toten tut Gott keine Wunder. Von seiner Güte und Treue wird nicht mehr im

Grab erzählt. Seine Gerechtigkeit kann im Land des Vergessens weder erinnert noch erkannt werden. Eben deshalb dringt der Psalmist mit diesen Fragen auf Gott ein, damit er es nicht so weit kommen lasse, sondern ihn vor dem endgültigen Versinken im Tod bewahre.

Für unser christlich geprägtes Empfinden ist ein solches Reden mehr als befremdlich. Die Vorstellung eines Gottes, dessen Wirken an der Schranke des Todes Halt macht, ist uns kaum nachvollziehbar. Ein religiöser Glaube, der nicht auch von einem Leben »nach dem Tode« weiß, scheint uns ein Widerspruch in sich selbst. Und doch ist es von eminenter Bedeutung, daß wir uns diesen Ausgangspunkt biblischen Denkens über Gott, das Leben und den Tod vor Augen führen. Denn nur so können wir begreifen, von welcher Grundlage her es im biblischen Denken schließlich doch zu einem Glauben an die den Tod überwindende Macht Gottes kommt und kommen muß, worin es gründet und wodurch es bewahrheitet wird, daß das Leben und die Hoffnungen des Menschen nun eben doch nicht im Tode enden.

Wichtig ist die Erinnerung an die alttestamentlichen Aussagen aber auch, damit unser eigener Glaube das diesseitige Leben nicht zu schnell überspringe. Ingo Baldermann hat wiederholt darauf hingewiesen, daß die bittere Klage über die Vergänglichkeit und Unwiderruflichkeit des Lebens in den Psalmen nur die »Kehrseite« einer überschwenglichen Freude am Leben ist.[17] So kann man beobachten, wie den Klageworten Lobpreisungen gegenüberstehen, in denen dieses irdische Dasein in seiner Kostbarkeit und Schönheit gerühmt und Gott als der Schöpfer allen Lebens gefeiert wird (vgl. Ps 19; 104; 148). Denn der Gott Israels ist kein Gott der Unterwelt. Er hat diese Welt mit all ihren Wundern, ihren Geheimnissen und ihrer Pracht erschaffen und er wacht darüber, daß sie nicht wieder ins Chaos zurückfällt. Die Todeswelt aber steht diesem Gott diametral entgegen. Sie ist von einer Wesenheit, die dem Wesen Gottes von

---

17 I. Baldermann, Einführung in die Bibel, UTB 1486, Göttingen ^{4}1993, S. 83. Ders., Ich werde nicht sterben sondern leben. Psalmen als Gebrauchstexte, WdL/7, Neukirchen-Vluyn 1990, S. 55 f.

Grund auf widerspricht. Eben dies wird in den rhetorischen Fragen des 88. Psalms zum Ausdruck gebracht. Wenn Gott in sich selbst Leben ist und Wunder des Lebens wirkt, so kann er mit seinem Gegenteil, dem Tod, nichts zu tun haben. Hat er das Licht erschaffen und ist Licht das Kleid, das ihn einhüllt (vgl. Ps 104,1 f.), so kann er nicht in der Finsternis gefunden werden. Seine Heilstaten sind darauf ausgerichtet, daß sie verkündet werden und der Lobpreis die ganze Schöpfung erfüllt. Dann aber können sie nicht im Land des Schweigens und des ewigen Vergessens erinnert werden. *Weil die Todeswelt alles das ausmacht, was nicht zu Gott gehört, eben deshalb kann er mit ihr nichts zu tun haben.* Ägypten und Kanaan sowie Babylon kannten Gottheiten, die ihrem Wesen nach in der Todeswelt zu Hause waren oder aber im zyklischen Turnus in sie abstiegen[18]. Der Gott Israels aber ist nicht von ihrer Art. Daher ist die Scheol, das »Unland«, nicht sein Herrschaftsbereich.

Dennoch mußte die Frage aufkommen und das theologische Erkennen weitertreiben, ob denn der Gott des Lebens vor der Totenwelt Halt macht. Gibt es für den schöpferisch wirkenden und rettenden Gott irgendeinen Bereich, in den er nicht hineinwirkt? Wir können im Alten Testament den aufregenden Entdeckungs- und Lernprozeß verfolgen, wie der Glaube Israels immer tiefer erkennt, daß Wesen und Macht der Scheol neben Gottes Macht und Treue nicht für immer bestehen kann, daß Gottes Leben in die Todeswelt eindringt, seine Herrschaft auch auf sie übergreift und in Beschlag nimmt, was eigentlich zur Scheol gehört.

---

18 Zu nennen sind die ägyptische Todesgottheit Osiris, das babylonische Götterpaar Nergal und Ereskigal sowie der kanaanäische Baal, von dessen Kampf mit Moth, dem Todesgott, seinem Abstieg in die Todeswelt und erneutem Aufleben der ugaritische Mythos erzählt. Vgl. W. Schmidt, Baals Tod und Auferstehung, ZRGG 15, 1963, S. 1–13; O. Loretz, Ugarit und die Bibel. Kanaanäische Götter und die Religion im Alten Testament Darmstadt 1990, S. 73–78; F. Nötscher/F. Scharbert, Altorientalischer und alttestamentlicher Auferstehungsglauben. Neudruck Darmstadt 1970, S. 10–117. 360–380; H. Ringgren, Art. *mūt* I, ThWAT IV, Sp. 763–767.

2. *Gott rettet* vor *dem Tod*

Die Danklieder des Psalters sind voll davon, daß Gott aus dem Machtbereich der Totenwelt retten kann und retten will. »Ich preise dich, JHWH, denn du hast mich aus der Tiefe gezogen ...« Mit diesen Worten beginnt das Danklied (Ps 30,2), um wenig später fortzufahren: »JHWH, du hast mich aus der Todeswelt (Scheol) heraufgeholt aus der Schar derer, die in die Grube fahren ...« (Ps 30,4). Auch die Beter der übrigen Danklieder sprechen ihre Erfahrungen mit der Hilfe Gottes in ähnlicher Weise aus. »Er (JHWH) zog mich aus der grausigen Grube, aus lauter Schmutz und Schlamm« (Ps 40,3). »Er streckte seine Hand aus und faßte mich und zog mich aus großen Wassern« (Ps 18,17). »Du hast meine Seele vom Tode errettet« (Ps 116,8). »Du hast mein Leben aus dem Grab geführt« (Jona 2,7b). JHWH ist ein Gott, der einen Menschen wohl »viele und große Angst« erfahren läßt, der ihn dann aber wieder lebendig macht und heraufholt »aus den Tiefen der Erde« (Ps 71,20).

Alle Bilder, mit denen in den alttestamentlichen Texten die Welt des Todes beschrieben wird, kehren in den Rettungsaussagen der Danklieder wieder. Gott hat den zu ihm Flehenden aus der *Grube*, dem *Grab*, den *Tiefen der Erde*, aus *großen Wassern*, aus der *Scheol* befreit. Deshalb ist er der Gott, der vom Tode errettet (Ps 68,21; vgl. auch Ps 33,19; 116,8). Das geschah, indem er den Menschen »herauszog«, »heraufbrachte«, »ins Freie führte«, oder von der Unterwelt »loskaufte«. Die meisten Verben, die das Tun Gottes beschreiben, sind, wie Christoph Barth gezeigt hat[19], Verben der Bewegung, die eine Richtung von unten nach oben angeben, oder solche, die einen Loskauf aus einem Besitzverhältnis beschreiben. Insofern spiegelt sich auch in diesen Verben die Vorstellung des Todes als eines Bereiches in der Tiefe und einer Zwangsmacht. Gott aber hat den Geretteten von dieser Zwangsmacht erlöst. Er hat ihn aus der Tiefe des

---

19 Chr. Barth, a. a. O. (s. Anm. 4), S. 98–111. Hier sind alle textlichen Belege aufgeführt.

Todes heraufgeholt, damit er neu seine Güte schaue, vor ihm lebe und seine Freude und seinen Dank im Lobpreis bekenne. »Ich habe dir, Gott, gelobt, daß ich dir danken will. Denn du hast mich vom Tode errettet, meine Füße vom Gleiten, daß ich wandeln kann vor Gott im Licht der Lebendigen« (Ps 56,13 f.; vgl. auch Ps 17,15; 30,13; 116,9; 118,17 u. ö.).

Die Rettungen, von denen in den Dankliedern die Rede ist, geschahen freilich alle – gemäß unseren modernen Unterscheidungen – diesseits der Todesgrenze. Gott hat die Beter aus dem Machtbereich des Todes befreit, den dieser »unter der Sonne«, in die Lebenswelt übergreifend, beanspruchte. In Erfahrungen von Krankheit, Gefangenschaft, Not und Einsamkeit, die sich wie verdüsternde Schatten über ihr Leben legten, haben sie die Vorboten des Todes erlitten. Hier durften sie auch die Hilfe Gottes erleben. So haben sie diese Rettungen als Werke des aus dem Machtbereich der Scheol befreienden Gottes verkündigt, wie es Samuels Mutter Hanna in ihrem großen Lied tut:

> Es ist niemand heilig wie JHWH, außer dir ist keiner,
> und ist kein Fels, wie unser Gott ist ...
> JHWH tötet und macht lebendig,
> führt hinab in die Scheol und wieder herauf ...
> denn der Welt Grundfesten sind JHWHs,
> und er hat die Erde darauf gesetzt. (1. Sam 2,2.6.8b)

Die Worte Hannas wie aller anderen, die Gott in ähnlicher Weise danken, handeln von Erfahrungen, die sie *vor* der letzten Grenze des Todes gemacht haben, und enthalten doch zugleich ein »mehr«, das über diese Grenze hinausweist. Denn sie sprechen nicht nur von den Schatten und Vorboten des Todes, sie lassen sich nicht nur auf reversible Ereignisse wie Unglück, Krankheit und Not beziehen. Von der Todeswelt selbst und Gottes Verfügungsmacht, die in diese Todeswelt eindringt, ist in ihnen die Rede. Wenn aber Gottes Macht den Tod bereits in seinen »Außenbezirken« überwindet, kann sie dann auf Dauer vor der letzten Schranke stehenbleiben? Die Todeswelt ist, wie die Beschreibung des altorientalischen Denkens gezeigt hat, unteilbar. Wo sich die Scheol manifestiert, da tut sie es *ganz* und mit aller ihrer

Macht. So muß es sie im Umkehrschluß auch *ganz* treffen, wenn Gott Menschen aus ihrem Machtbereich befreit. Von daher bekommen die Rettungsaussagen in den Dankliedern etwas Schwebendes, das sie auch einer umfassenderen Interpretation öffnet. Weil JHWH, der in die Todeswelt einzugreifen vermag, in Treue an seinen Geschöpfen festhält, kann er sie letztendlich nicht dem Land des Vergessens ausliefern, sie nicht in der Finsternis des Todes versinken lassen. In Psalmen und einigen anderen alttestamentlichen Büchern lassen sich die vorsichtig tastenden Schritte beobachten, mit denen die Beter über alle ihnen vorgegebenen weltanschaulichen Schranken hinausgehen und anfangen, von einer auch durch den Tod nicht zu zerstörenden Hoffnung zu sprechen. Sie tun es völlig unspekulativ, doch unbeirrt im Glauben an den Gott, der über die Todeswelt Macht hat und Menschen die Treue hält, auch über den leiblichen Tod hinaus.

3. JHWH *ist da – auch in der Todeswelt*

Psalm 139 ist ein weisheitlich geprägter, spätalttestamentlicher Psalm. In die aus dem Psalterbuch bekannten Psalmengattungen läßt er sich nicht einordnen. Staunendes Gotteslob, Sätze voller Vertrauen, Wünsche gegen die Feinde, weisheitliche Reflexionen wechseln miteinander ab. Form- und kultgeschichtliche Betrachtungsweisen haben den Psalm als Formular für einen unschuldig Angeklagten verstehen wollen, der sich nun mit einer Unschuldsbeteuerung an Gott wendet oder sich in einem Untersuchungsverfahren auf die göttliche Gerichtsentscheidung vorbereitet.[20] Doch ist zu fragen, ob der Tenor dieses Psalms damit erfaßt wird. Claus Westermann, der zwar noch das Psalmmotiv der Unschuldsbeteuerung eines von seinen Feinden in äußerste Bedrängnis gebrachten Beters als Ursprung und Rahmung annimmt,

20 Vgl. die Hinweise bei H.-J. Kraus, Psalmen II, BK XV/2, 5. grundlegend überarbeitete und veränderte Aufl., Neukirchen-Vluyn 1978, S. 1093; K. Seybold, Die Psalmen, HAK I/15, Tübingen 1996, S. 515–518, vertritt auch heute diese Auslegung.

hält Psalm 139 doch insgesamt für einen beschreibenden Lobpsalm, in dem ein »staunend-ergriffenes Gotteslob« (139,2–18) mit Motiven des Klagepsalms (139,1.19–24) verbunden wurde.[21] Allerdings wird auch bei Westermann nicht recht deutlich, wie die so verschiedenen Motive im jetzigen Gesamttext zusammenzudenken sind. Hier ist die Interpretation Erich Zengers überzeugender, der in Psalm 139 »ein Stück weisheitlich-prophetischer Auseinandersetzungsliteratur« sieht angesichts der den Beter anfechtenden Erfahrung, daß die Gottlosen und Gewalttäter Erfolg, Einfluß und Macht haben und dabei Gott und seine Weisungen für nichts achten.[22] Von solchen Blutmenschen ist auch in anderen weisheitlich geprägten Psalmen[23] die Rede. Die Frevler reden und handeln, als gäbe es keinen Gott im Himmel. Sie vergehen sich gegen die elementarsten Gebote der Menschlichkeit und meinen dabei, niemals – weder vor Menschen noch vor Gott – Rechenschaft ablegen zu müssen. Steht der Psalmist also auf der falschen Seite? Gibt die Welterfahrung nicht den skrupellosen Gewalttätern recht? Angesichts dieser ihn umtreibenden Fragen kämpft der Beter um seine Gottesbeziehung. Er kämpft um den »Erweis der Gotteswahrheit«[24]. Dies tut er in der Weise, daß er sich in diese Wahrheit aufs neue hineinmeditiert und bis ins Einzelne durchzubuchstabieren versucht, was es denn bedeutet, daß Gott *sein* Gott ist, ihm in allen alltäglichen Verrichtungen ganz nahe, und daß ihn nichts, kein Ort und keine Situation, aus der Reichweite Gottes herausfallen lassen kann.

Das Hauptstichwort des ganzen Psalms steht gleich im 1. Vers: »JHWH, du erforschest mich und *kennest* mich.« In der hebräischen Sprache bedeutet »Erkennen« nicht nur einen theoretischen Akt. »Jemanden erkennen« heißt, zu ihm

---

21 C. Westermann, Ausgewählte Psalmen, Göttingen 1984, S. 188.

22 E. Zenger, Ich will die Morgenröte wecken. Psalmenauslegungen, Freiburg im Breisgau 1991, S. 245–247.

23 Vgl. z. B. Ps 10; 14; 73; 94 und dazu I. Baldermanns Kapitel: »Was machen wir mit den Feinden?«, in: Ders., Ich werde nicht sterben (s. Anm. 17), S. 25–33, bes. S. 27–30.

24 E. Zenger, a. a. O., S. 247.

in eine Beziehung treten, mit ihm Umgang haben, ihm nahe sein.[25] Es geht im 139. Psalm also gerade nicht um ein nur distanziertes Beobachten. »Gemeint ist jenes ›Erkennen‹, das echtes Interesse und verstehende Anteilnahme bedeutet.«[26] Daß Gott den kleinen Menschen tatsächlich in dieser Weise kennt und zu ihm eine Beziehung aufgenommen hat, ist für den Psalmisten daher ein unglaubliches Wunder (vgl. Ps 139,6). Darüber kann er wie der Beter des 8. Psalms (vgl. Ps 8,5) nur staunen. So versucht er, diese Erkenntnis meditierend zu entfalten, indem er sie konkretisierend in die Abläufe des alltäglichen Lebens hineindenkt (Ps 139,2–5). Immer ist Gott da, nicht – wie dieser Psalm häufig mißverstanden wird – mit beobachtendem Blick als ein übergroßer Aufpasser, der »dich immer sieht«. Gott ist dabei als der, der den Beter versteht, sich um ihn kümmert, von allen Seiten umfängt, seine schützende Hand auf ihn legt. Doch gilt dies auch dann, wenn sich der Mensch von seinem Standort entfernt und in die entlegendsten Welträume begibt? In den folgenden Versen (Ps 139,7–12) geht das Durchbuchstabieren weiter, indem der Beter in Gedanken das ganze Weltgebäude durchmißt. Von der höchsten Höhe bis in die tiefste Tiefe, vom eigenen Standort bis an den Rand der Welt, vom Licht, in dem er lebt, bis in die Nacht und in die Finsternis geht sein Blick, und immer lautet das Ergebnis seines Nachdenkens: Gott ist da! JHWH ist da – mit seinem »Geist«[27] und seinem dem Menschen zugewandten »Angesicht«[28], seiner

25 Vgl. die Theologischen Wörterbücher zum Alten und Neuen Testament: R. Bultmann, Art: γινώσκω, ThWNT I, S. 688–719: 696–700; Bergmann/Botterweck, Art. *jāḏa‘*, ThWAT III, Sp. 479–511: 494. 498 f.; W. Schottroff, Art. *jd‘* erkennen, THAT I, Sp. 682–701: 689–693.

26 E. Zenger, a. a. O., S. 247.

27 Das Wort »*rū^{a}ḥ*« (Geist) hat im Alten Testament die Grundbedeutung »Wind« oder »Atem« und meint als »Gottes Geist« Gottes Lebensatem und Lebenskraft. Vgl. die Theologischen Wörterbücher, Tengström, Art. *rûaḥ*, ThWAT VII, Sp. 385–418: 393–400; R. Albertz/C. Westermann, Art.: *rū^{a}ḥ* Geist, THAT II, Sp. 726–753.

28 Das Wort »Angesicht« kennzeichnet im übertragenen Sinn die dem Betrachter zugewandte Seite eines Menschen oder einer Sache. »Gottes

helfenden »Hand« und seinem »Licht«. Denn Gott – so sagt es der 3. Gedankengang (139,13–16) – hat ihn, den kleinen Menschen, schon vor seiner Geburt im Blick gehabt; er hat ihn wunderbar zubereitet und seine Lebenszeit ins Auge gefaßt. An dieser Stelle, wo er anfängt, über den Ursprung seines Lebens und seines Weges mit Gott nachzusinnen, mündet das Nachdenken des Beters in Worte ein, die das eigene Ergriffensein von der beschriebenen Wahrheit Gottes zum Ausdruck bringen (139,17 f.; vgl. 139,6). Der Psalmist könnte noch lange so weiter meditieren. Doch staunend und überwältigt bricht er ab. Das Nachbuchstabieren der Gedanken *Gottes* überwältigt ihn. Er kann die Fülle seiner wunderbaren Geheimnisse nicht fassen. »... wäre ich damit am Ende, wäre ich noch immer bei dir!«[29] (139,18b).

Weil die Gottlosen und Blutmenschen diese Wahrheit unterdrücken und es ihnen sogar gelingt, sie auch für die JHWH-Treuen immer wieder zu verdunkeln, gibt der Beter in den anschließenden Versen (Ps 139,19–22) seinem Abscheu über die »Blutgierigen« ungeschützt Ausdruck. Denn es ist auch sein persönliches Problem, daß er die beschriebene Wahrheit Gottes mit der Welt, die durch die Gotteshasser so verunstaltet ist, eigentlich nicht zusammenbringt. Trotzdem stellt er sich mit aller Leidenschaft auf Gottes Seite. »Sein Leiden an der scheinbaren Ohnmacht seines Gottes und am offensichtlichen Glück der Gotteshasser führt ihn nicht dazu, sich auf die Seite der Erfolgreichen und Mächtigen zu schlagen. Nein: Das Festhalten an der in den ersten drei Abschnitten meditierten ›Gotteswahrheit‹ motiviert ihn dazu, dieser Gotteswahrheit die Bahn zu brechen ...«[30]

In diesem großen Psalm, in dem sich der Beter angesichts akuter Bedrängnisse durch die »Gewaltmenschen« in die keine Grenzen und Hindernisse kennende Zuwendung und Nähe Gottes hineinmeditiert, kommt er in den Versen 7 bis

---

Angesicht« meint Gottes Zuwendung und seine persönliche Gegenwart. Vgl. A.S. van der Woude, Art.: *pānīm* Angesicht, THAT II, Sp. 432–460: 442 f.446 ff.

29 Übersetzung von E. Zenger, a. a. O., S. 243.

30 E. Zenger, a. a. O., S. 249 f.

12 zu Aussagen, die, bezogen auf das, was das Alte Testament sonst über die Todeswelt sagt, aufhorchen lassen.

Wohin könnte ich gehen vor deinem Geiste,
und wohin könnte ich vor deinem Angesicht fliehen?
Wenn ich aufstiege zum Himmel, dort bist du,
und wenn ich mich betten wollte in der Unterwelt, du bist da.
Erhöbe ich Flügel der Morgenröte,
ließe ich mich nieder am Rand des Meeres,
auch dort kann deine Hand mich führen
und kann mich ergreifen deine Rechte.
Und spräche ich: ›Ach, Finsternis soll mich zudecken,
und Nacht soll das Licht sein um mich herum!‹ -
auch Finsternis ist nicht finster vor dir,
und Nacht – wie Tag leuchte sie!
Finsternis und Licht sind vor dir gleich.[31]

Von der Todeswelt in ihren vielfältigen Gestalten ist hier die Rede: von der Unterwelt, d. h. der *Scheol*, vom äußersten Ende des *Meeres* und von der Chaos-*Finsternis*, die in jeder Nacht, wenn auch nur vorübergehend, in die geschaffene Welt eindringt (1. Mose 1,4 f.). JHWH aber ist auch an diesen Orten. Auch diese Bezirke und Mächte können den sich an ihn haltenden Menschen nicht mehr von seiner Nähe trennen. Während es noch in den Klageworten hieß, daß Gott der Toten nicht mehr gedenke und daß sie von seiner Hand geschieden seien (Ps 88,6), während dann die Danklieder verkünden, daß er Menschen vor dem Tode – nämlich dem Tod im »Diesseits« des Lebens – errettet (vgl. Ps 68,21), heißt es in diesem Psalm, daß Gott in das Zentrum der Todesmacht selbst eindringt. *Er ist auch in der Scheol da.* Seine Hand vermag auch hier einen Menschen zu ergreifen und zu führen, sein Licht die Todesfinsternis zu verwandeln.

Schon einige vorexilische Propheten haben diese ungewöhnliche Einsicht anklingen lassen, doch ausschließlich im Rahmen ihrer Gerichtsbotschaft. Für das abtrünnige Israel gibt es nach den Worten des Propheten Amos kein Versteck,

31 Übersetzung nach E. Zenger, a. a. O., S. 243.

wohin es sich vor dem zornigen Gott flüchten könnte. Wenn es sich auch in der Scheol vergraben oder auf dem Grund des Meeres verbergen wollte, würde Gottes richtender Arm sein Volk auch dort unten erreichen und heraufholen (Am 9,2 f.; vgl. auch Jes 29,15; Hos 13,14). Dieser Gerichtsaspekt mag auch im 139. Psalm anklingen, wenn der Beter in V. 7 die rhetorische Frage stellt, wohin er denn vor JHWHs Geist gehen, wohin er vor seinem Angesicht *fliehen* solle. Daß gleichwohl keine Flucht vor Gottes strafendem Handeln gemeint sein kann, sondern dieses Motiv nun positiv gewendet wird, um das Vertrauen in die grenzenlosen Möglichkeiten Gottes zum Ausdruck zu bringen, zeigt der Klang des Textabschnittes und vor allem seine Fortsetzung ab V. 13. Insofern hat Erich Zenger Recht, wenn er sagt: »Dies ist keine Klage eines Verzweifelten, der seinem Gott nicht entfliehen kann. Im Gegenteil: Der Beter bekämpft hier die Zweifel und Ängste in seiner eigenen Brust, Gottes Zuwendung und Nähe könnten Grenzen und Hindernisse haben. Deshalb durchschreitet er sozusagen experimentierend den ganzen Kosmos ...«[32] Das Ergebnis dieses »Experimentierens« aber ist, daß es keinen Fluchtort und keine Finsternis gibt, wo der Mensch nicht dem ihm zugewandten und rettenden Gott begegnen würde.

Mit den in Psalm 139,7–12 ausgesprochenen Einsichten zieht der Beter die Verheißung weiter aus, auf die sich Israels

32 E. Zenger, a. a. O., S. 248. Anders versteht Ps 139,8 V. Maag, Tod und Jenseits (s. Anm. 6), S. 26. Seiner Meinung nach redet dieser Text lediglich von der »Unentrinnbarkeit des lebenden (!) Menschen gegenüber Jahwä«. Nach U. Kellermann, Überwindung des Todesgeschicks in der alttestamentlichen Frömmigkeit vor und neben dem Auferstehungsglauben, ZThK 73, 1976, S. 259–282: 274, wird durch V. 8 nur bekräftigt, »daß JHWH den Menschen auch nach seinem Sterben in der Scheol mit seinem Gericht ereilen kann«. Auch für Otto Kaiser bleibt es zweifelhaft, ob Ps 139,8 »mehr als die für den Menschen zu seinen Lebzeiten bestehende Unmöglichkeit, sich der Herrschaft Gottes zu entziehen«, im Auge habe. O. Kaiser, Tod, Auferstehung und Unsterblichkeit im Alten Testament und im frühen Judentum – in religionsgeschichtlichem Zusammenhang bedacht, in: O. Kaiser/E. Lohse, Tod und Leben, Biblische Konfrontationen, Stuttgart/Berlin/Köln/Mainz 1977, S. 50.

Glaube von den Anfängen an gründet und die nach 2. Mose 3,13–15 der Gottesname selbst in sich schließt.[33] JHWH, dieser unaussprechliche Name, birgt nach der in 2. Mose 3,14 gegebenen Namensetymologie die Zusage in sich, daß Gott dem angeredeten Menschen immer nahe sein will. Als Mose den ihn am brennenden Dornbusch anrufenden Gott nach seinem Namen fragt, bekommt er zur Antwort: »Ich werde da sein, als der ich da sein werde«. Nicht mit einem allgemeinen Begriff oder gar einer Gottesdefinition läßt sich aussagen, wer Gott ist. Gott macht sich Menschen je und je erfahrbar, indem er ihnen zeigt, daß er für sie da ist. Diese Nähe und Gegenwart ist an keinen bestimmten Ort und kein kultisches Ritual gebunden. Wohin auch immer Israel unter Moses Führung aufbrechen wird, JHWH wird mit dabei sein, auch bei der Wanderung durch die Wüste oder beim Weg durch das Meer. Selbst wenn dieser Weg, wie die spätere Geschichte zeigt, aufgrund der eigenen Verschuldungen in die Verbannung in Feindesland führt, wird JHWH auch hier sein Volk begleiten und sich von ihm finden lassen.[34]

Den mitgehenden Gott, JHWH, spricht der Beter des 139. Psalms als seinen ganz persönlichen Gott an. Er, der sich einst Israel erwählte, ist derselbe, der auch ihn, den einzelnen Menschen, von Anfang an gewollt hat und der in seinem ganzen Leben, selbst in den Alltäglichkeiten, mit dabei ist. Daher wird er ihn auch in der Todeswelt nicht allein lassen. Wie dieses vorzustellen ist, darüber macht der Psalmist keine Aussage. Es gibt für den Beter kein Spekulieren über irgendwelche postmortalen Seinszustände des Menschen an der Gegenwart Gottes vorbei. »Du bist da!« – An diesem Bekenntnis, das er bis in die Scheol auszieht, läßt er sich genügen. Der Gott der Verheißung, JHWH, ist gegenwärtig: Selbst am äußersten Rand der Chaosflut wird seine Hand den

---

33 Vgl. G. Kittel, Der Name über alle Namen I. Biblische Theologie/AT, Bibl.-theol. Schwerpunkte 2, Göttingen ^{2}1993, S. 24–38.

34 Dies wird von dem Propheten Jeremia in seinem großen Trostbrief den Verbannten in Babylon zugesagt (Jer 29,1–23, bes. 4–14). Der Gedanke ist aber auch schon in der Jakobsgeschichte reflektiert (vgl. 1. Mose 28,10–22; 32,10–33).

Menschen ergreifen und führen. Die Finsternis des Todes ist nicht finster sondern Licht – vor Gott.

4. Eine Beziehung, die nicht abreißt

Auch Psalm 73 ist ein weisheitlich geprägter Text. Vom Glück der Gottlosen ist die Rede, aber auch von der Verzweiflung des Psalmisten und seinem Vertrauen, daß Gott »dennoch« Israels Trost ist, bzw. nur Gutes für diejenigen, die sich an ihn halten, bedeutet.[35]

Allerdings ist die Einsicht, die da im 73. Psalm so betont am Anfang steht (73,1), unter schwersten Anfechtungen errungen. Davon ist im ersten Teil (73,2–16) im Rückblick die Rede. Was den Beter so umtrieb, daß er beinahe an Gott irre geworden wäre, ist das unangefochtene glückliche Leben derer, die rücksichtslos Reichtum und Macht nachjagen und dabei Gott und seine Gebote in den Wind schlagen. Hier in Psalm 73,3–12 werden sie ausführlich beschrieben, die die Bibel die »Gottlosen« oder »Frevler« nennt. Es sind nicht Atheisten im weltanschaulich-theoretischen Sinn, sondern Menschen, die sich auf Kosten anderer durchsetzen und dabei meinen, daß niemand, auch kein Gott, sie je für ihre Taten bzw. Untaten belangen würde. Wohlgenährt sind sie, die Mühsal und Plagen des Lebens kennen sie nicht. Ohne sich um die Schwächeren zu kümmern, setzen sie ihre Interessen durch, notfalls auch mit Gewalt. Sie führen das große

35 Einige Kommentatoren lesen in V. 1 statt: »Nur Gutes ist *für Israel* Gott«, die Worte: »Nur Gutes ist *dem Redlichen* Gott ...« Bei dieser Lesart, die durch den Parallelismus in V. 1 begründet wird, werden nur die Vokale im Hebräischen verändert, während die Konsonanten dieselben bleiben. Vgl. C. Westermann, Ausgewählte Psalmen (s. Anm. 21), S. 98.100. Daß V. 1 ein dankbar ausgerufenes Bekenntnis ist, mit dem sich der Psalmist den Zweifeln in seiner eigenen Brust entgegenstellt, bringt Luthers Übersetzung mit dem Wörtchen »dennoch« richtig zum Ausdruck: »Gott ist *dennoch* Israels Trost ...« Vgl. H.-J. Kraus, Psalmen II (s. Anm. 20), S. 667: V. 1 »nimmt nicht nur das Thema, sondern auch die Überwindung der im Psalm geschilderten Spannungen und Anfechtungen vorweg.«

Wort, und die Volksmenge läuft ihnen nach. Doch das Schlimmste ist ihr Höhnen und Spotten. Wenn sie an die elementarsten Gebote der Menschlichkeit erinnert werden und daran, daß sie ihr Tun vor Gott verantworten müssen, so haben sie dafür nur Verachtung übrig. Gott hat ihnen nichts zu sagen. Wenn es ihn doch geben sollte, so greift er in die Geschicke dieser Welt ja doch nicht ein. Und die Erfahrung ihres eigenen Lebens gibt ihnen recht! »... immer im Glück wachsen sie an Macht« (73,12b).[36]

War und ist es also ganz umsonst, daß sich der Beter und mit ihm die Gruppe der JHWH-Frommen bemühte, an Gott festzuhalten? Was hat es ihm eingebracht, daß er sein Leben nach Gottes Willen ausrichtete? Diese Fragen und die Tatsache, daß sein Leben voller Mühsal und Leid ist, haben den Beter, wie er berichtet (73,13–17.21 f.), in eine große Verbitterung geführt. Er konnte seinen Gott nicht mehr verstehen. Beinahe hätte er die Gemeinschaft der JHWH-Treuen verlassen und angefangen, genauso zu denken und zu reden wie die anderen. Doch dann trat er ein »in Gottes Heiligtümer«[37], er wandte sich ratsuchend an seinen Gott. Die Antwort, die ihm widerfuhr (73,18–20), scheint auf den ersten Blick nichts anderes als die Wiederholung des Vergeltungsdogmas zu sein, von dem die ältere Weisheit ausging. »Am Ende« wird den Toren, der sich nicht in Gottes Weltordnung einfügt, das Unheil ereilen. Schmach und Schande und vorzeitiger Tod sind das verdiente Ende des Gottlosen.[38] Doch der Beter unseres Psalms stellt diese Auffassung in einen neuen Zusammenhang. Er fragt nicht mehr nur äußerlich nach dem Tun und Ergehen der Frommen und der Gottlosen, son-

---

36 Übersetzung nach C. Westermann, a. a. O., S. 99.

37 Mit dieser Wendung in V. 17 kann Unterschiedliches gemeint sein. Im wörtlichen Sinn ist V. 17 auf einen Besuch im Heiligtum und den Empfang eines priesterlichen Orakels zu beziehen. Doch kann die Wendung in diesem späten, weisheitlich geprägten Psalm auch übertragen gedacht sein und eine Erkenntnis »beim Studium der Heiligen Überlieferungen Israels in der ›Tempelschule‹« meinen. Vgl. E. Zenger, Morgenröte (s. Anm. 22), S. 228.

38 Vgl. die Freundesreden im Buch Hiob, bes.: Hi 8,8–19; 15,17–35; 18,5–21; 20,4–29.

dern nach dem Grund, der ihrer beider Leben trägt. Aus diesem Blickwinkel gesehen, aber tut sich ein Gegensatz auf, der gültig bleibt, auch abgesehen von äußerlichem Glück und Erfolg. Auf schwankenden Grund ist das Leben der Gottesverächter gebaut. Es verfliegt wie ein Traum. Am Ende, angesichts des Todes, wird es sich in seiner ganzen Leere und Nichtigkeit erweisen. Demgegenüber lebt der Beter trotz aller Mühsal aus einem Glück, von dem die Gottesverächter nichts wissen und das all seine Leiden aufwiegt. Was ihm nach dem verzweifelten Ringen ganz neu bewußt geworden ist, spricht der Psalmist im abschließenden Vertrauensbekenntnis (73,23–28) vor Gott aus.

»Ich aber bleibe immer bei dir« (73,23)[39]. Im Gegensatz zu den Frevlern, die sich von Gott abgewandt haben und deren Leben »am Ende« im Nichtigen versinkt, weiß sich der Beter in einer bleibenden Beziehung zu Gott, die durch nichts aufgelöst werden kann. In einem erweiterten Parallelismus, in dem sich die beiden mittleren und die beiden rahmenden Zeilen entsprechen, wird dies in den Versen 23 und 24 zum Ausdruck gebracht:

> Ich aber bleibe immer bei dir;
> denn du hältst mich bei meiner rechten Hand,
> Du leitest mich nach deinem Rat
> und nimmst mich am Ende mit Ehren an.[40]

Alle Aktivität geht von dem angeredeten Gegenüber aus. Der Beter wird immer bei Gott bleiben, weil dieser ihn nicht losläßt. Gott hält den Beter bei seiner rechten Hand: er wendet sich ihm zu[41] und führt ihn durch sein Leben nach seinem

39 In M. Luthers schöner Übersetzung: »Dennoch bleibe ich stets an dir ...«, antwortet der Satz auf die eigenen Anfechtungen des Psalmisten. Doch stellt sich der Psalmbeter in diesen Worten den beschriebenen Frevlern gegenüber. Im Unterschied zu ihnen hält er sich von nun an immer an seinen Gott.

40 Übersetzung nach C. Westermann, a. a. O., S. 99.

41 H.-J. Kraus, Psalmen II (s. Anm. 20), S. 671: »Das Ergreifen der rechten Hand bekundet ... eine Ehrenstellung, wie sie im altorientalischen Königsritual den Regenten zukam.«

verborgenen Plan[42]. Mag das Leben des Psalmisten äußerlich auch noch so beschwert erscheinen, Gott hat sich mit seinem Weg verbunden. Daher wird diese Begleitung Gottes, von der die beiden mittleren Zeilen sprechen, auch über den Ausgang entscheiden. Während die Gottlosen ein »Ende mit Schrecken« nehmen, nimmt Gott den Psalmisten am Ende »mit Ehren« an. Er nimmt ihn, wie andere Übersetzer sagen, hernach »in Herrlichkeit« auf. Beides ist mit dem hebräischen Begriff *»kabod«*[43] gemeint: die Herrlichkeit Gottes, in die hinein Gott den Beter »danach« (wörtliche Übersetzung) aufnimmt[44], aber auch das Gewicht und die Ehre, die dem gedemütigten Leben des Psalmisten am Ende zuteil werden.

Da er um dieses »Hernach« weiß, kann der Psalmist schon jetzt im Blick auf sein geplagtes Leben bekennen (Ps 73,25 f.):

Wen habe ich im Himmel außer dir?
Und neben dir begehre ich nichts auf Erden.
Wenn mir Fleisch und Herz dahinschwinden,
der Fels meines Herzens und mein Anteil ist Gott für ewig[45]

Auch diese beiden Verse sind in einem doppelten Parallelismus formuliert. Dabei geht es um zwei Begriffspaare, von denen das eine: »Himmel« und »Erde«, mithin die ganze Schöpfung, umschreibt, das andere: »Fleisch« und »Herz«, den ganzen Menschen. Alles, was es im Himmel oder auf der Erde geben könnte, bedeuten für den Beter keinen größeren Gewinn, als Gott bei sich zu wissen. Auch wenn sich »Leib und Seele«, der äußere und innere Mensch, auflösen, bleibt

42 Der Begriff »Rat« stammt aus weisheitlicher Tradition und bedeutet im theologischen Sprachgebrauch Gottes geschichtsmächtigen Ratschluß, seinen Heilsplan oder auch sein Gerichtshandeln. H.-P. Stähli, Art. *j'ṣ* raten, THAT I, Sp. 748–753: 752 f.

43 *»kābōd«* bedeutet wörtlich die Schwere, das Gewicht, und meint, auf Gott bezogen, die Majestät und Ehre Gottes (vgl. Jes 6,3), die als Herrlichkeit und – in späteren Texten (vgl. Jes 60,1 f.) – als Lichtglanz vorgestellt wird. C. Westermann, Art. *kbd* schwer sein, THAT I, Sp. 794–812: 803 ff.

44 Zum Begriff »aufnehmen« s. u. S. 42 f.

45 Übersetzung von V. 26 nach E. Zenger, a. a. O., S. 223, der die Wendung »Fels meines Herzens« nicht wie andere Übersetzer als vermeintlichen Zusatz wegläßt.

ihm doch als Halt und Anteil: sein Gott. Daher ist gültig, was der Psalmist gleich im ersten Satz des Psalms bekannt hat. »Nur Gutes« bedeutet Gott für diejenigen, die reines Herzens sind. Denn sich Gott nahen zu können, ist ihr Lebensglück, bei ihm finden sie Zuflucht, während diejenigen, die ihn verlassen, ins Bodenlose fallen (73,27 f.).

In diesem Vertrauensbekenntnis fällt plötzlich auseinander, was sonst im Alten Testament immer zusammengeht: die Fülle diesseitigen Lebens und Gottes Segen, des Menschen äußeres Wohlergehen und sein Heil. Während das Segenshandeln Gottes sonst am Glück und Gelingen des irdischen Lebens eines Frommen abzulesen ist[46] wird beides in diesem Psalm einander radikal entgegengesetzt. Man könnte darin eine gefährliche Abwertung der Welt und aller irdischen Güter erblicken, die doch Gottes gute Gaben sind.[47] Doch muß die Situation wahrgenommen werden, aus der diese Sätze stammen. Sind sie doch von einer Gruppe von Menschen gesprochen, die von der Not bedrängt wurden, daß sich ihre Treue zu JHWH und seinen Geboten so wenig auszahlt, daß Gottes Hilfe und Güte im Leben der sich an ihn haltenden Frommen nicht mehr erfahrbar wird.[48] In dieser Krise, die auch in anderen biblischen Büchern spürbar ist[49], bricht eine Erkenntnis auf, die in Psalm 63,4 so formu-

46 Vgl. z. B. den Jakobssegen 1. Mose 27,27–29 oder die Segensworte des Mose in 5. Mose 28,1–14.

47 Nach C. Westermann, Ausgewählte Psalmen (s. Anm. 21), S. 105, ist allerdings zu beachten, daß hier in anderen Gegensätzen gedacht wird als den uns geläufigen. Nicht die Erde wird abgewertet zugunsten des Himmels oder einer himmlisch-seelischen Existenz. Auch werden der Leib und das leibliche Leben nicht für sekundär erklärt gegenüber einer irgendwie gedachten »unsterblichen Seele«. Vielmehr ist »die Verbundenheit mit Gott« hier je dem Ganzen von Himmel und Erde, von Leib und Seele gegenübergestellt.

48 Hierzu ist noch immer lesenswert das Kapitel G. von Rads: »Die Anfechtungen Israels und der Trost des Einzelnen«, in: Ders.: Theologie des Alten Testaments I. Die Theologie der geschichtlichen Überlieferungen Israels, München [10]1992, S. 395–430.

49 Vgl. das Buch des Predigers und das Hiobbuch. Beide Bücher zeigen, in welche Krise jene optimistische Weltsicht geriet, die die ältere Weisheitslehre vertreten hatte.

liert wird: »Denn deine Güte ist besser als Leben«. Es gibt ein Verbundensein mit Gott, das mehr bedeutet als alle irdischen und himmlischen Güter und das auch das Hinschwinden von Leib und Seele überdauert.

Daß solches Verbundensein selbst die letzte Grenze zwischen Tod und Leben überwindet, ist das Bekenntnis, das der Beter des 73. Psalms vertrauensvoll ausspricht. Es gibt eine Lebensgemeinschaft mit Gott, die auch nicht durch den körperlichen und geistig-psychischen Verfall des Menschen aufgelöst werden kann. Die Wendungen, die dies in kürzester und prägnantester Weise zum Ausdruck bringen, enthält V. 26b: »... der Fels meines Herzens und mein Landanteil ist Gott für immer«. In der Sprache der Psalmen ist der »Fels« Metapher und Name für den Halt und Zuflucht gebenden Gott (vgl. Ps 31,3 f.; 62,2 f. u. ö.). In den »Fluten des Verderbens« (Ps 18,5), angesichts der »Wogen und Wellen«, die über ihn hereinschlagen (Ps 42,8–10), ruft der Beter nach Gott, seinem Felsen, an den er sich in der Not klammern und auf dem er fest stehen kann (Ps 27,5 f.). Der Begriff »Landanteil« stammt aus der Sprache der Landzuteilung und bezeichnet die Grundlage der bäuerlichen Existenz[50]. Beide Begriffe, auf das Verhältnis des Beters zu Gott übertragen, beschreiben Gott als den, bei dem das Leben des Beters für immer geborgen ist. Mögen daher die eigenen Vitalkräfte dahinschwinden, mag der Leib und mit ihm die Seele sich auflösen, die Lebensgrundlage, die den Beter trägt, und der Fels, an dem sein schwankendes Herz Halt gefunden hat, bleiben über alle Zeiten und Grenzen hinweg bestehen. Daher bleibt auch er, der vergehende Mensch, getragen und gehalten von seinem Gott, – »für ewig«.

Ganz in die Nähe des 73. Psalms gehört Psalm 16. Er ist ebenfalls ein nachexilisches Gebet, in dem der Gedanke, daß Gott das einzige Gut (Lebensglück) für den auf ihn trauenden Menschen sei, thematisiert wird[51]. Auch in diesem Psalm

---

50 S. u. S. 39.

51 Vgl. Ps 16,2: »... es gibt für mich kein Gut außer dir«, und 73,1: »Gewiß, gut ist für Israel Gott ...«

wird, wenn auch nicht so deutlich, auf den Gegensatz zwischen den »Heiligen im Lande«, d. h. der Gemeinde der JHWH-Treuen, und denen, die sich anderen Göttern zuwenden (und dabei ein glückliches Leben führen), abgehoben (16,3 f.). Der Psalmist gehört nicht zu den letzteren. Er steht denen nahe, die sich zu JHWH halten, und nimmt die Namen der fremden Götter nicht einmal in den Mund. Denn er weiß, was er an seinem Gott hat.

> JHWH, mein Besitzteil und Becher,
> du bist es, der mein Los festgelegt.
> Mir ist die Meßschnur gefallen auf köstlichen Grund,
> ja, mein Erbe gefällt mir wohl.[52] (Ps 16,5 f.)

Die in diesen Versen verwendeten Begriffe verweisen auf den Akt der Landzuteilung in Israels Frühzeit.[53] Als Israel in Kanaan einwanderte, wurde das Land durch das Los (aus einem Becher geworfene Lossteinchen)[54] unter den Stämmen aufgeteilt (vgl. Jos 14,1 ff. 18,1 ff.). Jeder Stamm und jede Sippe bekamen ihren Anteil am verheißenen Land als unveräußerlichen Erbbesitz. Nur der Priesterstamm Levi erhielt keinen solchen Erbbesitz (vgl. Jo 14,3b), weil JHWH selbst sein »Anteil« und sein »Erbbesitz« ist (4. Mose 18,20 f.; Jos 13,14; 5. Mose 10,9). Die den Priestern von Gott geschenkte Lebensgrundlage war das Leben in der Gottesnähe am Heiligtum und somit JHWH selbst. Daher hatten sie das Recht, sich von den Opfern und Abgaben zu ernähren, die die übrigen Stämme am Heiligtum entrichteten.

Der Psalmist nimmt die Bilder von der Landverteilung und die besondere Verheißung für den Stamm Levi auf und überträgt sie auf sein eigenes persönliches Leben. Gott selbst ist

---

52 Text der Einheitsübersetzung.

53 Vgl. G. v. Rad, a. a. O. (s. Anm. 48), S. 416 f. Auf eine kultische Situation hin legt K. Seybold, Die Psalmen (s. Anm. 20), S. 71, die Begriffe aus. Nach seiner Meinung beziehen sich die Sätze 5a und 5b wahrscheinlich »auf Ordalbräuche, die mit Giftbecher ... und Losen Entscheidungen über Leben und Tod herbeiführen«.

54 Vgl. E. Zenger in: F.-L. Hossfeld/E. Zenger, Die Psalmen I (NEB 29), Würzburg 1993, S. 111 f.

ihm als sein »Erbbesitz« zugefallen, er hat sich dieses Los nicht selbst ausgesucht. Welch wunderbares »Land« ihm damit zugeeignet sei und wie sehr ihm sein Los gefalle, bringt der Psalmist in V. 6 voll Freude zum Ausdruck. Denn dieser Gott begleitet ihn durch sein Leben mit seinem Rat und seiner Mahnung. JHWH steht ihm zur Seite, und darum wird sein Leben auch in Zukunft in der Hand dieses Gottes geborgen sein.

> Darum freut sich mein Herz und jubelt meine Seele,
> auch mein Leib wird sicher wohnen.
> Denn du gibst mein Leben nicht preis der Scheol,
> läßt nicht zu, daß dein Frommer die Grube schaut.
> Du weist mir den Weg des Lebens.
> Freude die Fülle vor dir!
> Wonne zu deiner Rechten ewig![55] (Ps 16,9–11)

Die Verse 10 und 11 sind einander antithetisch gegenübergestellt. Dem Dasein im finsteren Schattenreich des Todes steht das Leben vor Gottes Angesicht gegenüber. Dorthin, in die Fülle der Freude, wird der Beter auf dem von Gott gewiesenen Weg des Lebens geführt. Die griechische Übersetzung des Alten Testaments (die Septuaginta) und ihr folgend das Neue Testament haben aus diesen Sätzen die Hoffnung auf die Auferstehung von den Toten herausgelesen.[56] Dagegen schränken die meisten neueren Exegeten den Sinn des Textes auf eine rein diesseitige Hoffnung ein. Auch in Psalm 16 sei wie in den meisten Psalmen an eine Rettung *vor* dem Tod gedacht. Der Beter wisse sich durch die Gegenwart Gottes vor akuter Todesgefahr im irdischen Leben bewahrt.[57]

---

55 Übersetzung nach H.-J. Kraus, Psalmen I, 5. grundlegend überarbeitete und veränderte Aufl., Neukirchen-Vluyn 1978, S. 260 f.

56 Schon die Septuaginta übersetzte V. 10: »du lässest deinen Frommen nicht das Verderben schauen«. In der Apostelgeschichte (Apg 2,27; 13,35) ist dieser Vers dann auf die Auferstehung Jesu bezogen worden. Hier heißt es: »Du läßt nicht zu, daß dein Heiliger die Verwesung sieht« Vgl. A. Schmitt, Psalm 16,8–11 als Zeugnis der Auferstehung in der Apostelgeschichte, BZ NF 17, 1973, 229–248: 242 f.247 f.

57 So z. B. H.-J. Kraus, der a. a. O. (s. Anm. 55), S. 267 f., einen Rückblick auf die Geschichte der Auslegung gibt.

Doch ist zu zweifeln, ob eine solche Deutung dem Gesamtsinn des Psalms wirklich gerecht wird. Indem in Psalm 16 die Levitenverheißung vergeistigt und auf das persönliche Leben des Beters übertragen wird, kommt eine Dimension ins Spiel, die das irdische Leben transzendiert. Mit Psalm 63,4 und 73,25 f. kann der Psalmbeter sagen, daß Gottes Güte mehr bedeutet als Leben (16,2). Es gibt – das ist die neue Entdeckung – eine Gemeinschaft mit Gott, die sich nicht mehr aus dem menschlichen Ergehen ableiten läßt, die irdisches Glück wie auch irdisches Leiden übersteigt. Wie sollten die Beter der genannten Psalmen diese Erfahrung nicht bis in den physischen Tod hinein ausziehen? Gerade vom alttestamentlichen Hintergrund her gibt es keinen guten Grund zu bestreiten, daß der Psalmist hier »zu der Hoffnungsbotschaft vorstößt, daß JHWH seine Frommen sogar im Tod nicht verlassen wird«.[58] Die im Leben gewachsene Gemeinschaft mit Gott kann nicht im Tod enden. Sie führt über das irdische Leben hinaus in die Freude vor Gottes Angesicht.

5. *Aufgenommen bei Gott*

Psalm 49 ist ein weisheitlich geprägter Psalm aus der Spätzeit der Psalmendichtung. Thema dieses Psalms ist das Todesschicksal, dem niemand, weder Reiche noch Arme, Weise oder Toren, entrinnen können. Allerdings zeigen sich bei näherem Hinsehen inhaltliche Spannungen und thematische Akzentverschiebungen, was manche Ausleger zu der Annahme eines längeren Wachstumsprozesses geführt hat.[59] In den Versen 11b bis 15 wird das Schicksal der Weisen und der Toren ähnlich wie in der skeptischen Weisheit des Predigers (vgl. Pred 2,14–21; 9,2 f.) beschrieben. Weise und Narren,

58 E. Zenger, a. a. O. (s. Anm. 54), S. 109.

59 Vgl. F.-L. Hossfeld in: E. Zenger/F.-L. Hossfeld, Die Psalmen I (s. Anm. 54), S. 299–308: 300. Hossfeld unterscheidet zwischen einem Grundpsalm und seiner Neuinterpretation durch eine spätere Redaktion.

mächtige Herrscher und berühmte Weisheitslehrer gehen in gleicher Weise zugrunde. Sie müssen anderen ihren Reichtum überlassen, »das Grab ist ihr Haus für immer«. Der Mensch hat nicht einmal vor den Tieren einen Vorzug. Trotz seiner ganzen Pracht kann er nicht »bleiben«, sondern verendet wie das Vieh (49,13 vgl. Pred 3,18–22). In den Versen 6–11a und 16–20 werden hingegen die Reichen, die auf ihren Besitz vertrauen, und die Armen, zu denen offenbar auch der Psalmist gehört, einander gegenübergestellt. Die Armen sollen es sich nicht anfechten lassen, wenn ihnen die Reichen mit ihrer Prahlsucht und ihrem unerschütterlichen Selbstvertrauen begegnen.[60] Denn: »Nicht ein einziger kann sich loskaufen, keiner kann Gott ein Sühnegeld geben. Zu teuer ist das Lösegeld für sein Leben, und er hört auf für ewig!« (49,8 f.).[61] In dieser Textschicht ist die Rede vom unentrinnbaren Tod gegen diejenigen gewendet, die meinen, sie brauchten die Folgen ihres Tuns nicht zu fürchten, da sie infolge ihrer Macht und ihres Reichtums in jeder Lebenslage sicher seien. Ihnen gegenüber gilt, daß sich keiner mit seinem Besitz vom Tod loskaufen kann, daß niemand bei seinem Sterben etwas von der »Herrlichkeit seines Hauses« (49,17 f.) mit sich nimmt. Dagegen hofft der Beter für seine eigene Person auf einen anderen Ausgang seines Lebens. In betontem Gegensatz zu V. 8 spricht er in V. 16 für sich selbst und die anderen Armen die Gewißheit aus:

> Doch: Gott kauft meine Seele los aus der Scheol,
> ja, er nimmt mich zu sich.

Was ein Mensch von sich aus niemals kann, nämlich Gott ein Sühnegeld *(kōfær)* für sein Leben geben, um es damit vom Tod loszukaufen,[62] das wird Gott umsonst, ohne eine

60 Ps 49,6 wird von Hossfeld und Zenger als ein den Reichen in den Mund gelegtes Zitat verstanden. Zenger, Morgenröte (s. Anm. 22), S. 215, übersetzt den Vers (entsprechend dem masoretischen Text): »Wozu soll ich mich fürchten in Tagen des Unheils, wenn die Schuld meiner Fußspuren mich umgibt?«

61 Übersetzung nach E. Zenger, ebd.

62 Zum Begriff »Sühnegeld« vgl. F. Maass, Art. *kpr pi.* sühnen, THAT I,

gezahlte Sühneleistung, an dem Psalmsprecher tun. Er kauft sein Leben frei aus der »Hand«[63] des Totenreichs, indem er den Beter bei sich aufnimmt. Das Verb, mit dem dieses »Aufnehmen« im hebräischen Text beschrieben wird, begegnet in ähnlicher Verwendung auch in den alttestamentlichen Erzählungen, in denen von der Entrückung Henochs (1. Mose 5,24) und Elias (2. Kön 2,1–12) berichtet wird. Daher nehmen einige Ausleger an, daß auch hier in V. 16 eine ähnliche Entrückungsvorstellung vorliegt. Doch ist ein wichtiger Unterschied zu beachten. Die beiden großen Gestalten Henoch und Elia sind *vor* ihrem Tod zu Gott entrückt worden. Sie haben beide den Tod nicht gesehen.[64] Die Hoffnung, die der Psalmist dagegen für sich und die auf Gott vertrauenden Armen formuliert, blickt auf ein Auf- und Angenommensein bei Gott aus, das im Tod und durch den Tod hindurch geschieht. In dieser Zuversicht kann er seine Glaubens- und Schicksalsgenossen ermutigen, sich durch das Wohlergehen derer, die auf ihren Reichtum ihr Leben gründen, nicht beirren zu lassen. Preisen sie sich auch in ihrem Leben glücklich, so müssen sie doch zum Geschlecht ihrer Väter eingehen, »die für immer das Licht nicht sehen« (49,19 f.).

Die hier gegebene Auslegung von Ps 49,16 ist in der alttestamentlichen Exegese nicht unumstritten. Man kann den Vers auch im Sinn einer Errettung des Beters vor den Bedrängnissen durch die Scheol während seiner Lebenszeit verstehen, wie es Christoph Barth in seiner Psalmenstudie getan hat und Klaus Seybold in seinem 1996 erschienenen Psalmenkommentar auch heute tut[65]. Doch

---

Sp. 842–857: 844. Das Substantiv kofær gehört in den Bereich der zivilen Gerichtsbarkeit und bedeutet »Entschädigung«, »Lösegeld«. In Verbindung mit dem Verb *pdh* »loskaufen« in Ps 49,8 hat es den Sinn, sich »durch Zahlung ... von der Todesstrafe freikaufen« (H.-J. Kraus, Psalmen I [s. Anm. 55], S. 520 f.).

63 Wörtliche Übersetzung!

64 So auch F.-L. Hossfeld, Psalmen I (s. Anm. 54), S. 307.

65 Chr. Barth, Die Errettung vom Tode (s. Anm. 4), S. 125–127. K. Seybold, Die Psalmen (s. Anm. 20), S. 203. Seybold bezieht auch die Aussage in V. 8 lediglich auf den »bösen Tod«, »d. h. den unzeitgemäßen und gewaltsamen Tod«, da er für den gesamten Psalm wieder (wie für Psalm 139, s. Anm. 20) die Situation des vor einer drohenden Verurteilung und Hinrichtung stehenden Angeklagten annimmt (S. 201).

ist eine solche Deutung mit dem Gesamtsinn des Psalms kaum zu vereinbaren.[66] Wird doch in ihm ganz ausdrücklich der unausweichliche Tod thematisiert, vor dem sich selbst die Reichen und Mächtigen auf Erden nicht schützen können. So muß auch V. 16, in dem die Hoffnung der Armen dem Todesschicksal der zuvor Genannten betont gegenübergestellt ist, auf diese letzte Grenze des Lebens bezogen werden.

Wie sich der Psalmist seine Zukunft bei Gott konkret vorstellt, wird in diesem Psalm nicht gesagt. Wie in den verwandten Psalmen 16 und 73 ist die Gottesgemeinschaft, die über den physischen Tod hinausreicht, der Kern seiner Hoffnung, ohne daß diese Zuversicht weiter konkretisiert wird. Doch läßt sich vielleicht mit Blick auf V. 20b, wo das Schicksal der von solcher Hoffnung ausgeschlossenen Toten beschrieben wird, sagen, daß es ein Leben im Licht des lebendigen Gottes sein wird. Darauf verweist auch die Parallelstelle in Ps 73,24, in der der Psalmist seine Hoffnung auf das Auf- und Angenommenwerden bei Gott an der Grenze seines Lebens mit dem gleichen Verb *lqḥ* beschreibt. Hier aber ist dieses Verb mit einem Attribut verbunden:

> Du leitest mich nach deinem Rat
> und wirst mich danach *in Herrlichkeit* aufnehmen.

Wie im vorigen Abschnitt beschrieben[67], kann das im Hebräischen zugrundeliegende Wort *»kabod«* im Deutschen nicht nur mit *einem* Begriff wiedergegeben werden. Es meint den Lichtglanz, der von Gott ausgeht, aber auch seine Majestät und Erhabenheit, sowie die Ehre, die ihm zukommt. Daß er in diese göttliche Sphäre aufgenommen werden möge, darauf hofft der Beter, der sich trotz aller Mühsal und Plage seines Lebens an diesen Gott gehalten hat und nach seinem Rat und Plan leiten ließ.

---

66 So urteilt im Blick auf diesen Psalm auch H.-J. Kraus, Psalmen I (s. Anm. 55), S. 522: »In 16 ist die Erlösung vom Todesschicksal gemeint«.

67 S. o. S. 36.

6. Lichter im Hiobbuch

Das Hiobbuch gehört zu den Spätschriften des Alten Testaments. Auch dieses Buch ist eine von der Auseinandersetzung mit der altorientalischen Weisheit geprägte Schrift. Doch ist in ihr das Ringen um die Wahrheit Gottes angesichts nicht mehr deutbarer Welt- und Lebenserfahrungen zu einem Höhepunkt gekommen. Schon der Aufriß des Hiobbuches spiegelt zusammen mit seiner Entstehungsgeschichte etwas von diesem Ringen wieder.[68]

Vermutlich ist die Hiobdichtung aus einer alten Volkslegende erwachsen, die in der Rahmenhandlung des Buches (Hi 1,1–2,13 und 42,7–17) noch immer durchscheint. Hiob – schon in vorexilischer Zeit als ein sprichwörtlich frommer Mann bekannt (vgl. Hes 14,12–20) – wird völlig unerwartet mit Schicksalsschlägen konfrontiert, die ihm alles: Hab und Gut, Familie, Gesundheit, Ansehen, rauben, ohne daß er sich irgendetwas hat zuschulden kommen lassen. Doch er rebelliert nicht gegen Gott, sondern fügt sich in sein Leiden und erlebt am Ende, wie Gott ihn mit neuem Glück und Segen überhäuft. Auch wenn ein frommer Mensch – so ist die Aussage dieser Volkslegende – unverstandenes Leid ertragen muß, so wird doch am Ende sein Lebensglück wiederhergestellt, sofern er Gott nicht absagt, sondern auch im Unglück an seiner Frömmigkeit festhält. Die von Gott garantierte gerechte Weltordnung kann nicht untergehen, sie setzt sich durch und bringt am Ende auch die Gerechtigkeit des unschuldig Leidenden ans Licht.

Doch gilt dies immer? Die Erfahrungen der exilischen und nachexilischen Zeit stellten die optimistische Weltsicht der älteren Weisheitslehre für viele infrage, wie z. B. die Weisheitspsalmen, aber auch das Buch des Predigers Salomo zeigen. Auch für den Dichter des Hiobbuches ist das System der alten Weisheit, nach dem der Gottlose am Ende vom

---

68 Die Entstehungsgeschichte des Hiobbuches, wie sie – jedenfalls in den Grundzügen – von den meisten Kommentatoren angenommen wird, ist sehr ausführlich beschrieben im Kommentar von G. Fohrer, Das Buch Hiob, KAT XVI, Gütersloh ^{2}1989, S. 29–43.

Unheil eingeholt wird, während der Gerechte Leben und Heil erfährt, offensichtlich zerbrochen. So hat er die überlieferte Volkslegende umgestaltet, indem er in den Rahmen der alten Geschichte eine Dichtung einfügte (vgl. Hi 3,1–42,6), in der der ursprüngliche Dulder Hiob zum Rebell wird. Während es nun die Freunde sind, die das ältere Denken der Weisheit repräsentieren[69], ist es Hiob, der gegen dieses System Sturm läuft und leidenschaftlich nach der Wahrheit eines Gottes fragt, dessen Gerechtigkeit er weder im Weltlauf noch in seinem eigenen Leben erkennen kann.[70]

Hiob hat sich sein Leben lang gerecht verhalten. Auch an den strengsten moralischen Geboten gemessen, ließ er sich nichts zuschulden kommen (vgl. Hiobs Reinigungseid Hi 31,1–40). Doch die Schicksalsschläge, die ihn treffen, sprechen gegen ihn; sie klagen ihn an. Kommt doch – nach den Denkvoraussetzungen der alten Zeit – alles Geschehen direkt von Gott. Gelingendes und erfülltes Leben ist der sichtbare Erweis göttlichen Segens und Heils, Unglück und Krankheit dagegen bedeuten Strafe und Züchtigung; sie sind unmittelbarer Ausfluß des göttlichen Zorns. Daher müssen Hiobs Freunde, die die Stimmigkeit dieses theologischen Systems aufrechterhalten wollen, dem Unglücklichen irgendeine verborgene Schuld unterstellen oder sein Unglück wenigstens als Züchtigung interpretieren, die Hiob durch demütige Unterwerfung wenden kann. Doch Hiob und mit ihm der Hiobdichter stellt das ganze System infrage. Er erkennt, daß Gott in diesem System nicht aufgeht. Er sucht nach einem anderen Gott – und seine Rebellion ist Ausdruck für diese Gottsuche –, der trotz und in dem unerklärlichen Leid, das ihm widerfährt, seine Gerechtigkeit und damit seine Wahrheit erweist.[71]

---

69 In der Volksdichtung hatten die Freunde Hiob vermutlich von seiner Frömmigkeit abbringen wollen.

70 Vgl. die noch immer aktuelle Untersuchung von H. Gese, Lehre und Wirklichkeit in der alten Weisheit. Studien zu den Sprüchen Salomos und zu dem Buch Hiob, Tübingen 1958.

71 Vgl. die wichtige Arbeit von E. Würthwein, Gott und Mensch in Dialog und Gottesreden des Buches Hiob, in: Ders., Wort und Existenz. Studien zum Alten Testament, ThB, Göttingen 1970, S. 217–292.

Es ist wiederholt beobachtet worden, daß in den Dialogen zwischen Hiob und seinen Freunden eigentlich kein Gedankenfortschritt stattfindet.[72] Die Gesprächspartner reden aneinander vorbei, jeder von ihnen fängt in jedem Redebeitrag immer wieder von vorn an. So werden auch von dem in einer späteren Redaktion eingefügten vierten Freund Elihu (Hi 32–37) nur noch einmal die gleichen Argumente wiederholt, die die anderen drei Freunde ständig vorgetragen haben. Das könnte zeigen, daß der Hiobdichter selbst wie auch die Redaktoren nach ihm noch um die Problematik kreisen, ohne schon eine befriedigende Antwort zu haben. Die Fragen nach der Gerechtigkeit Gottes und seiner Weltlenkung werden im Hiobbuch groß aufgerissen, eine Lösung und Antwort geben indes auch die Gottesreden am Ende des Buches (Hi 38,1–42,6) nicht oder nur sehr indirekt[73]. Gleichwohl finden sich inmitten der Hiob-Reden einige wenige Texte, die wie aufstrahlende »Lichter« erscheinen[74]. In ihnen wird eine Hoffnung angedeutet, die den Tenor der übrigen Hiobreden durchbricht. Hier scheint Hiob sich selbst zu überholen. Doch diese Lichter leuchten nur auf. Die alten Klagen und Anklagen kehren sogleich wieder. Zu einem Umdenken Hiobs kommt es aufgrund der angedeuteten Erkenntnisse noch nicht. Aber sie zeigen eine Richtung auf, in die der Lern- und Erkenntnisprozeß Hiobs und damit auch des Hiobdichters führen könnte.

Worte, die – allerdings ganz indirekt – eine ungeheuerliche Hoffnung aufleuchten lassen, finden sich inmitten der großen Vergänglichkeitsklage im 14. Kapitel. »Der Mensch,

---

72 Vgl. G. v. Rad, Theologie I (s. Anm. 48), S. 422 f.

73 Man muß die Gottesreden sehr genau auf dem Hintergrund altorientalischer Schöpfungsvorstellungen und Bildsymbole analysieren, um ihre angedeutete inhaltliche Aussage zu verstehen. Vgl. dazu O. Keel, Jahwes Entgegnung an Ijob. Eine Deutung von Ijob 38–41 vor dem Hintergrund der zeitgenössischen Bildkunst, Göttingen 1978.

74 Dies ist ein Ausdruck K. Barths, der sich in seiner Kirchlichen Dogmatik (KD IV/3) in verschiedenen Exkursen mit dem Hiobbuch theologisch auseinandergesetzt hat. Zu den »Lichtern« vgl. KD IV/3/1, S. 488–490.

vom Weibe geboren, lebt kurze Zeit und ist voll Unruhe, geht auf wie eine Blume und fällt ab ...« (Hi 14,1). So beginnt, bekannte Motive aufnehmend, diese Klage, die alsbald in die Bitte übergeht, daß Gott doch endlich von Hiob wegblicken, ihn endlich sterben lassen möge. Denn dann ist er auch den Gott los, der ihn seinen Leiden aussetzt und ununterbrochen quält (Hi 14,1–6). Doch ab V. 7 wechselt die Stimmung. Hat Hiob noch zuvor (14,6) davon gesprochen, daß er sich auf seinen Tod wie ein Tagelöhner auf seine Befreiung von der Arbeitslast freue, so beginnt nun eine verzweifelte Klage über die Hoffnungslosigkeit des menschlichen Lebens (14,7–12). Ein Baum kann wieder ausschlagen, aus seinem Stumpf wachsen neue Triebe, sein Leben wird wieder neu. Wenn dagegen ein Mensch stirbt, »wird er nicht wieder aufstehn«, »er wird nicht aufwachen ... noch von seinem Schlaf erweckt werden«[75] (Hi 14,12). – Oder könnte es nicht doch anders sein? Im Irrealis formuliert der anschließende Textabschnitt (14,13–17) die tiefe Sehnsucht Hiobs, daß Gott den toten Menschen auch im Totenreich noch finden und ins Leben zurückrufen möchte:

> Ach, daß du mich in dem Totenreich verstecktest,
> mich bergen wolltest, bis dein Zorn sich wendet,
> ein Ziel mir setztest und dann an mich dächtest!
> Wenn einer stirbt, lebt er dann wieder auf?
> Alle Tage meines Frondienstes würde ich warten,
> bis die Ablösung für mich käme.
> Du würdest rufen und ich dir antworten;
> nach dem Werk deiner Hände verlangte dich.
> Dann würdest du meine Schritte zählen,
> auf meinen Fehltritt nicht mehr achten.
> Versiegelt im Beutel wäre mein Vergehen,
> du würdest meinen Frevel übertünchen.[76]

---

75 Wörtliche Übersetzung von V. 12b: »... nicht gerät ›er‹ in Bewegung aus ›seinem‹ Schlaf«. Vgl. F. Hesse, Hiob, ZBK AT 14, Zürich 1978, S. 96; G. Fohrer, Hiob (s. Anm. 68), S. 236.

76 V. 14a wird von Fohrer und Hesse als Glosse zu V. 10a gestrichen. Zu den Versen 16 f. vgl. die Übersetzungen von F. Horst, Hiob 1, BK XVI/1, Neukirchen-Vluyn 1968, und H. Groß, Ijob, NEB 13, Würzburg 1986, z.St.

Alle Begriffe der späteren Auferstehungshoffnung fallen in Hiob 14,12–17. Sie werden als Umschreibungen für ein Geschehen gebraucht, das der Hiobdichter noch gar nicht mit Worten ausdrücken kann. Sie fallen im Zusammenhang einer Hoffnung, die Hiob und mit ihm der Dichter vorerst nur zu träumen wagen. Dennoch deutet dieser Traum bereits eine theologische Wende im alttestamentlichen Denken an. Hiob fragt nach einem Gott, der ihm persönlich nahe ist und nahe bleibt auch abgesehen von seinem Lebensglück, ja sogar auch inmitten der Scheol. Nach Hartmut Gese[77] aber ist dies das eigentliche Thema im Hiobbuch, in dem sich eine geistige Krise ankündigt und das zugleich auf kommende Entwicklungen vorausweist. Es geht um die Frage nach einem Gott, der sich zum Menschen stellt auch da, wo das äußerliche Schicksal das Gegenteil vermuten läßt, der den Menschen rechtfertigt und annimmt auch unabhängig von seiner Not und Schuld. Dieser Gott wird die Beziehung zum Menschen dann auch in der Todeswelt nicht mehr abbrechen lassen. Er wird ihn selbst im Tode noch rufen und der Angerufene wird ihm antworten. Die Schuld des Menschen wird nicht mehr tödlich auf ihn zurückfallen. Gott selbst nimmt sie weg und übertüncht seine Vergehen. Denn »nach dem Werk seiner Hände« hat Gott Verlangen. Er läßt sein Geschöpf nicht los. Allerdings: In Hiob 14 wagt der Hiobdichter die so entfaltete Hoffnung noch nicht wirklich zu denken. Die Worte brechen ab. Als müsse er sich einen solchen Traum verbieten, lautet das Ende der Reflexion (14,18 f.):

> Jedoch stürzt der Berg in sich zusammen,
> und der Fels rückt von seiner Stelle fort.
> Die Steine zerreibt das Wasser,
> und seine Güsse schwemmen das Erdreich weg:
> So machst du die Hoffnung des Menschen zunichte …[78]

---

77 H. Gese, Die Frage nach dem Lebenssinn: Hiob und die Folgen, in: Ders., Alttestamentliche Studien, Tübingen 1991, S. 170–188: 181.

78 Übersetzung nach F. Hesse z.St.

Die Suche nach dem anderen Gott, der nicht mit dem Lebensschicksal des Menschen identisch ist, kennzeichnet auch die Textstelle Hiob 16,18–22, in der in eigenartiger Weise zwischen Gott und Gott unterschieden wird. Da ist auf der einen Seite der Gott, der Hiob mürbe gemacht hat. Dieser Gott hat ihm das Unglück, Elend und Krankheit geschickt, welches nun als Zeuge gegen Hiob aufsteht (16,7–11). Ist nicht sein Unglück ein Indiz dafür, daß eine verborgene Schuld sein Leben überschattet (16,10.20a)? Die anklagenden Reden der Freunde gehen von dieser These aus. Auf der anderen Seite steht der Gott, zu dem Hiob unter Tränen aufblickt, der »Zeuge« im Himmel, der ihn besser kennt und der es wissen muß, daß kein Unrecht an seinen Händen klebt. Zu diesem Gott flüchtet Hiob, ihn ruft er gegenüber seinem Schicksal und den ihn verklagenden Freunden an (Hi 16,18–21):

O Erde, decke mein Blut nicht zu;
nicht gebe es eine Ruhestätte für mein Klagegeschrei!
Nun aber, siehe, im Himmel ist mein Zeuge
und mein Bürge in den Himmelshöhen.
Da meine Freunde mich verspotten[79],
blickt unter Tränen mein Auge zu Gott auf,
daß er Recht verschaffe dem Mann bei Gott,
dem Menschen gegenüber seinem Freund.

Der »Zeuge im Himmel« ist ein anderer als der Gott, den Hiob in seinem Lebensschicksal erfährt. Ihn möchte er als seinen Helfer und Fürsprecher begreifen. Er soll für seine Unschuld bürgen gegenüber den Anklagen, die aus dem erfahrenen Unglück gegen Hiob aufstehen. Redet Hiob also plötzlich von zwei verschiedenen Göttern? Ist der Zeuge im Himmel ein ganz anderer als der, den er in seinem Leiden erfährt? Ernst Bloch[80] und ihm folgend Dorothee Sölle[81] haben in ihren Hiobauslegungen in dieser Weise unterschieden.

---

79 Der Text in V. 20a wird von vielen Übersetzern verändert, da das Gesagte nicht in den Zusammenhang zu passen scheint. Doch ergibt die Rede von den spottenden Freunden durchaus einen Sinn.

80 E. Bloch, Atheismus im Christentum, Frankfurt 1968, S. 148–166.

81 D. Sölle, Leiden, ThTh Erg.B., Stuttgart ^{4}1978, S. 136–148.

Gegen den Despoten und tyrannischen Herrscher, von dem die Rahmenerzählung ausgeht, aber auch gegen den strafenden und bloße Unterwerfung fordernden Gott der Freunde und auch der Gottesreden appelliere Hiob an den Gott des Exodus, der aus den ägyptischen Leiden herausführte und sich auch jetzt als Hiobs Helfer und wahrer Freund erweisen soll.[82] Doch kann die Spannung, die für biblisches Denken in Gott selbst besteht, so einfach aufgehoben werden? Was Hiob von Gott begehrt, ist – mit den Worten Karl Barths gesagt – »nicht, daß er ihm irgendwo *außer* und *neben*, sondern daß er ihm *in* seiner Unkenntlichkeit kenntlich, daß er ihm gerade in seiner *Feindschaft* als der ihm vertraute Freund offenbar werde«[83]. Hiob möchte den Gott, den er in seinem Lebensschicksal erfährt, zugleich als den ihm nahen »Freund« begreifen. JHWH, der befreiende und rettende Gott des Exodus, möge – dies ist Hiobs Sehnsucht – auch in seinem unbegriffenen Lebensschicksal in irgendeiner Weise da sein und sich zu erkennen geben.

Auch in dem dritten Text, der zu den »Lichtern« im Hiobbuch gehört, in Hiob 19,23–27, geht es um die Frage nach dem gegen alle Erfahrung dem Menschen dennoch zugewandten Gott. Hier aber wird diese Frage mit der anderen nach der Überwindung auch der letzten Schranke des Todes ausdrücklich verbunden.

Im Textzusammenhang kämpft Hiob erneut um sein Recht gegenüber den Schuldzuweisungen seiner Freunde, die ihm vorhalten, daß nur das Licht des Gottlosen erlösche, nur er aus der Mitte seines Lebens herausgerissen werde (18,5–18). Dagegen beharrt Hiob darauf, daß Gott ihm grundlos sein Recht gebeugt und seine Ehre genommen habe

---

82 D. Sölle, a. a. O., S. 147 f. Auch nach E. Bloch setzt Hiob gegen Gott, nämlich den »gefährlichen Vulkan-Jachwe«, auf den ihn rächenden Gott des Exodus. Doch ist dieser nun nicht mehr ein anderer *Gott*, sondern der sich selbst befreiende Mensch. Es geht nach Bloch im Hiobbuch um den »Exodus aus der Jachwevorstellung selber« (Kapitelüberschrift, a. a. O., S. 148) und damit um die Hoffnung auf eine bessere Welt. »Ein Mensch überholt, ja überleuchtet seinen Gott« (E. Bloch, S. 152).

83 K. Barth, KD IV/3/1, S. 488.

und ihn wie seinen Feind behandele (19,6–11). So mündet auch diese Klage in einen Appell, in dem Hiob gegen den Gott, der ihn verfolgt und niedergestoßen hat, einen anderen aufbietet: einen Anwalt und »Löser«[84], der sein Recht wiederherstellt. Doch nun kommt der Gedanke hinzu, daß dieser andere Gott zu seinen Gunsten einschreiten und sich »schauen« lassen wird auch dann noch, wenn Hiobs Haut zerschlagen und sein Fleisch geschwunden sein wird, wenn Hiob sich in den Staub gelegt hat. Wird in dieser Textstelle eine Hoffnung laut, die auf eine Begegnung mit Gott sogar jenseits der Todesschwelle ausblickt? Erwartet Hiob, Gott zu schauen, nachdem er tatsächlich zu »Staub« geworden ist? An dieser Frage scheiden sich die Ausleger. Da der Text in seinem Sinn nicht eindeutig festzulegen ist, gehen auch die Übersetzungen weit auseinander. Schon in der jeweiligen Übersetzung schlägt sich nieder, welche Textinterpretation der einzelne Kommentator vertritt.

Die Übersetzung Martin Luthers, die noch in den heutigen Luther-Bibeln im Kleindruck vermerkt ist, lautete (Hi 19,25–27a):

> Aber ich weiß, daß mein Erlöser lebet,
> und er wird mich hernach aus der Erden aufwecken.
> Und werde darnach mit dieser meiner Haut umgeben werden
> und werde in meinem Fleisch Gott sehen.
> Denselben werde ich mir sehen,
> und meine Augen werden ihn schauen,
> ich und kein Fremder …[85]

---

84 Der Begriff stammt aus der alttestamentlichen Rechtssprache. Nach 3. Mose 25,25.48 ist der »Löser« der nächste Verwandte, der das Recht und die Pflicht hatte, Grund und Boden eines verarmten Volksgenossen zurückzugewinnen oder ihn selbst, wenn er in Leibeigenschaft geraten war, loszukaufen. Vielleicht war ursprünglich einmal an den Bluträcher (vgl. 2. Sam 14,11) gedacht. Auf Gott übertragen, meint der Begriff in exilischen und nachexilischen Texten Gottes erlösendes Handeln. Gott ist der, der Israel aus der Knechtschaft in Ägypten losgekauft hat (vgl. 2. Mose 6,6; 15,13) und auch die Verbannten aus der babylonischen Gefangenschaft erlösen wird (vgl. Jes 41,14; 43,1; 50,34).

85 Luther ist nach G. Fohrer, Hiob (s. Anm. 68), S. 318, bei der Überset-

Martin Luther hat Hiob 19,25–27 vom Neuen Testament her verstanden und ganz im Sinn der christlichen Auferstehungshoffnung übersetzt. In dieser Version gehören die Verse zu den großen Trost- und Hoffnungsworten der evangelischen Kirche und sind – vertont in Motetten und Requien – auch heute noch vielen Christen im Ohr.

Doch man kann Hiob 19,25–27 auch ganz anders übersetzen, wie es in neueren wissenschaftlichen Kommentaren häufig geschieht:

> Aber ich weiß: Mein Löser lebt,
> selbst wenn er sich als letzter auf dem Erdreich erhebt.
> Und nachdem meine Haut so geschunden worden ist,
> will ich doch ohne mein Fleisch Gott schauen.
> Ich selber, ich möchte schauen,
> meine Augen möchten sehen und nicht einer,
> der mich nichts angeht.

Dies ist die Übersetzung Georg Fohrers, mit der diejenige von Franz Hesse fast übereinstimmt.[86] Eine – wie auch immer geartete – Auferstehungshoffnung darf nach ihrer beider Meinung aus diesen Versen nicht herausgelesen werden. Es gehe um einen Rechtsstreit, in dem Hiob Gott als seinen Schutzzeugen anruft. Gott soll ihm Recht verschaffen, indem er sich als Anwalt »auf dem Erdboden«, d. h. noch in diesem diesseitigen Leben, erhebt. Auch wenn Hiobs Aussehen inzwischen durch Krankheit gezeichnet, sein Leib bis auf die Knochen abgemagert ist, so gibt er dennoch die Hoffnung nicht auf, daß er »Gott schauen«, nämlich: seiner (diesseitigen) Hilfe gewahr werden wird.[87]

Fohrer und Hesse begründen ihre Deutung mit dem Hinweis auf den Textzusammenhang. Nirgends sonst werde im Hiobbuch eine Hoffnung, die über den Tod hinausgeht, ausgesprochen. Auch in den auf diese Textstelle folgenden Klagen bleibe Hiob innerhalb seiner alten Denkvoraussetzungen. Doch sind diese Hinweise nicht unbedingt schlüssig.

---

zung dieser Verse der stark vom Urtext abweichenden Übersetzung des Hieronymus gefolgt – mit kleinen Abänderungen.

86 G. Fohrer, a. a. O., S. 307; F. Hesse, Hiob (s. Anm. 75), S. 123 f.

87 G. Fohrer, a. a. O., S. 321 f.; F. Hesse, a. a. O., S. 127 f.

Daß die späte Weisheitslehre immer wieder an die Grenzen der alten Todesauffassung stößt und sich anschickt, diese zu durchbrechen, zeigen die in dieser Arbeit ausgelegten Psalmentexte. Auch Hiob 14,13 ff. läßt erkennen, wie nahe an einer Überschreitung der Todesschranke der Hiobdichter in seinem theologischen Denken ist. Daß er zudem nicht ein gedanklich folgerichtiges Werk hat vorlegen wollen, in dem die späteren Textstellen auf früher Gesagtes aufbauen, wurde schon festgestellt. Vor allem aber sprechen die Verse Hiob 19,25–27 selbst gegen Fohrers und Hesses Auslegung und damit auch gegen die gegebene Übersetzung. So ist in V. 25 eindeutig vom »Staub« und nicht vom »Erdboden« die Rede. Der Begriff »Staub« aber ist an herausragenden alttestamentlichen Textstellen (vgl. 1. Mose 3,16; Ps 103,14) und vornehmlich auch im Hiobbuch (vgl. Hi 4,19; 8,19; 10,9) mit dem Gedanken der Vergänglichkeit und des Todes verbunden. Die Hoffnung, Gott zu »schauen«, wird – dreimal wiederholt! – so betont herausgestrichen, daß nur ein besonderes, geradezu paradoxes, Sehen gemeint sein kann: das »Gott-Schauen« selbst im Tod, auf den V. 26 deutlich anspielt. Diesen Vers nur im Sinn einer »Abmagerung« Hiobs verstehen zu wollen, stellt m. E. eine Verharmlosung dar.

Gegenüber einer Deutung, die Hiob 19,25 ff. nur auf eine innerweltliche Erlösung bezieht, versteht Hartmut Gese die Worte Hiobs im Sinn einer das diesseitige Leben transzendierenden Hoffnung.[88] Nach seinem Urteil fügt sich diese

---

88 H. Gese, Lebenssinn (s. Anm. 77), S. 178–182. Auch A. Weiser deutete in seinem Hiobkommentar Hi 19,25 f. im Sinn einer transzendenten Hoffnung. Dabei versuchte er, diese Sicht durch eine Ableitung aus dem Festkult Israels zu begründen. Der Hiobdichter habe die Theophanie Gottes vom Sinai her, die in Israels Festkult regelmäßig vergegenwärtigt und gefeiert wurde, auf das Schicksal des Einzelnen übertragen. Mag diese These auch mit Recht bestritten werden, so bleiben die Folgerungen Weisers doch gültig: Hiob, der in V. 26 sein tatsächliches Sterben vor Augen habe, erhoffe sich nach seinem Tod eine Gotteserscheinung, in der Gott das letzte Wort sagt und sich zu ihm bekennt. »Was von Gott her geschieht, daß er selbst in Aktion tritt, hat Gewicht über den Tod hinaus.« A. Weiser, Das Buch Hiob, ATD 13, Göttingen [8]1988, S. 149 f.

Hoffnung der Grundtendenz des Hiobbuches sehr gut ein. Geht es doch in der Hiobdichtung um ein neues Verständnis der Frömmigkeit, »die absolut, nicht mit dem menschlichen Wohlergehen verknüpft ist«. An die Stelle der heilvollen Lebenswirklichkeit, in die der Mensch von Gott her eingebettet erschien, tritt nun »das persönliche Gottesverhältnis«, in dem sich der unendliche Gott mit dem nichtigen Menschen verbindet. Das aber ist ein die diesseitigen Verhältnisse transzendierendes Geschehen. Der hilflose und dem Tod ausgelieferte Mensch, der die rechtfertigende Annahme durch JHWH erfährt, gewinnt Anteil an dem ewigen Gott.[89] So sind die Verse Hiob 19,25–27, in denen es um diese rechtfertigende Annahme auch über den physischen Tod hinaus geht, also kein aus dem Zusammenhang des ganzen Hiobbuches herausfallender Fremdkörper. Im Gegenteil: die theologische Auseinandersetzung, die in diesem Buch geführt wird, treibt auf eine solche Aussage zu. Gese übersetzt die Textstelle, »die wegen ihrer absurden Formulierung oft textkritisch bedenklich erschien«, aber textlich »völlig in Ordnung« ist, folgendermaßen:

> Ich selbst weiß, daß mein Erlöser lebt,
> als letzter steht er auf über dem Staub (meines Leichnams),
> und nachdem meine Haut so geschunden,
> und auch ohne mein Fleisch schaue ich Gott,
> ja, ich selbst werde ihn für mich schauen,
> meine eigenen Augen sehen ihn, nicht ein Fremder,
> mögen auch meine Nieren in meinem Innern
> geschwunden sein.[90]

Fast stammelnd, ohne bereits geprägte Aussagen und Vorstellungen zur Verfügung zu haben, bringt Hiob und mit ihm der Hiobdichter in dieser Textstelle die Hoffnung zum Ausdruck, daß Gott auch nach dem Vergehen seiner physischen Existenz noch für Hiob eintritt. Mag auch sein Leib zu Staub zerfallen sein, so wird Gott doch »über dem Staub« noch »aufstehen«. Um ein »Aufstehen« Gottes bitten die Psalmi-

89 H. Gese, a. a. O., S. 178.
90 Ebd.

sten in den Klageliedern (vgl. Ps 3,8; 7,7; 9,20; 44,27 u. ö.). Es bedeutet, daß Gott die Sache der Frommen in seine Hand nehmen und sich machtvoll als der helfende Gott erweisen möge. Wenn nun Gott dies »als letzter« und sogar noch »über dem Staub« tut, so wird damit die Endgültigkeit dieses Geschehens unterstrichen. Gott spricht das letzte Wort in dem Drama, in das Hiob hineingestellt ist. Er spricht es vollmächtig und wirkkräftig, so daß alle am Ende Gottes Eintreten für Hiob sehen müssen. Ja, auch Hiob selbst wird, obwohl zu Staub geworden, in irgendeiner menschlich nicht mehr vorstellbaren Weise an diesem Geschehen beteiligt sein. Er wird es »schauen« d. h. erfahren, daß Gott für ihn ist. Er selber, und nicht ein von ihm unterschiedenes Wesen, wird die Begegnung mit dem ihn rechtfertigenden und annehmenden Gott erleben.

Mit diesem Bekenntnis ist innerhalb des Alten Testaments ein entscheidender Durchbruch vollzogen.[91] Unabhängig von der physischen Existenz gründet das Sein des Menschen in dem ihn rechtfertigenden und annehmenden Gott. Hier wird der dem Tod ausgelieferte Mensch mit dem ewigen Gott verbunden. Seine Existenz reicht in die Transzendenz Gottes hinüber. »Durch die Selbsterfahrung in Staub und Asche hindurch« eröffnet sich für Hiob »das ewige Sein göttlicher Annahme«, die »Ewigkeit der Gottesbeziehung«.[92]

---

91 Vgl. H. Gese, a. a. O.: »Hiobs Erkenntnis, einen himmlischen Anwalt und Erlöser zu haben, bedeutet den entscheidenden Durchbruch ... Neben den verborgenen Gott, von dem Hiob sich wie ein Feind verfolgt sieht, tritt der göttliche Zeuge und Erlöser, der die Rechtfertigung Hiobs vollzieht, der die göttliche Annahme Hiobs verbürgt – mag auch Hiobs physische Existenz längst ausgelöscht sein. Ja, Hiob weiß, daß er diese Annahme durch Gott selbst schauend erfährt ..., wenn Hiobs physische Augen längst mit seinem Körper vergangen sind.«

92 H. Gese, a. a. O., S. 188. 182.

7. Das Schicksal des Gottesknechts

Im mittleren Teil des Jesajabuches (in Jes 40 bis 55) sind die Aussprüche eines unbekannten Propheten gesammelt, der während des babylonischen Exils unter den Deportierten in Babylon gelebt und gewirkt hat. Da seine Worte im zweiten Teil der Jesajarolle mit überliefert wurden, wird er in der alttestamentlichen Forschung der »Zweite Jesaja« oder »Deuterojesaja« genannt. Er war der große Trost- und Hoffnungsprophet Israels, der dem geschlagenen und verzweifelten Volk die Vergebung und erneute Zuwendung seines Gottes, Befreiung und Heimkehr verkündigte.[93] Doch von ihm selbst erfährt man beim Lesen seiner Botschaft – zumindest beim ersten Hinblicken – fast gar nichts. Da hören wir in Jes 40,6 die verzagte Antwort eines Mannes, der auf den himmlischen Auftrag, die schon im Thronrat Gottes verkündigte große Heilswende nun auch auf der Erde auszurufen, mit der resignierten Frage antwortet: »Was soll ich rufen?« Vor uns steht ein Mensch, der auf die bitteren Vergänglichkeitserfahrungen seines Volkes nach Krieg und Zerstörung hinweist[94], sich dann aber seinem Auftrag ganz zur Verfügung stellt und die jubelnde Kunde von Gottes vergebendem Handeln in der Form wunderbarer Heilszusagen, großer Disputationsworte und strahlender Hymnen seinen Volksgenossen weitergibt, während er selbst völlig hinter dieser Botschaft zurücktritt. Oder läßt sich möglicherweise nicht doch noch mehr über das persönliche Schicksal des Propheten in Erfahrung bringen? Die Antwort auf diese Frage hängt von der Einschätzung jener vier »Gottesknechtslieder« ab, die seit ihrer ersten Entdeckung und Abgrenzung durch Bernhard

93 Zur Einführung in die Botschaft Deuterojesajas vgl. H. D. Preuß, Deuterojesaja. Eine Einführung in seine Botschaft, Neukirchen-Vluyn 1976.

94 Vgl. Jes 40,6b.7: »Alles Fleisch ist ja Gras und all seine Pracht wie die Blume des Feldes. Das Gras verdorrt, die Blume welkt, wenn der Hauch des Herrn darüber weht.« Ich folge in der Auslegung C. Westermann, der in seinem Kommentar die Verse Jes 40,6b.7 zur Antwort des Propheten hinzurechnet. C. Westermann, Das Buch Jesaja. Kapitel 40 – 66, ATD 19, Göttingen ^{4}1981, S. 37.

Duhm die wissenschaftliche Diskussion bewegen[95]. Immer wieder ist darüber gerätselt worden, wer wohl jener »Knecht« sei, von dem die Texte Jes 42,1–4; 49,1–6; 50,4–9 und 52,13–53,12 sprechen. Handelt es sich um das Volk Israel, das auch an anderen Textstellen (vgl. z. B. Jes 41,8 f.; 42,19; 44,1 f. u. ö.) Gottes Knecht genannt wird? Oder ist nur ein Teil des Volkes gemeint – die Gemeinde der Verbannten in Babylon als der eigentliche Kern dieses Volkes – oder gar ein Einzelner, die hier einen Auftrag für das Gesamt-Israel erhalten? Sprechen die Textabschnitte von einer Person, die in der damaligen Zeit unter den Israeliten gelebt hat, oder blicken sie auf eine Gestalt aus, die erst in der Zukunft erwartet wird? Seit Beginn unseres Jahrhunderts wird in der wissenschaftlichen Exegese von vielen Forschern mit guten Gründen vertreten, daß es sich bei dem in den genannten Liedern beschriebenen Knecht um eine Einzelgestalt handelt, den unbekannten Propheten selbst, dessen Auftrag, vergebliche Mühe und schließliches Martyrium in diesen Selbstzeugnissen beschrieben wird.[96] Und in der Tat: Lesen wir die herausgestellten Texte einmal für sich und in der Reihenfolge, in der sie im Jesajabuch überliefert werden, so werfen sie ein überraschendes Licht auf jene prophetische Gestalt, die sich hinter dem großen Trostbuch Jes 40–55 verbirgt und die in der Wissenschaftssprache den Namen »Deuterojesaja« trägt.

In Jes 42,1–4 wird von einer himmlischen Beauftragung berichtet. Gott selbst präsentiert seinen Knecht vor der himmlischen Ratsversammlung und nennt den Auftrag, für den er ihn auserwählt hat.[97] Der Knecht soll Gottes »Recht«[98], seine Wahrheit und seinen Herrschaftsanspruch,

---

95 Zur Diskussion der Gottesknechtslieder vgl. H. D. Preuß, a. a. O., S. 92–106. Einen Forschungsüberblick gibt H. Haag, Der Gottesknecht bei Deuterojesaja, EdF 233, Darmstadt 1985.

96 H.D. Preuß, a. a. O., S. 93–96; H. Haag, a. a. O., S. 123–129.151–153.

97 Vgl. O.H. Steck, Aspekte des Gottesknechts in Deuterojesajas »Ebed-Jahwe-Liedern«, ZAW 96, 1984, S. 372–390: 372–375.

98 Zum Verständnis des Begriffes *»mišpāṭ«* bei Deuterojesaja verweist C. Westermann, Jesaja (s. Anm. 94), S. 79 f., auf die Gerichtsreden des

zu den Völkern hinaustragen und wird für dieses Werk mit Gottes Geist ausgerüstet. Allerdings wird der Knecht diesen Auftrag anders ausführen, als es sonst unter den Machthabern und Großkönigen üblich ist. Er wird nicht »schreien und rufen«, nicht laut und gewalttätig unter den Menschen auftreten. Im Gegenteil: was bereits geknickt ist und am Boden liegt, wird er nicht zerbrechen, was nur noch glimmt, nicht zum Verlöschen bringen. »Der Knecht bringt Gottes Rechtsentscheid so zur Geltung, daß sein Tun dem harten Gesetz der Welt, daß der Zerbrochene und Verlöschende sterben muß, widerspricht.«[99] Dabei wird sein eigener Weg nicht einfach sein. Die gleichen Verben, die in V. 3 das Geknicktsein und Ausbrennen der Adressaten der Botschaft beschreiben, werden in V. 4 für das Schicksal des Knechtes selbst gebraucht. Er selbst wird denen ähnlich werden, die kurz vor dem Zerbrechen und Erlöschen stehen. Doch trotz alledem spricht ihm der göttliche Auftraggeber das schließliche Gelingen seiner Sendung zu. Auch wenn der Prophet auf seinem Weg Widerstände erleiden muß, wird er dennoch nicht zerbrechen, bis Gott durch ihn sein Heil unter den Völkern aufrichtet, eine Herrschaft, auf die sogar die fernsten Weltgegenden, die »Inseln«, sehnsüchtig hoffen.[100]

In Jes 49,1–6 redet der von Gott eingesetzte und präsentierte Gottesknecht selber.[101] Er spricht die Völker und fernen Inseln an und verkündet ihnen den Auftrag, für den er schon von Geburt an von Gott bestimmt war (49,1–3[102]).

Propheten: Jes 41,1–5. 21–29; 45,20–25. »Sie alle kommen auf den Rechtsentscheid, den *mišpāṭ* hinaus, daß der Anspruch der Götter der Völker auf ihre Göttlichkeit als nichtig erklärt wird; Jahwe allein ist Gott.«

99 C. Westermann, a. a. O., S. 80.

100 Die Frage nach dem »Erfolg« des Knechtes hat H.-J. Hermisson in einem ausführlichen Aufsatz untersucht: H.-J. Hermisson, der Lohn des Knechtes, in: J. Jeremias/L. Perlitt, Die Botschaft und die Boten. FS für H. W. Wolff, Neukirchen-Vluyn 1981, S. 269–287.

101 Vgl. zu diesem zweiten Gottesknechtslied H.-J. Hermisson, a. a. O., S. 270–276; O.H. Steck, Aspekte I (s. Anm. 97), S. 375–380.

102 Die Anrede »Israel« in V. 3 ist höchst wahrscheinlich erst nachträglich hinzugefügt worden, als man anfing, den Knecht der Gotteslieder auf das Volk Israel zu deuten. Vgl. C. Westermann, Jesaja (s. Anm. 94),

Dabei ist von seiner Berufung zum Propheten für Israel und der noch erweiterten zum Propheten für die Völker die Rede. Israel gegenüber hatte der Knecht von Anfang an die Aufgabe, es zu seinem Gott zurückzuführen (vgl. 49,5). Wieviel vergebliche Mühe ihm dieser Auftrag bisher gekostet hat und wie nutzlos er dabei seine Kraft verzehrte, kommt in den Worten der Klage zum Ausdruck: »Ich aber dachte: Vergeblich habe ich mich gemüht, für nichts und Hauch meine Kraft erschöpft ...« (49,4[103]). Trotzdem ist der Knecht aus seinem Amt nicht entlassen. Sein Wirkungsfeld ist vielmehr jetzt noch erweitert worden. Er soll als Völkerprophet, zu dem er schon von Geburt an bestimmt, als der er aber von Gott noch in seinem Köcher verborgen gehalten war, die bevorstehende Heilswende selbst den entferntesten Völkern ansagen und so mitwirken, daß sich Gottes Wahrheit und Heil bis an das Ende der Erde durchsetzt (49,6).

Auch in Jes 50,4–9 nimmt der Prophet selbst das Wort. Doch hören wir in diesem Text nichts mehr von seinem Auftrag gegenüber den Völkern. Es geht um sein seelsorgerliches Wirken an seinen müde gewordenen Volksgenossen und um sein eigenes persönliches Geschick.[104] Der Prophet hat als gehorsamer Knecht jeden Morgen dem Wort Gottes sein Ohr geöffnet und ist vor dem Auftrag, dieses Wort auszurichten, nicht zurückgeschreckt. Doch sein prophetisches Wirken hat ihm Verfolgung, Schmähungen und Schläge eingebracht. Dennoch entzieht er sich seiner Berufung nicht und weicht nicht zurück. Vielmehr ist er sich dessen gewiß, daß Gott ihm beistehen und das Recht und die Wahrheit seiner Sendung bestätigen wird. Daher macht er sein Angesicht »kieselhart«, läßt sich wehrlos schmähen und bespucken, und fordert diejenigen, die ihn anfeinden, zum

---

S. 169 f. Zum Problem, wie sich beide Knechte, das Volk Israel und der prophetische Gottesknecht, zueinander verhalten, sei auf H.-J. Hermisson, Israel und der Gottesknecht bei Deuterojesaja, ZThK 79, 1982, S. 1–24, verwiesen.

103 Übersetzung von C. Westermann, a. a. O., S. 167.

104 Vgl. H.-J. Hermisson, Lohn (s. Anm. 100), S. 276–280; O. H. Steck, Aspekte I (s. Anm. 97), S. 383–389.

Rechtsstreit. »Nah ist, der mir Recht schafft; wer will mit mir streiten? ... Siehe: der Herr JHWH hilft mir; wer ist da, der mich verdammen will?« (49,8 f.)[105].

Der Knecht, von dem das dritte Lied handelt, hat seine Leiden, die ihn als Folge seines prophetischen Wirkens trafen, in der Gewißheit ertragen, daß Gott am Ende auf seine Seite treten und seine Sendung machtvoll bestätigen werde. Doch offenbar ist alles dann doch anders gekommen, als es sich der Zweite Jesaja erhoffte. Er konnte es nicht mehr erleben, daß sich seine Botschaft von der großen heilsgeschichtlichen Wende bewahrheitete und daß die in seiner Botschaft primär Angeredeten, seine Volksgenossen in Babylon, zum Umdenken kamen. Im Gegenteil: Der Prophet ist offenbar – von den Babyloniern? – wie ein Verbrecher hingerichtet und mit anderen Übeltätern irgendwo verscharrt worden (vgl. Jes 53,8 f.). So wurde seine Botschaft durch sein eigenes Lebensschicksal widerlegt. War er wirklich ein von Gott beauftragter Sendbote gewesen? Die Fragen, die sich aus dem Schicksal des Knechtes und vor allem aus seinem schmählichen Ende im Kontrast zu seiner Botschaft ergaben, bestimmen das vierte Gottesknechtslied Jes 52,13–53,12. Es ist nicht mehr vom Propheten selbst formuliert, sondern stammt aus dem Kreis seiner Schüler, die angesichts eines neuen Gotteswortes (u. U. aber auch angesichts der durch die Siege der Perser tatsächlich in Bewegung gekommenen Weltgeschichte!) über den Auftrag des Propheten und den Sinn seines unschuldig getragenen Leidens neu nachdenken.[106]

Der Text enthält, umrahmt von zwei Gottesworten, den Bericht einer Gruppe von Menschen (Jes 53,1–11a), die auf

---

105 Übersetzung von C. Westermann, a. a. O., S. 183.

106 Zur Auslegung dieses vierten Gottesknechtsliedes vgl. H.-J. Hermisson, Das vierte Gottesknechtslied im deuterojesajanischen Kontext, in: B. Janowski/P. Stuhlmacher (Hg.), Der leidende Gottesknecht. Jesaja 53 und seine Wirkungsgeschichte, FAT 14, Tübingen 1996, S. 1–25. Zur Ausgangsfrage, auf die dieses vierte Lied antwortet, vgl. auch O.H. Steck, Aspekte des Gottesknechts in Jes 52,13–53,12, ZAW 97, 1985, S,36–58: 37.

das Leben des Knechtes zurückblicken und schildern, wie dieser unter ihnen gelebt hat und gestorben ist und wie sie selbst früher – vor ihrer Umkehr – auf sein Schicksal reagiert haben. Er wuchs auf »für sich allein«[107] wie »eine Wurzel aus dürrem Land«. Nicht »Wohlgestalt hatte er und nicht Schönheit«, so daß man ihn irgendwie beachtet hätte. »Verachtet war er und verlassen von Menschen, ein Mann der Schmerzen, mit Krankheit vertraut«. Ohne den Mund aufzutun, hatte er seine Bedrängnisse hingenommen »wie ein Schaf, das zur Schlachtung gebracht wird, und wie ein Mutterschaf, das vor seinen Scherern stumm ist«. Dann wurde er – vermutlich im Zuge eines Hinrichtungsverfahrens[108] – »weggerafft«, »abgeschnitten vom Land der Lebenden«, und man gab ihm »bei Frevlern sein Grab, und bei Übeltätern seine Grabstätte«. Muß ein solcher Mensch, der zudem so jämmerlich zu Tode gekommen ist, nicht auch ein von Gott gestrafter und verworfener Mann gewesen sein? Das haben seine Volksgenossen tatsächlich früher angenommen. Er war für sie »wie einer, vor dem man das Gesicht verhüllt«. Sie dachten, daß er »von Gott so geschlagen und gebeugt« worden sei. Seine eigenen Sünden schienen sich todbringend an ihm auszuwirken. Daher haben sie alle seinen Tod teilnahmslos hingenommen.

Doch jetzt sind einige aus der Gruppe der Deportierten – es mögen die Schüler des Propheten sein – zu einer ganz neuen Sichtweise gekommen. Ihre neue Einsicht, die durch das Gottesorakel in Jes 52,13–15 veranlaßt ist, sprechen sie voller Staunen und Beschämung aus: »Wer kann das glauben, was uns (jetzt) kund ward, und der Arm JHWHs – über was für einem hat er sich enthüllt?« (53,1). Wie ein von Gott Geschlagener und Gezüchtigter war ihnen der Knecht zu seinen Lebzeiten vorgekommen, doch nun sehen sie im Spiegel seiner Leiden sich selbst und ihre eigene Schuld. »Wir

---

107 Viele Übersetzungen folgen hier der Textkonjektur »vor uns«. Im folgenden werden die Textzitate, wenn nicht anders vermerkt, nach der Übersetzung und Textrekonstruktion von H.-J. Hermisson, Das vierte Gottesknechtslied (s. Anm. 106), wiedergegeben.

108 Vgl. H.-J. Hermisson, a. a. O., S. 12 Anm. 53.

alle irrten umher wie Schafe, ein jeder kümmerte sich um seinen Weg. Aber JHWH ließ ihn treffen unser aller Sünde« (53,6). Er hatte gelitten, was eigentlich sie selbst verdienten. Er war stellvertretend für sie von ihren Freveln durchbohrt und von ihrer Sünde geschlagen worden (53,5). Doch er beugte sich willig unter diese fremde Schuld und trug sie ohne aufzubegehren in seinen Tod (53,7). So war es also Gottes Absicht gewesen, den Propheten nicht nur als seinen »Mund« zu gebrauchen und seinen Wortdienst zu verlangen.[109] Auch der Einsatz seines Lebens zum »Schuldausgleich«[110] für die anderen gehörte offensichtlich in den Heilsplan Gottes (53,10a). Als Gottes Knecht sollte er die Schuld »der Vielen«[111] wegtragen, damit Israel zu seinem Gott zurückkehren könne. Eben dies wird im abschließenden Gotteswort 53,11b–12 noch einmal ausdrücklich bestätigt. »Gerecht macht mein Knecht die Vielen, und ihre Sünden – *er* schleppt sie« (53,11b).

In Jes 52,13–53,12 wird in einer für das Alte Testament einzigartigen Weise von Schuldübernahme und stellvertretendem Leiden gesprochen.[112] Einer leidet und stirbt für die

109 Auf diesen Unterschied in Bezug auf den Auftrag des Knechtes zwischen den ersten drei und dem vierten Gottesknechtslied macht O.H. Steck, Aspekte II (s. Anm. 106), S. 49 und 52, aufmerksam.

110 Der hier gebrauchte Begriff »*'āšām*« meint ursprünglich nicht das kultische Schuldopfer, sondern stammt aus dem profanen Bereich und bedeutet die »aus einer Schuldsituation resultierende Verpflichtung zur Schuldableistung«. R. Knierim, Art.: *'āšām* Schuldverpflichtung, THAT I, Sp. 251–257: 254.

111 Der Ausdruck »die Vielen«, der auch in der neutestamentlichen Abendmahlsüberlieferung vorkommt (Mk 14,24), meint im inkludierenden Sinn die Gesamtheit einer Gemeinschaft. Mit dieser Wendung ist im vierten Gottesknechtslied (Jes 52,14; 53,11b und 12) nicht die Menge der Völker, sondern die Gesamtheit Israels, das empirische Volk, gemeint. Vgl. O. H. Steck, A. a. O., S. 40 f.; H.-J. Hermisson, Das vierte Gottesknechtslied (s. Anm. 106), S. 12 f.

112 Vgl. dazu B. Janowski, Er trug unsere Sünden. Jesaja 53 und die Dramatik der Stellvertretung, ZThK 90, 1993, S. 1–24; wieder abgedruckt in: B. Janowski/P. Stuhlmacher, Der leidende Gottesknecht (s. Anm. 106), S. 27–48. Ders., Stellvertretung. Alttestamentliche Studien zu einem theologischen Grundbegriff (SBS 165), Stuttgart 1997, S. 67–96. – Zur Frage, wie die historische Auslegung dieses alttesta-

Vielen, damit diese, die selber in Schuld gefallen sind und es in keiner Weise verdienen, Gerechtigkeit vor Gott und Heil erlangen bzw. – in die Situation der Volksgenossen Jesajas übersetzt – Befreiung und Heimkehr und einen neuen Anfang des Lebens erfahren. Doch was wird bei alledem aus dem getöteten Knecht selbst? Daß sein Leiden einen tiefen Sinn gehabt hat, er also nicht für seine eigenen Vergehen, sondern schuldlos für andere in den Tod gehen mußte, wird in dem Bekenntnis der Wir-Gruppe ausdrücklich festgestellt. Dennoch bleibt die Frage nach dem individuellen Schicksal dessen, der so zu Tode gekommen ist. Sind die Hinrichtung und das Grab bei den Gottlosen das letzte, was über sein persönliches Geschick zu sagen ist, oder geht Gottes Geschichte auch mit ihm, dem Getöteten, weiter? Unser Text versucht, auch von der individuellen Rechtfertigung des Knechtes zu sprechen, obwohl die Schüler Deuterojesajas dies mit ihren Sprachmitteln noch gar nicht ausdrücken können. So gebrauchen sie traditionelle Wendungen, die Gottes Handeln im geschichtlichen Leben beschreiben, beziehen sie aber neu auf den getöteten Knecht, um auszusagen, daß auch er jenseits seines Todes eine Zukunft bei Gott hat.

»Siehe mein Knecht wird Erfolg haben, wird hoch und erhaben und sehr groß sein« (Jes 52,13). In diesem Gottesorakel, das den Bericht vom Schicksal des unbekannten Propheten einleitet, präsentiert JHWH wie in Jes 42,1–4 seinen Knecht, doch nicht, um das weltweite Wirken dieses Mannes kundzutun, sondern seine unvergleichliche Erhöhung. Diese steht im Kontrast zu der von den Vielen wahrgenommenen erschreckenden Erniedrigung und vollzieht sich durch die Erniedrigung hindurch (Jes 52,13 f.). Dabei wird das Geschehen der Erhöhung, obwohl in V. 13 mit drei verschiedenen Verben betont, nicht konkret ausgesagt. Es geht um den,

---

mentlichen Textes und seine neutestamentliche Inanspruchnahme zur Deutung des Leidens und Sterbens Jesu theologisch miteinander zu vereinbaren sind, verweise ich auf mein Kapitel: »Die Prophetie vom leidenden Gottesknecht. Eine alttestamentliche Vorwegnahme«, in: G. Kittel, Der Name über alle Namen II, Biblische Theologie/NT, Bibl.-theol. Schwerpunkte 3, [2]Göttingen 1996, S. 48–59.

auch für die Völker sichtbar werdenden Erfolg des Knechtes. Wenn die vom Propheten angekündigte große Heilswende eintritt und alle Völker daran Anteil bekommen, wird auch der Knecht seine Rechtfertigung und Erhöhung erfahren. Völker und Könige werden – vor Erstaunen – ihren Mund verschließen.

Was das Gotteswort in den zitierten Umschreibungen von der kommenden Größe des Gottesknechtes sagt, wird in Jes 53,10–11a im Bekenntnis der Wir-Gruppe staunend aufgenommen und weiter konkretisiert. Hier wird nach dem Bericht über das klägliche Ende des Propheten in V. 10 ein neues Gotteshandeln angekündigt. »Aber JHWH, dessen Plan es war, ihn zu schlagen, ›heilte den, der‹ sein Leben als Schuldausgleich eingesetzt hatte«. Mag in diesem Vers auch die Textrekonstruktion unsicher sein[113], so muß die Aussage doch auf ein heilendes, auch den Knecht selbst zurechtbringendes Handeln Gottes gedeutet haben, wie die Fortsetzung zeigt: »Er wird Nachkommenschaft sehen, lange leben, und der Plan JHWHs wird durch ihn gelingen.« »Samen sehen« und »die Tage lang machen« (wörtliche Übersetzungen) sind im Alten Testament Bilder für das gesegnete diesseitige Leben. Diese Verheißungen werden traditionell den Gerechten und nach Gottes Willen Lebenden zugesprochen (vgl. 2. Mose 20,12; 5. Mose 4,40; 5,33; 6,2 u. ö.).[114] Hier jedoch sind sie auf einen bereits Getöteten bezogen und sollen jene Zukunft qualifizieren, die auch er zu erwarten hat. Auch er, der sich für die Schuld der Vielen dahingab, lebt und wird leben als Gerechtfertigter vor Gott. Im gleichen Sinn ist auch der folgende V. 11a zu verstehen, in dem zwei weitere Aussagen

---

113 H.-J. Hermisson gibt selbst auch die alternative Rekonstruktions- und Übersetzungsmöglichkeit an (in: Das vierte Gottesknechtslied [s. Anm. 106], S. 8): »Aber Jahwes Plan war's, ihn zu schlagen … ›er setzte wahrlich‹ als Schuldausgleich … sein Leben ein«. Dieser folgen neben anderen H.D. Preuß, Einführung (s. Anm. 93), S. 98 und B. Janowski, Er trug (s. Anm. 112), S. 16 (ebs. in: Ders., Der leidende Gottesknecht [s. Anm. 106], S. 40 und in Stellvertretung, [s. Anm. 112], S. 87).

114 Vgl. E. Kutsch, Sein Leiden und Tod – unser Heil. Eine Exegese von Jesaja 52,13–53,12, BSt 52, Neukirchen-Vluyn 1967, S. 33 f.

hinzukommen: »Wegen der Mühsal seines Lebens wird er ›Licht‹ sehen, wird sich sättigen an seiner Erkenntnis«. Das Wort »Licht«, das entsprechend der Septuagintafassung des Textes und zweier Qumran-Handschriften in vielen Übersetzungen eingefügt wird, ist eine oft gebrauchte Metapher für Rettung, Leben und Heil.[115] Der Knecht wurde eben nicht »abgeschnitten vom Land der Lebenden« (53,8b), sondern Gott läßt ihn im Tod und durch den Tod hindurch die Rettung, Leben und Heil erfahren. Außerdem soll der Knecht »sich sättigen« – »an seiner Erkenntnis«. Zieht man die zuletzt genannte Wendung mit Hans-Jürgen Hermisson zum vorausgehenden Halbsatz[116], so tritt sie als nähere Bestimmung zum Verb »sättigen« hinzu und meint das Sattwerden an der Erkenntnis Gottes. Auch der getötete Knecht wird das Heil, auf das er sein Leben lang ausgeblickt hat, »sehen« und daran »sattwerden«, daß sich Gott so, wie er es verkündigt hat, zu erkennen gibt. Wenn die große Heilswende eintritt und die Völker Gottes Handeln staunend erleben, ja, wenn auch Israel glaubend zu seinem Gott zurückfindet (vgl. Jes 49,5 f.), wird derjenige, durch dessen prophetisches Wirken, mehr noch: durch dessen stellvertretendes Leiden und Sterben, dies bewirkt wurde, nicht ausgeschlossen sein. Er selbst wird das Ziel der Wege Gottes und damit die Rechtfertigung und Erhöhung seines Wirkens in irgendeiner nicht vorstellbaren Weise auch selbst erfahren. »Gott hält an seinem Knecht fest, und auch ihn wird die Heilswende, die er selbst mit heraufgeführt hat, erreichen«[117].

Dies wird im abschließenden Gotteswort Jes 53,11b.12 noch einmal ausdrücklich unterstrichen. Der Knecht wird erben unter den Großen und mit Zahlreichen »Beute teilen«. Dieses Bild aus der Kriegssprache verweist auf die Freude der Kämpfer und ihren Lohn nach errungenem Sieg (vgl. Jes 9,2). In unserer Textstelle ist der Ausdruck auf den Sieg Got-

---

115 E. Kutsch, a. a. O., S. 35.

116 H.-J. Hermisson, Das vierte Gottesknechtslied, (s. Anm. 106), S. 8 und 16 f. Vgl. ebenso B. Janowski, Stellvertretung (s. Anm. 112), S. 72 Anm. 38.

117 H.-J. Hermisson, Das vierte Gottesknechtslied (s. Anm. 106), S. 17.

tes bezogen und die Beute, die Israel und dem Knecht dabei zuteil wird. Wenn sich Gottes Wahrheit in der großen geschichtlichen Heilswende durchsetzt, dann werden dem Gott Israels die Völker zufallen und ihn als ihren Gott und Heiland bekennen (vgl. Jes 45,22–24). Auch das blinde Israel (vgl. Jes 42,19) wird zu seinem Gott zurückfinden und Befreiung und Heimkehr erleben. Aber auch der Knecht, der sein Leben für die Vielen ausschüttete, wird dabei sein! Er wird den Lohn seiner Mühe, die Früchte seines Wirkens, d. h. die »Beute« nach errungenem Sieg, in der Gemeinschaft seines Volkes erlangen, so wenig dies auch konkret ausgesagt werden kann.

Im vierten Gottesknechtslied geht es wie im Hiobbuch und in den Weisheitspsalmen um das Problem des unschuldigen Leidens. Doch hier wird das Problem insofern verschärft, als es der von Gott beauftragte Sendbote ist, dessen Rechtfertigung im und trotz des Leidens in Frage steht. Bis zuletzt hatte der Knecht, wie die drei ersten Gottesknechtslieder zeigen, an Gott festgehalten, bis zum Schluß darauf gehofft, daß seine Sendung von Gott bestätigt und sichtbar ins Recht gesetzt würde, er also nicht zuschanden werden möchte. Doch er mußte den Weg des Geschlagenen und Gedemütigten bis zum bitteren Ende gehen, ohne daß Gott erfahrbar auf seine Seite trat. Der physische Tod, die Grabstätte bei den Übeltätern, waren das letzte, was von ihm zu berichten blieb. Hat Gott die Macht, auch ein solch ausgelöschtes Leben ins Recht zu setzen? Kann er das Geschick eines Menschen noch wenden, nachdem es ein für allemal zu Ende scheint? Das Gottesorakel und ihm folgend das Selbstbekenntnis der Jüngergemeinde formuliert in dieser Situation eine doppelte neue Erkenntnis. Zunächst geht es um ein neues Verständnis des Leidens. Die Verknüpfung von Leiden und Schuld wird im Blick auf den Knecht nicht nur in Abrede gestellt. Es wird nicht nur von einer Gottesgemeinschaft gesprochen, die bleibt, auch wenn »Leib und Seele verschmachten« (Ps 73,26). Das unschuldige und wehrlos getragene Leiden des Knechtes bekommt einen positiven, für andere Leben spendenden Sinn. Erstmalig im biblischen Zusammenhang wird der Gedanke des stellvertretend für die Schuld anderer übernommenen Leidens und Sterbens eines Menschen gedacht. Die andere neue Einsicht betrifft die Möglichkeiten Gottes auch noch jenseits der letzten Schranke des Todes. In Bildern, die bisher ausschließlich für das gesegnete Leben des Menschen diesseits der Todesgrenze gebraucht wurden, wird neu ausgesagt, daß Gott seinen Knecht auch nach dessen Ableben vor aller Augen zu rechtfertigen vermag, daß er sichtbar auf seine Seite tritt und ihn erhöhen wird, auch wenn es nach menschlichem Ermessen dafür zu spät ist. Was Hiob in trotziger Gewißheit von Gott erhofft (vgl. Hi 19,25–27), daß dieser auch über dem Staub noch auftreten und ihn gerecht sprechen möge und daß er mit eigenen Augen dies sehen wird, ist hier dem Gottesknecht verheißen. Er wird die Bewahrheitung seiner Botschaft selbst erleben und gemeinsam mit seinem Volk, das er als seine »Nachkommen« zu JHWH zurückgeführt hat, an Gottes Zukunft teilhaben. Wie das im einzelnen vorzustellen ist, bleibt offen. Die Schüler Deuterojesajas, die diesen Text formulierten, hatten darauf noch keine Antwort. Sie konnten die Verwirklichung dieser Hoffnung nur dem das Unmögliche möglich machenden Gott überlassen. So benutzten sie die traditionellen Aussagen, wohl wissend, daß sie damit nicht mehr diesseitig irdisches Leben beschrieben, sondern metaphorisch von etwas ganz Neuem sprachen. »Was da exakt als Jahwehandeln berichtet wird, bleibt uns durch den Textzustand und die metaphorische Sprache verborgen ... Aber ›metaphorisch‹ heißt *nicht*: nicht real! Es ist das reale göttliche Handeln, das sich menschlicher Vorstellungsmöglichkeit und damit auch dem direkten sprachlichen Zugriff entzieht.«[118]

118 H.-J. Hermisson, Das vierte Gottesknechtslied (s. Anm. 106), S. 17.

8. Hesekiels Vision von der Auferweckung der Totengebeine

Während der dunklen Epoche des babylonischen Exils wirkte unter den deportierten Judäern neben dem Zweiten Jesaja der Prophet Hesekiel. Nach Hes 1,2 ist er, der aus einer Priesterfamilie stammte[119], bereits nach der ersten Belagerung Jerusalems 598/597 zusammen mit der judäischen Oberschicht nach Babylonien deportiert worden und hat dort im »fünften Jahr nach der Wegführung des Königs Jojachin«, d. h. im Jahr 593, seine Berufung zum Propheten erfahren. Daß er als Unheils- und Gerichtsprophet auftreten sollte, wird schon in der Berufungsvision deutlich. Die Buchrolle, die Hesekiel essen und sich somit ganz einverleiben muß, ist auf der Vorder- und Rückseite mit »Klagen und Seufzen und Wehe« beschrieben (2,10). Entsprechend ist die Ausrichtung seiner Botschaft im ersten Teil des Buches (vgl. Hes 4–24). Die Herrlichkeit Gottes verläßt den Tempel und die Stadt (Hes 9–11). Jerusalem und das judäische Bergland werden der Verwüstung anheimgegeben (Hes 4–7). Auch der Rest des Volkes in Jerusalem und im Land Juda wird umkommen oder nach Babylon verschleppt werden (Hes 12). Doch zeigt sich in Hesekiels Botschaft später eine Wende. Nach dem Fall Jerusalems im Jahr 586, nachdem ein Bote die Kunde von der Einnahme der Stadt den Verbannten in Babylon überbracht hat (vgl. Hes 33,21), spricht der Prophet zunehmend von der Begnadigung des Volkes. Da das angesagte Gericht Gottes eingetroffen ist, wird sich JHWH um der Ehre seines Namens willen in nächster Zukunft seinem Volk wieder zuwenden, es aus den Ländern, unter die es zerstreut ist, sammeln und nach Jerusalem heimkehren lassen (vgl. Hes 34,11–16; 36; 39,25–29).

In die Reihe dieser Heilsworte gehört auch die große Vision Hesekiels von der Belebung der Totengebeine (Hes 37,1–14). Der Prophet sieht sich durch den Geist Gottes in

119 Zur Biographie des Propheten vgl. W. Zimmerli, Die Person Ezechiels, in: Ders., Ezechiel, BK XIII/1, Neukirchen-Vluyn ^{2}1979, S. 24*–31*.

eine Ebene versetzt, die mit vertrockneten menschlichen Gebeinen angefüllt ist.[120] Können solche Gebeine wieder lebendig werden? Diese von Gott an den Propheten gerichtete Frage klingt grotesk. Die trostlosen Überreste menschlicher Leiber, die Hesekiel zu sehen bekommt, haben nichts an sich, was auf zukünftiges Leben und Hoffnung deuten könnte. Doch der befragte Prophet stellt die Antwort Gott anheim. »Mein Herr, JHWH, *du* weißt es.« Auch da, wo nach menschlicher Erfahrung das Urteil »unmöglich!«, lautet, reichen Gottes Möglichkeiten weiter (vgl. Jer 32,26). Er kann auch gänzlich Erstorbenes wieder zum Leben bringen, wie es in dem Gesicht Hesekiel gezeigt wird. Zweimal erhält der Prophet den Auftrag, über den Totengebeinen Gottes Wort auszurufen. Auf den ersten Weissagungsbefehl hin rücken die Gebeine zusammen; es entstehen Sehnen, Fleisch wächst und wird mit Haut überzogen. Dann kommt, durch einen neuen Befehl herbeigerufen, der Lebensatem »von den vier Winden« und haucht die toten Leiber an. Diese werden wieder lebendig und »stellen sich auf ihre Füße« – »ein sehr, sehr großes Heer« (37,10). Erst ganz am Ende dieser visionären Schilderung erhält der Hörer den Schlüssel zur Deutung des Geschauten. Die »Gebeine«, von denen die Rede war, sind das »ganze Haus Israel«. Seine Klagen sind es, auf die die geschaute Botschaft antworten will. »Siehe, sie sagen: Vertrocknet sind unsere Gebeine, zunichte ist unsere Hoffnung, wir sind abgehauen« (37,11)[121]. Die Antwort Gottes, die der Prophet dem verzweifelten Volk vermitteln soll, lautet dagegen: »Siehe, ich öffne eure Gräber und führe euch

120 Bei den Visionsschilderungen des Propheten Hesekiel ist die sprachliche Stilisierung zu beachten. Es geht, so Zimmerlis Urteil a. a. O., S. 27 f.*, keinesfalls an, »sie schlicht als Schilderung eines biographischen Tatbestandes zu lesen und auszuwerten«. Die Visionen und Zeichenhandlungen sind unverkennbar auf »die von ihnen zu Gehör und Gesicht zu bringende Verkündigung hin« ausgestaltet und reflektierend stilisiert worden. Dabei ist das Besondere der Visionen Hesekiels, »daß der Prophet selber in hohem Maße handelnd und sich bewegend am Geschehen beteiligt wird«.

121 Übersetzung nach W. Zimmerli, Ezechiel, BK XIII/2, Neukirchen-Vluyn ^{2}1979, S. 886.

aus euren Gräbern heraus und bringe euch ins Land Israels ...« (Hes 37,12).

Wie der V. 37,11 zeigt, handelt es sich bei der Vision Hesekiels um ein Gleichnis, dessen Bildersprache an die Metaphorik der Klage anknüpft. Ähnlich den Psalmisten, die ihre Ängste und Bedrängnisse in Bildern vom Verdorren oder Zerfließen ihres Herzens und ihrer Gebeine aussprechen (vgl. z. B. Ps 22,15 f.; 31,11; 63,2; 102,5; vgl. auch Spr 17,22b), drücken auch die Überlebenden in Babylon die Vernichtung ihrer Hoffnungen aus. Ihre Lebenskraft hat sie verlassen, ihre Hoffnung ist erstorben, sie sind »abgeschnitten« (wörtlich) vom Leben und damit bereits in der Todeswelt. Die Antwort des Propheten aber nimmt diese Bildersprache auf. Er schildert in einzelnen Schritten, wie die toten Gebeine wieder zum Leben kommen, wie sie Fleisch ansetzen, sich mit Haut überziehen und wie dann der »Geist«[122] die Toten lebendig macht. Dabei greift der Prophet auf Anschauungen zurück, die aus den Schöpfungsüberlieferungen bekannt sind. Auch in 1. Mose 2,7 vollzieht sich die Erschaffung des Menschen in zwei Akten. Hier wird ebenfalls zunächst der Leib Adams gestaltet, bevor Gott den Menschen in einem zweiten Akt mit seinem Atem beseelt. Es ist also der *schöpferische* Gott, der so, wie er am Anfang den Menschen aus Erde schuf und durch den Lebenshauch lebendig machte, nun auch die Gebeine des Totenfeldes zu neuem Leben erweckt. »In der Visionsschilderung von 1–10 ist der Schöpfer verkündigt, der Macht hat, auch nochmals einen Anfang zu setzen, wo alles zu Ende gekommen zu sein scheint.«[123]

Wenn sich auch Hes 37,1–14 auf das innergeschichtliche Wiederaufleben des Volkes Israel bezieht, so werden hier doch erstmalig die Begriffe und Bilder zur Verfügung ge-

---

122 Vgl. zu diesem Begriff Anm. 27. In Hes 37 wird offenbar ganz bewußt mit den unterschiedlichen Bedeutungsnuancen des Wortes »*rūaḥ*« gespielt, wobei die Verse 5 f. 9 f. stärker die Bedeutung »Lebenskraft/Atem« und V. 9c die Bedeutung »Wind« anklingen lassen, während V. 14 ähnlich wie Hes 36,26 f. den neuen Geist im Inneren der Israeliten meint.

123 W. Zimmerli, Ezechiel 2, S. 900.

stellt, die später in der frühjüdischen und neutestamentlichen Literatur die Auferstehungsaussagen prägen. Wo Gott an den Toten handelt, werden Gräber geöffnet. Totgesagte steigen aus ihren Grabkammern heraus (V. 13). Verdorrte Gebeine werden mit einem neuen Leib bekleidet (V. 6–8). Gottes Lebensgeist haucht wie einst bei der Erschaffung Adams die Verstorbenen an und erweckt sie in einem wiederholten Schöpfungsvorgang zu neuem Leben (V. 9 f.14). Die vordem leblos dalagen, die Toten, »stehen auf«, sie »stellen sich auf ihre Füße« (V. 10). Beim Propheten sind diese Aussagen noch visionäre Bilder. Sie beziehen sich auf die politische Geschichte eines Volkes, das sich verloren glaubt, aber dennoch physisch am Leben ist.[124] Doch ist es von hier aus nur ein kleiner Schritt, bis diese Visionen auch direkt auf jene bezogen werden, die wortwörtlich in den Gräbern liegen und deren Leiber zu Staub zerfallen sind.[125] In wenigen Versen, die wie einzelne versprengte Splitter wirken, ist in den jüngsten Schriften des Alten Testaments von einer solchen Auferweckung die Rede.

---

124 Allerdings ist hinzuzufügen, daß diese Aussagen auch schon bei Hesekiel mehr als nur »Gleichnisse« sind. Ist doch das hoffnungslose Volk in Babylon tatsächlich in den Machtbereich der Scheol geraten. In seinem Unglück, seiner Heimatlosigkeit und Gefangenschaft wirkt sich die reale Todesmacht aus. So ist auch das, was der Prophet den Verbannten ankündigt, ein reales, sie in das Leben zurückrufendes Geschehen. Heimkehr und Neuanfang im Land Israel bedeuten nicht nur bildlich, daß Israel aus seinen Gräbern steigt und ins Leben zurückkehrt. Der Schritt zu einem realen Verständnis der Vision Hesekiels, wie er in der späteren jüdischen und christlichen Auslegung vollzogen wurde, liegt also durchaus im theologischen Gefälle des Textes.

125 Nach R. Bartelmus, Hes 37,1–14, die Verbform w^{e}qatal und die Anfänge der Auferstehungshoffnung, ZAW 97, 1985, S. 366–389, ist dies bereits in den Makkabäerkriegen im zweiten Jahrhundert v. Chr. geschehen. Nach seiner Analyse haben spätere Bearbeiter in Hes 37 die Verse 7a.8b–10a eingeschoben und den Text so für ihre eigene Zeit aktualisiert. »... an die Stelle der Hoffnung auf eine irdische Restitution Israels als Volk ist die Hoffnung auf eine jenseitige Restitution des einzelnen (gläubigen) Volksgenossen getreten ...« (S. 388).

9. *Deine Toten werden leben*

Die Kapitel 24 bis 27 bilden einen eigenen Textabschnitt im Jesajabuch, die sog. Jesaja-Apokalypse.[126] Im Zentrum der Kapitel steht der Ausblick auf ein universales Weltgericht, das über alle Erdenbewohner hereinbrechen wird (Jes 24,1–13. 16–20). Doch auch der Jubel der Erlösten wird in manchen Textabschnitten laut (Jes 24,14–16; 25,9; 26,1–6), sowie die Erwartung, daß Gott durch ein kosmisches Gericht hindurch seine Königsherrschaft aufrichtet (Jes 24,21–23). Vom Untergang einer unbekannten Weltstadt ist die Rede (25,1–5; 26,5 f.), aber auch davon, daß Gott allen Völkern auf dem Zion ein üppiges Mahl bereiten wird und der Tod am Ende verschlungen werden soll (25,6–8).

Die Disparatheit der Einzeltexte legt es nahe, in diesem Textabschnitt eine Komposition zu sehen, die über einen längeren Zeitraum hin gewachsen und aus z. T. sehr verschiedenen Elementen zusammengesetzt ist. Eine Grundschicht des Textes könnte in verschiedenen Überlieferungs- und Glossierungsstufen immer wieder ergänzt und interpretiert worden sein, um die Botschaft des Textes für die jeweilige Gegenwart neu zu aktualisieren.[127] So lassen sich auch keine genaueren Angaben zur Entstehungszeit machen. Sicher ist, daß der Text insgesamt aus nachexilischer Zeit

126 Zu Begriff und Merkmalen der Apokalyptik vgl. F. Hahn, Frühjüdische und urchristliche Apokalyptik. Eine Einführung, BThSt 36, Neukirchen-Vluyn 1998, S. 1–4. Apokalyptische Elemente in Jes 24–27 sind der Blick auf das Ganze der Geschichte und die Erwartung eines Endes, bei dem die Grundordnungen der Welt erschüttert werden. Doch fehlen die wesentlichen Merkmale einer Apokalypse: die Beschreibung des Ablaufes der Weltgeschichte von einem zurückdatierten Standort aus, die Pseudonymität des Verfassers, Berechnungen des Endes, Visionen und Auditionen, sowie ein durchgehaltener dualistischer Grundansatz, nach dem sich das Heil nicht mehr in dieser vorfindlichen Welt verwirklicht, sondern erst in der Neuschöpfung Gottes.

127 Vgl. die Forschungsüberblicke bei O. Kaiser, Der Prophet Jesaja. Kapitel 13–39, ATD 18, Göttingen ³1983, S. 141–145; H. Wildberger, Jesaja 13–27, BK X/2, Neukirchen-Vluyn ²1989, S. 892–911; R. Kilian, Jesaja: 2. 13–39, NEB 32, Würzburg 1994, S. 140–142.

stammt, wobei für die Grundschicht die persische Zeit angenommen werden kann, während die jüngsten Glossierungen bis in die Zeit der Kanonbildung reichen mögen.[128]

Zum Grundbestand der Jesaja-Apokalypse oder zumindest in die Schicht der ältesten Erweiterungen gehört nach ziemlich einhelliger Meinung das »Lied auf die Gerechtigkeit Gottes«[129] in Jes 26,7–19. Es handelt sich um ein Volksklagelied, in dem aber auch Elemente der Klage eines Einzelnen, sowie weisheitliche Reflexionen enthalten sind. »Der Pfad für den Gerechten ist Gradheit, gerade ist das Geleise, das du dem Gerechten bahnst« (26,7)[130]. Mit diesem Bekenntnis zur Gerechtigkeit Gottes, die den Gerechten auf geradem Weg hält, beginnt das Lied, um mit der Beteuerung fortzufahren, daß die treu zu JHWH stehende Gemeinde »auch auf dem Pfad seiner Gerichte« auf Gott hoffen kann (26,8). Dieses Bekenntnis scheint in einer Situation gesprochen, in der die Gottesgemeinde der nachexilischen Zeit ohnmächtig der Herrschaft fremder Mächte ausgeliefert ist, darin Gottes Gericht erblickt und sich dennoch an den Gott, der früher dem Volk geholfen hat, vertrauensvoll bindet (26,13). Auch in den früheren Zeiten ist Israel von fremden Herren unterdrückt worden, doch Gott hat die Unterdrücker heimgesucht und ihre Namen für immer ausgetilgt (26,14 f.). Aber nun befindet sich das Volk in großer Not. Die Beter schreien in ihrer Bedrängnis zu Gott, denn mit

128 O. Kaiser datiert a. a. O., S. 145, die älteste Schicht in das vorrückende vierte Jahrhundert v. Chr., während die jüngsten Zusätze nach seiner Sicht bis in die Zeit der Religionsunterdrückung unter Antiochus IV., d. h. in die Jahre 167–164, hinabreichen. Wildberger hält a. a. O., S. 905–907. 911, dagegen, daß der Wachstumsprozeß wesentlich früher abgeschlossen sein mußte, da die Kapitel noch in das Jesajabuch und damit in den Prophetenteil des alttestamentlichen Kanons aufgenommen wurden. Seiner Meinung nach ist die Jesaja-Apokalypse in verschiedenen Phasen zwischen 500 und 300 v. Chr. (eher zwischen 500 und 400 v. Chr.) entstanden. Ähnlich wie Wildberger datiert auch Kilian, a. a. O., S. 142.

129 Dies ist die Überschrift bei R. Kilian, a. a. O. (s. Anm. 127), S. 152.

130 Die Wiedergabe des Textes folgt hier und an den folgenden Textstellen der Übersetzung H. Wildbergers, a. a. O. (s. Anm. 127), S. 981 f.

ihren eigenen Anstrengungen vermögen sie nichts auszurichten (26,17 f.).

Zwei Verse fallen in dieser Volksklage besonders auf, die einander diametral zu widersprechen scheinen. Beim Rückblick auf Gottes früheres Heilshandeln lautet das Bekenntnis der Sprecher:

> Tote werden nicht lebendig,
> Schatten stehen nicht auf.
> Fürwahr, du hast sie heimgesucht und ausgerottet
> und ausgetilgt, was nur an sie erinnern kann. (Jes 26,14)

Hier kommt die traditionelle Todesauffassung zu Wort, die sich auch in den meisten Klage- und Dankliedern des Psalters findet. Die Toten sind von der Hilfe Gottes getrennt. Sie stehen nicht wieder auf. Das Land des Vergessens hat sie aufgenommen (vgl. Ps 88,6.11.13 u. ö.). Um so überraschender redet dagegen V. 19, der der verzweifelten Klage in den Versen 17 f. zu antworten scheint:

> Deine Toten werden leben, meine Leichen werden auferstehen.
> Erwacht und jubelt[131] ihr Bewohner des Staubes!
> Denn Tau der Lichter ist dein Tau,
> und die Erde wird die Schatten gebären. (Jes 26,19)

Will man diesen Gegensatz verstehen, ist auf die unterschiedlichen Subjekte zu achten. In V. 14 sind diejenigen im Blick, die in der Vergangenheit über Israel herrschten. »JHWH, unser Gott, uns beherrschten andere Herren als du, doch nur deiner, nur deines Namens gedachten/gedenken wir« (26,13). Diese »anderen Herren« sind vergangen. Ihre Schatten werden nicht wieder lebendig. Das gleiche Schicksal erwartet auch die gegenwärtigen Fremdherrscher. Mit ihrem Tod wird auch ihr Name und Gedächtnis ausgestrichen sein. Anders verhält es sich dagegen mit Gottes Volk und den sich an ihn haltenden Frommen. Den Erwählten

131 Diese Verben übersetzt H. Wildberger in Anlehnung an die Septuaginta und andere alte Übersetzungen futurisch und im Indikativ: »aufwachen und jubeln werden die Bewohner des Staubes«. Doch im hebräischen Text stehen die Verben im Imperativ Plural.

Gottes gilt die Zusage: »*Deine* Toten werden leben ...« sowie der Weckruf: »Erwacht und jubelt, ihr Bewohner des Staubes!«

Von den Problemen, die Jes 26,19 der Auslegung aufgibt, sei als erstes die Frage nach der Sprecherperspektive genannt. Otto Kaiser hat in seinem Kommentar zu Jesaja 13–39 die verschiedenen Deutungsmöglichkeiten nebeneinander gestellt.[132] Spricht die betende Gemeinde diese Worte Gott gegenüber aus, so sind die zu Gott gehörenden Toten, u. U. die Gerechten des Gottesvolkes, gemeint, während die Formulierung »meine Leichen« dieselben noch einmal nennt, aber nun aus der Perspektive des oder der Beter. Werden die Worte dagegen von Gott gesprochen, so ist die auserwählte Gemeinde angeredet. *Ihre* Toten sollen leben und – ein seltsamer Ausdruck! – *Gottes* Leichen auferstehen. Denkbar ist aber auch ein Wechsel der Sprecher, so daß V. 19a Wort Gottes, der zweite Halbvers, der vom Tau der Lichter handelt, dagegen das antwortende Bekenntnis der Gemeinde ist. Unmittelbar verknüpft mit der genannten Frage ist gleich die zweite nach der sprachlichen Gattung. Handelt es sich bei Jes 26,19 um ein von Gott an sein Volk gerichtetes *göttliches Heilsorakel* oder um ein zu Gott hin gesprochenes *Vertrauensbekenntnis der Gemeinde*? Bei der Antwort spielt häufig eine dritte Frage mit, ob nämlich V. 19 zum ursprünglichen Klagelied zu rechnen ist oder eine nachträgliche Glosse darstellt. Wer den Vers als ein ursprüngliches Element des Textes Jes 26,7–21 versteht, wird in ihm eine auf die vorangegangene Klage antwortende *göttliche Verheißung* sehen. Wer ihn dagegen für einen späteren Zusatz hält, wird ihn für ein später eingetragenes *Bekenntnis der Gemeinde* halten, in dem diese ihrem Glauben an den die Toten auferweckenden Gott Ausdruck gibt. Doch handelt der Vers wirklich von einer postmortalen Auferstehung? Auch dies ist keineswegs eindeutig. Als ein unverzichtbares Element der Volksklage verstanden, kann Jes 26,19 als Verheißung gedeutet werden, die in ähnlicher Metaphorik wie

132 A. a. O. (s. Anm. 127), S. 173 f.

Hes 37 das Aufleben des Volkes und einen geschichtlichen Neuanfang verkündet.

Als Beispiele dafür, wie verschieden der Text gedeutet werden kann, seien die Auslegungen von Hans Wildberger und Otto Kaiser hier wiedergegeben. Wildberger[133] hält die Entscheidung, V. 19 als Glosse aus dem Textzusammenhang herauszunehmen für einen »Kurzschluß«. Die »harte Diskrepanz« zwischen den Versen 18 und 19 finde darin ihre Begründung, daß V. 19 als göttliches Heilsorakel der vorangegangenen Klage des Volkes gegenübertritt. Allerdings stört bei dieser Auffassung die seltsame Wendung »meine Leichen«, die Wildberger als spätere Glosse ausscheiden möchte.[134] Auch die Rede von »deinem Tau« klingt seltsam, wenn an dieser Stelle Israel angeredet sein soll, weshalb Wildberger – Wilhelm Rudolph folgend – die Wendung als den »auf dich fallenden Tau« interpretiert.[135] Wichtig ist für Wildberger, daß in dem Text »von der nicht mehr erwarteten Umkehrung des Geschickes Israels gesprochen« wird. Nicht von der Auferstehung Einzelner aus dem Tode sei hier die Rede, sondern metaphorisch von der Wiederaufrichtung Israels nach einer Zeit schwerster Bedrängnis. Für eine andere Deutung lasse der Zusammenhang keinen Raum.[136] Ganz anders ist dagegen die Sicht Otto Kaisers. Er nimmt V. 19 als einen späteren Zusatz aus dem Textzusammenhang heraus und deutet ihn für sich allein.[137] Im unmittelbaren Anschluß an 26,16–18 stehen für ihn die Verse 20 und 21. In ihnen wird die Klage, die der prophetische Sprecher im Namen seiner Gemeinde vorgetragen hat, mit der Aufforderung beantwortet, sich angesichts der noch weiter steigenden Not zu verbergen und auszuharren, bis JHWH als Richter eingreift und die Schuld der Erdenbewohner ahndet. In V. 19 hat dagegen ein späterer Textbearbeiter seine auch die Toten einschließende noch umfassendere Hoffnung zum Ausdruck gebracht. Es handelt sich um ein Vertrauensbekenntnis, das zu Gott hin gesprochen ist: »Leben sollen deine Toten ...« Über das Ende

---

133 H. Wildberger, a. a. O. (s. Anm. 127), S. 902.992–998.

134 A. a. O., S. 985.

135 A. a. O., S. 994 f.

136 A. a. O., S. 995. Wie H. Wildberger versteht Jes 26,19 auch R. Kilian, a. a. O. (s. Anm. 126), S. 154: »Von einer persönlichen Auferstehung nach dem bereits eingetretenen Tod ist hier nicht die Rede. Es geht einzig und allein um die Restaurierung und die Mehrung des erwählten Volkes ...«

137 O. Kaiser, a. a. O. (s. Anm. 127), S. 174–177.

der Heimsuchungen hinweg blickt der Sprecher auf jenen Augenblick aus, da die Toten auferstehen, »die Bewohner des Staubes« aufwachen und jubeln werden, weil Gott sie mit seinem Leben spendenden Tau zum Leben erweckt.

Dies scheinen einander diametral entgegengesetzte Auslegungen. Doch sind sie am Ende gar nicht so weit voneinander entfernt, wenn man die Wirkungsgeschichte hinzudenkt. Denn auch Wildberger muß zugeben, daß der Dichter bei der Darstellung des Umschwungs »zu den radikalsten Bildern« gegriffen habe. »Die Formulierungen, mit denen das Im-Tode-Sein Israels und seine Errettung beschrieben wird, gehen über die traditionellen Formulierungen der Klage- oder Danklieder hinaus.« »Die unerhörte Situation endzeitlicher Bedrängnis ruft einer Artikulierung in einer außergewöhnlichen Sprache.« Damit aber steht Israel auch nach der Sicht Wildbergers »an der Schwelle des Glaubens an eine tatsächliche Wiederbelebung nach dem Tode«.[138]

Wenn auch die Frage umstritten ist, ob Jes 26,19 in seinem ursprünglichen Sinn eine Auferstehung des Einzelnen nach dem leiblichen Tod im Blick hat, so ist doch nicht daran zu zweifeln, daß die Leser und Hörer dieses Textes sehr bald zu einem solchen, durch die Formulierungen eröffneten, Verständnis kommen mußten. »Deine Toten werden leben, meine Leichen auferstehen.« Wörtlich genommen, bedeutet dieser Satz, daß die in unerschütterlicher Hoffnung auf JHWH Gestorbenen leben, daß die Leichname der Gott zugehörigen Gemeinde auferstehen werden. Mag auch für alle anderen Menschen, vornehmlich die Gottlosen und Frevler, weiterhin gelten, daß Tote nicht wieder lebendig werden (vgl. 26,14), so holt doch JHWH seine Auserwählten in das Leben zurück.[139] Wie es dazu kommen kann, erläutert Jes 26,19 in

138 H. Wildberger, a. a. O. (s. Anm. 127), S. 995 f.

139 Wir stoßen hier auf einen Gedanken, den ungefähr zwei Jahrhunderte später Jesus im Streitgespräch mit den Sadduzäern auf die Formel bringen wird, daß Gott nicht »ein Gott der Toten, sondern der Lebendigen« sei (Mk 14,27). Wenn er sich den Vätern Israels: Abraham, Isaak und Jakob, als ihr Gott zugesagt hat (vgl. 2. Mose 3,6), dann sind sie auch für immer in seiner Gemeinschaft geblieben und leben. Denn – so sagt es der Zusatz im Lukasevangelium (Lk 20,38b) – »ihm leben sie alle«.

einem Bildwort. Wie der Tau im Sommer das ausgetrocknete Erdreich benetzt und zum Grünen bringt, so wird Gottes »Tau der Lichter« [140] bewirken, daß die Erde[141] die tief im Totenreich verborgenen Schatten herausgibt. Daher kann der prophetische Sprecher schon jetzt die »Bewohner des Staubes« auffordern, aufzuwachen und ihrer Freude Ausdruck zu geben. Über die gegenwärtige Zeit des Leidens und die noch kommenden Bedrängnisse hinausblickend, sieht er den Augenblick kommen, da auch die Toten auferstehen und Freude und Jubel unter ihnen herrschen werden.

Mit der Einfügung von Jes 26,19 in das Volksklagelied rückt der gesamte Textzusammenhang in ein neues Licht. Endete das Klagelied zuvor mit dem Ausblick darauf, daß Gott zum Gericht erscheinen und die Schuld der Bewohner der Erde ahnden werde, so ist nun die Auferstehung der der Gottesgemeinde angehörenden Toten und ihr Jubel der neue Horizont des Textes. In diesem Horizont erfährt auch V. 20 eine neue Sinngebung.

> Wohlan, mein Volk, geh hinein in deine Kammern
> und schließ deine Türen hinter dir.
> Verbirg dich einen kleinen Augenblick,
> bis die Verwünschung vorübergefahren ist.[142]

Im ursprünglichen Sinn war dieses Wort, darin stimmen Hans Wildberger und Otto Kaiser überein, als Mahnung an Israel gemeint, sich angesichts der geschichtlichen Katastro-

---

140 Die ungewöhnlichen Rede vom »Tau der Lichter« hat sicher mit der Erfahrung der wieder erwachenden Vegetation durch Tau und Regen zu tun. Manche Ausleger entnehmen dieser Wendung einen Anklang an einen möglichen kanaanäischen Vegetationsmythus (vgl. Hos 6,3). In jedem Fall steht dieser Ausdruck hier als ein Bild für die belebende Kraft Gottes. Auch »Licht« ist ein Symbol des Lebens und bringt zum Ausdruck, daß JHWHs Tau die Toten in das Licht des Lebens zurückholt. Vgl. H. Wildberger, a. a. O. (s. Anm. 127), S. 996–998.

141 Die Erde ist nicht nur der Urgrund des Lebens (vgl. 1. Mose 1,11; Ps 139,15), sondern auch der Ort, in dessen Tiefe das Totenreich verborgen ist. So kann »Erde« als Aufenthaltsort der Toten mit dem Begriff »Staub« parallel gebraucht werden, vgl. Ps 22, 30.

142 Übersetzung nach H. Wildberger z.St. (s. Anm. 110).

phen zurückzuziehen und im Verborgenen abzuwarten, bis Gottes »Verwünschung«, d. h. sein Gerichtshandeln, vorbeigefahren sei.[143] Doch im Horizont des vermutlich später eingefügten V. 19 kann auch diese Textstelle nun auf den Todesschlaf bezogen werden.[144] Die Sterbenden können sich getrost dem Todesschlaf in den Grabkammern überlassen, weil sie nach »einem kleinen Augenblick« jubelnd auferstehen werden. Was sich Hiob in seiner großen Vergänglichkeitsklage sehnsuchtsvoll wünscht, daß Gott ihn im Totenreich verstecken möge, bis sein Zorn sich gewendet hat (vgl. Hi 14,13), wird hier als Gewißheit der JHWH-treuen Gemeinde zugesagt. Gottes Volk darf darauf hoffen, daß Gott dem Aufenthalt im Todesreich ein Ziel gesetzt hat und »seine« Toten nach kurzer Zeit erwecken wird.

Wenn auch Jes 26,19, wie an den Auslegungen von Hans Wildberger und Otto Kaiser gezeigt wurde, immer noch unterschiedlich gedeutet werden kann, so ist doch zweifelsfrei von einer Auferstehung aus dem physischen Tod und der Überwindung des Todes selbst in drei weiteren Textstellen die Rede, die wie auch Jes 26,19 in die jüngsten Textschichten des Alten Testaments gehören.

Ps 22,28–32 bilden die Schlußverse eines Dankliedes (Ps 22,23 ff.), das seinerseits einem Klagelied (Ps 22,1–22) nachträglich angefügt wurde.[145] Uns ist dieser Psalm aus der Passionsgeschichte im Markus- und Matthäusevangelium vertraut, die berichtet, daß das letzte, was Jesus am Kreuz verlassen herausschreit, die Anfangsworte des 22. Psalms (V. 2a) waren: »Mein Gott, mein Gott, warum hast du mich verlassen?« (Mk 15,34; Mt 27,46). Psalm 22 ist ein Psalm, in den immer wieder Menschen in ihrer Verzweiflung einge-

143 H. Wildberger, a. a. O., S. 998 f.; O. Kaiser, a. a. O., S. 171 f.

144 Das ist nach einem Hinweis von O. Kaiser, a. a. O. (s. Anm. 126), S. 174, schon in der jüdischen Apokalyptik geschehen. Im 4. Buch Esra 7,32.80.95 ist Jes 26,20 aufgenommen und auf die Toten in ihren Grabkammern bezogen worden.

145 Nach F.-L. Hoßfeldt/E. Zenger, Die Psalmen I (s. Anm. 54), S. 145, stellen die Verse 28–32 einen redaktionellen Zusatz zum 22. Psalm dar, der erst aus hellenistischer Zeit stammt.

stimmt haben, ein Gebet, das auch in unserer modernen Zeit als Vorlage dient, um die Verlassenheitserfahrungen unseres Jahrhunderts zum Ausdruck zu bringen.[146] In ihm ist die Not aller Klagelieder zusammengefaßt und – mit Hartmut Gese[147] gesprochen – sogar zum »Urleiden« gesteigert, so daß nun auch die Errettung aus dieser Not als eine »Urheilstat« geschildert werden kann, die alle bisherigen Rettungserfahrungen überbietet. Eben dies kommt in den Schlußversen des Danklieds zum Ausdruck, in denen die beschriebene Rettung als »Einbruchsstelle«[148] der Königsherrschaft Gottes qualifiziert (Ps 22,29) und alle Welt zum Lobpreis Gottes aufgerufen wird, – einem Lobpreis, der alle Grenzen überschreitet.

Nach kultischem Brauch wurde das Danklied bei einer Dankopferfeier im Heiligtum angestimmt. Zu seinen wesentlichen Merkmalen gehört daher, daß der Gerettete vor einem Kreis von Zuhörern noch einmal auf seine frühere Not zurückblickt, von Gottes Rettungstat erzählt und die Eingeladenen auffordert, mit ihm zusammen den Gott zu preisen, der ihn aus den Tiefen des Todes heraufgeführt hat.[149] All diese Elemente finden sich auch in Psalm 22,23–32. Doch hier ist ein Element besonders ausgebaut: der Aufruf zum Lob. Dieser richtet sich nämlich nicht nur an die Schar der Mitfeiernden (22,26), auch nicht nur an alle Volksgenossen (22,24). In den Schlußversen geht der Blick auch noch über die Stämme Israels hinaus auf »alle Enden der Erde« und »alle Geschlechter der Heiden« (22,28). Auch sie sollen diese Heilstat erkennen und sich zum Herrn bekehren, denn »des Herrn (JHWHs) ist das Reich« (V. 29). Ja, die Verkündigung Gottes als des universalen und einzigen Herrschers, der sich alle Bezirke der Welt untertan macht, durchstößt am Ende sogar die zeitlichen Grenzen. Der Blick

146 Vgl. G. Kittel, Der Name II (s. Anm. 112), S. 59–68.
147 H. Gese, Psalm 22 und das Neue Testament, in: Ders., Vom Sinai zum Zion. Alttestamentliche Beiträge zur biblischen Theologie, München 1974, S. 180–201, S. 192.
148 Ebd.
149 Vgl. G. Kittel, Der Name I (s. Anm. 33), S. 70–77.

geht über die Gegenwart hinaus in die Tiefe der Vergangenheit wie auch der Zukunft. Die vergangenen und die kommenden Generationen werden in den Dienst JHWHs und seine Verehrung einbezogen. In diesem Zusammenhang ist in V. 30 von den Toten die Rede:

> Nur ihm sollen huldigen alle, die in der Erde schlafen,
> vor ihm sich beugen alle, die hinabfuhren zum Staub ...[150]

Nach traditioneller Auffassung können die Toten Gott nicht loben. Es gibt kein Gedenken und kein Rühmen Gottes in der Scheol (vgl. Ps 6,6; 30,10; 88,12 f.; 115,17; Jes 38,18). Doch nun werden »alle, die in der Erde schlafen«, »alle, die in den Staub hinabfuhren« in die Anbetung JHWHs mit hineingenommen. Wenn Gott König geworden ist und ihm das Reich gehört, werden auch die Toten vor ihm niederfallen und ihre Knie beugen. Die Scheol hat über sie keine Macht mehr.

Wie aktuell und politisch dieser Gedanke werden konnte, ist im Danielbuch und der apokryphen frühjüdischen Literatur bezeugt. Das Danielbuch ist die jüngste Schrift, die noch in das hebräische Alte Testament aufgenommen wurde. Es hat dort seinen Platz innerhalb der »Schriften«, zwischen dem Estherbuch und den Büchern Esra und Nehemia, gefunden. Ein großer Textabschnitt (Dan 2,4b–7,28) ist bereits in aramäischer Sprache verfaßt, andere Texte, die nur die Septuaginta enthält (Dan 3,24–45. 46–50. 51–90; 13,1–14,42), sind in Griechisch geschrieben. Das Danielbuch ist also, wie

150 Übersetzung nach H.-J. Kraus, Psalmen I (s. Anm. 55), S. 322. Die Textüberlieferung von V. 30 ist verderbt. Wörtlich müßte V. 30a nach dem hebräischen Text und der masoretischen Punktation übersetzt werden: »gegessen haben und niedergefallen sind alle Fetten der Erde«. Kraus rekonstruiert den Text aufgrund der Parallelität zu V. 30b und mit Hilfe nur geringfügiger Änderungen. Vgl. auch H. Gese, a. a. O. (s. Anm. 146), S. 182 f. C. Westermann, Ausgewählte Psalmen (s. Anm. 21), S. 64. Der Nachsatz in V. 30c gilt allgemein als später zugefügte Glosse.

schon diese Beobachtungen zeigen[151], keine einheitliche Schrift, sondern verdankt seine heutige Gestalt einem längeren Entstehungsprozeß. Auch wenn es im Blick auf diesen unterschiedliche Erklärungsmodelle gibt[152], so stimmen doch alle Theorien darin überein, daß die Schlußkapitel (Dan 9–12) der jüngsten Überarbeitungsstufe zuzuschreiben sind und auf dem Hintergrund der dramatischen Ereignisse vor Ausbruch des makkabäischen Aufstandes zu Beginn des zweiten vorchristlichen Jahrhunderts verstanden werden müssen.[153] Blutige Kämpfe zwischen rivalisierenden Gruppen der judäischen Oberschicht in Jerusalem veranlaßten den Seleukidenherrscher Antiochos IV. einzugreifen und die Stadt durch seine plündernden und mordenden Truppen zu besetzen. Dann erließ er im Jahr 167 v. Chr. ein Religionsedikt, das unter Androhung der Todesstrafe alles verbot, was jüdische Identität konstituiert: Der Sabbat und die jüdischen Feste wurden abgeschafft, die Beschneidung verboten, heidnische Opferfeste eingerichtet (vgl. 1. Makk 1,41–51). Im Tempel von Jerusalem wurde auf dem Brandopferaltar der »Greuel der Verwüstung«, ein heidnisches Kultobjekt, aufgestellt (1. Makk 1,54), der Tempel dem Zeus Olympios geweiht (vgl. 2. Makk 6,2). Viele Juden, die sich diesen Maßnahmen widersetzten, wurden verfolgt und erlitten unbeschreibliche Martyrien[154], bis es im Jahr 164 v. Chr. zum offenen Aufstand kam, der die Makkabäerkriege einleitete.

Auch in der letzten Schicht des Danielbuches sind diese Ereignisse im Blick (vgl. Dan 11,21–35; 12,11). Sie sind da-

---

151 Zu den weiteren Indizien vgl. H. Niehr, Das Buch Daniel, in: E. Zenger u. a., Einleitung in das Alte Testament, Kohlhammer Studienbücher 1,1, Stuttgart/Berlin/Köln 1995, S. 360–369: 363.

152 Vgl. H. Niehr, a. a. O., S. 363 f.

153 Zur Geschichte des Judentums in der Zeit der Diadochenherrscher vgl. J. Maier, Geschichte der jüdischen Religion, Berlin/New York 1972, S. 10–19; H. Donner, Geschichte des Volkes Israel und seiner Nachbarn in Grundzügen 2, ATD Ergänzungsreihe 4/2, Göttingen [2]1995, S. 441–449; R. Albertz, Religionsgeschichte Israels in alttestamentlicher Zeit 2, ATD Ergänzungsreihe 8/2, Göttingen 1992, S. 600–605.

154 Vgl. 1. Makk 1,60–63 und die Märtyrerlegenden in 2. Makk 6,10 f. 18–31; 7,1–42.

her auch zu berücksichtigen, wenn es um die Auslegung des 12. Kapitels geht. Der Seher schaut noch über die Verfolgungen in seiner Gegenwart hinaus in eine Zeit endzeitlicher Kämpfe und Bedrängnisse. Nicht nur die Völker, auch die Engelmächte werden sich an diesen Kämpfen beteiligen. Doch Michael, der Engelfürst, wird Israel beschützen. Jeder, »der sich aufgezeichnet findet im Buch des Lebens« (12,1), soll gerettet werden. Auch die Toten werden an der endzeitlichen Welt teilbekommen. Denn »viele von denen, die im Land des Staubes schlafen, werden aufwachen, die einen zum ewigen Leben, die anderen zur Schande, zum ewigen Abscheu« (12,2). Von den Toten ist hier die Rede als von denen, die – gemäß der alten Scheol-Vorstellung – im Land des Staubes, »schlafen«. Nun werden »viele« [155] von ihnen »aufwachen«. Aber ihr Los ist nicht einheitlich. Die einen erwachen zu ewigem Leben, die anderen zu ewiger Schande. Hier ist also von einer Auferweckung mit doppeltem Ausgang die Rede, was offensichtlich in den zeitgeschichtlichen Verhältnissen seinen Grund hat. Gerade der Opfertod der vielen jüdischen Märtyrer, die für ihren Glauben und Toragehorsam standhaft in den Tod gingen, und dagegen der Triumpf der Peiniger und das Wohlergehen all jener, die sich mit den neuen Verhältnissen arrangierten, mußten die Frage nach Gottes Vergeltung brennend werden lassen.[156] Seine Gerechtigkeit verlangte nach einer Antwort, die, wenn sie

155 Es ist nicht ganz zu klären, ob das Wort »viele« hier im inkludierenden Sinn gemeint ist und also »alle« umfaßt, oder ob tatsächlich einige von der Auferstehung ausgenommen werden sollen. Möglicherweise klingt noch der ältere Gedanke nach, daß nur die zu JHWH gehörenden Frommen auferstehen (vgl. Jes 26,19), der nun allerdings durch die Vorstellung des doppelten Ausganges durchkreuzt wird.

156 Ein besonderes Beispiel hierfür ist die Legende von dem Martyrium der sieben Brüder und ihrer Mutter in 2. Makk 7. Diese erleiden standhaft alle Qualen mit dem Ausblick auf Gottes gerechte Vergeltung. Sie, die um des Gesetzes willen sterben, wird Gott, »der König der Welt«, »zu ewigem Wiedererstehen wahren Lebens auferwecken«, während der blutige Tyrann die gerechte Strafe für seinen Übermut davontragen wird (2. Makk 7,9.14.23.36). Übersetzung nach E. Kautzsch, Die Apokryphen und Pseudepigraphen des Alten Testaments I, 2., unveränderter Neudruck, Darmstadt 1962, S. 98–100.

nicht schon in diesem Leben erfahrbar wurde, sich in einem letzten Gerichtsakt nach dem Tod vollziehen mußte. Daß dieser Gedanke offenbar im Horizont der weisheitlichen Vergeltungslehre aufkam, zeigt der Zusammenhang der Textstelle. In Dan 12,3 ist ausdrücklich von den Weisen[157] die Rede, die durch ihre Lehre die Menschen zur Gerechtigkeit führen. Sie sollen in der zukünftigen Welt leuchten wie die Sterne des Himmels. Auch Daniel, der fiktive Verfasser, darf sich zu diesen Weisen rechnen. Daher wird ihm die Hoffnung auf Auferstehung am Ende des Kapitels auch persönlich zugesprochen: »Du aber, Daniel, geh dem Ende entgegen! Du wirst ruhen und zu deinem Los auferstehen am Ende der Tage« (Dan 12,13).

10. Gott vernichtet den Tod auf ewig

In einer der späteren Überarbeitungsschichten der sog. Jesaja-Apokalypse, in Jes 25,6–8, ist von einem Festmahl die Rede, das JHWH allen Völkern auf dem Zion bereiten wird. Dann wird »die Hülle«[158] weggenommen, mit der alle Völker umhüllt waren, die Tränen werden von jedem Angesicht abgewischt und die Schmach Israels von der ganzen Erde entfernt.

Es gibt gute Gründe für die Vermutung, daß dieser Text derselben Überlieferungsschicht angehört wie der eschatologisch-apokalyptische Abschnitt Jes 24,21–23, als dessen Fortsetzung er gelesen werden muß.[159] In Jes 24,21–23 geht es um den Sieg Gottes über alle widergöttlichen Mächte. Nicht nur über die Könige der Erden, auch über das »Heer

---

157 Im Hebräischen steht das Partizip *maśkīl*, das, substantivisch gebraucht, die »Verständigen« und »Klugen« meint, als deren »Gegentyp« wie in den alttestamentlichen Weisheitstexten die »Toren« und »Frevler« erscheinen. Vgl. M. Sæbø, Art. *śkl* hi. einsichtig sein, THAT II, Sp. 824–828: 826.

158 S. u. S. 88.

159 So H. Wildberger, a. a. O. (s. Anm. 127), S. 899 f. 960; O. Kaiser, a. a. O., S. 145.161. Anders R. Kilian, a. a. O., S. 149.

der Höhe in der Höhe«[160] wird Gott »an jenem Tag« sein Gericht halten. Mond und Sonne werden vor Scham ihre Farbe wechseln[161], denn

> JHWH der Heerscharen wird König geworden sein
> auf dem Berg Zion und in Jerusalem,
> und vor seinen Ältesten ist Herrlichkeit.[162] (24,23b)

Mit apokalyptischen Motiven wird in diesem Text der Herrschaftsantritt Gottes über alle Welt beschrieben. Zwar thront Gott als König nach alten Jerusalemer Traditionen von Ewigkeit her über dem Zion und herrscht über alle Welt (vgl. Jes 6,1–3; Ps 29,10; 93,2 u. ö.), doch sein Königtum ist in der gegenwärtigen Weltzeit verborgen. Der sichtbare Anbruch seiner Königsherrschaft steht noch aus. Es muß erst noch »in vollem Umfang und unanfechtbar-unwiderruflich zutage treten, wer Herr und Meister über die Menschheit und die kosmischen Gewalten ist«[163]. Eben dies soll in der hier angekündigten eschatologischen Wende geschehen. Nach dem Sieg über alle irdischen und kosmischen Gewalten wird die »geglaubte Königsherrschaft Jahwes auf dem Zion in die Realität voller Sichtbarkeit eintreten«[164].

Das Heil der Königsherrschaft Gottes wird in Jes 25,6–8 als ein Bundesmahl beschrieben ähnlich der Mahlfeier, die nach 2. Mose 24,11 die Ältesten Israels auf dem Sinai vor

---

160 Nach O. Kaiser, a. a. O., S. 156 f., spielt hier bereits die apokalyptische Vorstellung von astralen Völkerengeln eine Rolle, die für und gegen einzelne Völker Partei ergreifen und aus der Höhe die Geschicke der Völker leiten (vgl. Dan 10,13.20 f.; 12,1).

161 Übersetzung von H. Wildberger, a. a. O., S. 942: »Und der Mond wird rot werden vor Scham und die Sonne bleich vor Schmach.« Das Gesagte kann bedeuten, »daß Mond und Sonne als vermeintliche Herrscher über die Geschichte der Völker und das Schicksal der einzelnen jetzt in ihrer Nichtigkeit offenbar werden«. Vielleicht soll aber auch nur ein Hinweis darauf gegeben werden, »daß auch der Kosmos in die allgemeine Umwälzung aller Dinge hineingerissen wird« (H. Wildberger, a. a. O., S. 947).

162 Übersetzung nach H. Wildberger z.St.

163 H. Wildberger, a. a. O., S. 948.

164 A. a. O., S. 949.

JHWH haben feiern dürfen.[165] Doch jetzt sind – dies ist das Neue – alle Völker eingeladen[166]. Gott nimmt sie in seinen Bund hinein, er läßt sie Tischgenossen und damit Teilhaber seines Reiches sein.

Da rüstet Jahwe der Heere
für alle Völker auf diesem Berg
ein Mahl mit fetten Speisen,
ein Mahl mit alten Weinen ...
Und er vernichtet auf diesem Berg die Hülle,
mit der das Angesicht aller Völker umhüllt ist,
und die Decke, die gedeckt ist über die Nationen allesamt.
– Und er vernichtet für immer den Tod. –
Und abwischen wird der Herr Jahwe die Tränen von
jedem Angesicht,
und die Schmach seines Volkes nimmt er von der ganzen
Erde hinweg.
Wahrlich, Jahwe hat's gesagt.[167] (Jes 25,6–8)

Das Mahl mit den fetten Speisen und den alten Weinen steht für Freude und die Fülle des Lebens. Ein solches Festmahl wurde an den Höhepunkten des Lebens gefeiert (vgl. z. B.

---

165 Nach O. Kaiser, a. a. O., S. 161, und H. Wildberger, a. a. O., S. 961 f., handelt es sich um ein »Krönungsmahl«, das JHWH nach seinem Sieg über die widergöttlichen Mächte zum Antritt seiner Königsherrschaft ausrichtet. Doch legt der Textzusammenhang mit Jes 24,21–23 auch noch eine andere Deutung nahe. In Jes 24,23c wird mit dem Hinweis, daß JHWHs »*kābōd*« vor »seinen Ältesten« aufstrahlt, offenbar auf die Sinaitheophanie angespielt, von der das Textfragment in 2. Mose 24,9–11 berichtet. Nach dem Bundesschluß, von dem – im jetzigen Kontext – die Verse 2. Mose 24,1–8 berichten, durften Mose, Aaron, Nadab und Abihu zusammen mit 70 Ältesten auf den Berg Sinai steigen und wurden gewürdigt, den Gott Israels zu schauen. »Sie schauten Gott, aßen und tranken« (2. Mose 24,11). Liest man, wie von Wildberger und Kaiser vorgeschlagen, Jes 25, 6–8 im Anschluß an Jes 24,21–23, so kann man auch das Freudenmahl auf dem Zion als ein solches Bundesmahl verstehen.

166 Zwar weiß die große Friedensverheißung in Jes 2,2–4/Mi 4,1–4 davon, daß »in den letzten Tagen« alle Völker zum Zion kommen werden, dort die Weisung des Gottes Israels lernen und ihre Kriegswaffen zu Friedenswerkzeugen umschmieden (vgl. auch Sach 14,6), doch vom Bundesmahl für die Völker ist nur hier die Rede.

167 Übersetzung von H. Wildberger, a. a. O., S. 959.

1. Mose 21,8; 29,22; Hi 1,4 f.). Das Wegnehmen der Hülle bzw. Decke von dem Angesicht der Völker wird vielfach als Zeichen dafür gedeutet, daß Trauer und Schmerz in der Völkerwelt ein Ende haben sollen.[168] Es kann aber auch Hinweis auf die jetzt gewährte unmittelbare Gottesgemeinschaft sein.[169] In dieser Gottesgemeinschaft, an der alle Völker teilhaben, wird es Schmerz und Leid nicht mehr geben. Gott wird die Tränen von *jedem* Angesicht abwischen und die Schmach beseitigen, unter der Israel – unter die Völker zerstreut – in besonderer Weise leidet.

In diese Heilsvision ist – vielleicht von späterer Hand[170] – ein kleines Sätzchen eingefügt, das wie dazwischengeschoben wirkt und doch sachlich ganz hinzugehört: »Er vernichtet den Tod für immer« (V. 8a). Wo alle Verhüllungen weggenommen und die Tränen abgewischt werden, da kann auch der Tod mit seiner nichtenden Macht nicht mehr sein. Hans Wildberger hat darauf hingewiesen, daß das Verb, mit dem die Vernichtung des Todes beschrieben wird, ursprünglich »verschlingen« bedeutet und daß dieser Sinn hier bewußt im Blick sei.[171] War es bisher der Tod, der Menschen und Völker in seinem weit aufgerissenen Rachen *verschlang*, so wird er nun selber *verschlungen* und mit ihm Trauer und Tränen, alles das, was als Schatten und Vorboten des Todes

168 Vgl. z. B. H. Wildberger, a. a. O., S. 966. Wildberger nennt als Belegstellen für das Verhüllen als Zeichen der Trauer: 2. Sam 15,30; 19,5; Jer 14,2–4.; Est 6,12. Allerdings wird, wie P. Welten zeigt (s. u. Anm. 169), nur in 2. Sam 19,5 der gleiche Begriff gebraucht.

169 Vgl. P. Welten, Die Vernichtung des Todes und die Königsherrschaft Gottes, ThZ 38, 1982, S. 129–146, S. 133 f. Welten weist nach, daß der Begriff, der in Jes 25,7 die *Hüllen* bezeichnet, nur in 2. Sam 19,5 im Zusammenhang mit Trauerbräuchen verwendet wird, während er andererseits auch in 1. Kön 19,12 f., der Gotteserscheinung am Horeb, vorkommt. Angesichts des ihm begegnenden Gottes *verhüllt* Elia sein Angesicht, wie es Menschen und Engelwesen in der Gegenwart des heiligen Gottes tun (vgl. 2. Mose 3,6; Jes 6,2). Bei dem Festmahl auf dem Zion wird hingegen allen Völkern die unmittelbare Gottesschau zuteil (142).

170 Vgl. O. Kaiser, a. a. O. (s. Anm. 127), S. 145.162; R. Kilian, a. a. O., S. 149.

171 H. Wildberger, a. a. O., S. 966 f.

auch schon das diesseitige Leben unter seine Macht stellt. »Wenn Jahwe in der Endzeit auf dem Gottesberg König ist, dann kennt sein Machtbereich keine Einschränkung mehr. Dann hat der Tod als lebenbedrohende und lebeninfragestellende Macht ausgespielt ... Trauer ist dann ebenso verschlungen wie der Tod selbst.«[172]

Vergleichen wir zum Schluß diesen Textvers mit Jes 26,19, der anderen Aussage innerhalb der Jesaja-Apokalypse zum Thema, können wir feststellen, daß der Glaube an die den Tod überwindende Macht Gottes hier noch eine Zuspitzung erfahren hat. In Jes 26,19 war von der Scheol die Rede, aus der, die wie ein Land oder Raum vorgestellt wird, JHWH »seine Toten« herausholt und zum Leben erweckt. Hier dagegen wird der Tod selbst besiegt. Wenn sich Gott alle Mächte unterwirft und seine Königsherrschaft offenbart, wird auch der Tod vernichtet werden. Dann erst ist JHWH der einzige und unumschränkte Herr.

172 A. a. O., S. 967.

III. Die Schöpferkraft Gottes bricht sich Bahn

Die Frage, ob das Alte Testament eine über den (leiblichen) Tod hinausgehende Hoffnung kennt, wird in der wissenschaftlichen Diskussion häufig als Frage nach dem Vorhandensein einer ausdrücklichen Auferstehungserwartung verhandelt. Entsprechend kritisch fällt dann auch die Antwort aus, was nicht anders sein kann[173]. Sucht man im Alten Testament danach, ob bzw. ab wann es spezielle Vorstellungen von einem Jenseits, der Auferstehung der Toten und deren ewigem Leben gegeben habe, so wird man erst an seinem äußersten Rand fündig. Erst in den ungeheuren Bedrängnissen der griechisch-syrischen Zeit und im Zuge einer sich jetzt entwickelnden apokalyptischen Literatur[174] konnte eine Hoffnung formuliert werden, die für die jüdischen Märtyrer, die ihr Leben für die Sache Gottes eingesetzt hatten, ein Aufwachen und Aufstehen zu ewigem Leben erwartete, während die Widersacher und Peiniger ewige Schmach und Schande vor sich haben würden. Die Textstellen Dan 12,3 und 12 sowie u. U. noch Jesaja 26,19 f. und Ps 22,30, sind dann die einzigen alttestamentlichen Zeugnisse für eine die Todesschranke durchbrechende Hoffnung.[175] Doch lassen sich Vorstellungen, die uns erst aufgrund viel späterer Textzeugnisse aus der jüdischen und christlichen Apokalyptik konturiert vor Augen stehen, an alttestamentliche Texte heranbringen und diese von ihnen her deuten? Es könnte sein, daß wir uns durch eine so eng definierte Fragestellung von vornherein den Blick für das verstellen, was die Texte in möglicherweise ganz anderen Sprach- und Vorstellungsformen sagen.

Im vergangenen Kapitel wurde – ausgehend von den altorientalischen und alttestamentlichen Aussagen über Ort und

Macht der Scheol – der Versuch unternommen, dem nachzudenken, was Israel über das Wesen und die Macht seines Gottes bekannte. Daß beide nichts miteinander zu tun haben, JHWH und die Scheol von ihrem Wesen her durch eine tiefe Kluft getrennt sind, ist die zunächst selbstverständlich vorausgesetzte Grundannahme, die, vielfach zu belegen, das ganze Alte Testament bis hin in die jüngsten Texte durchzieht. Hier ist die theologische Begründung dafür zu finden, warum es in Israel keine Totenbeschwörungen[176] und keinen Totenkult[177] geben durfte, warum sogar schon die Berührung eines Toten unrein machte.[178] Denn JHWH ist ein Gott des Lebens. Er hat mit der Todeswelt, dem Ort des Schweigens und der Finsternis, nichts zu tun. Auf der anderen Seite kann er den Bereich des Todes aber auch nicht irgendwelchen Todesgottheiten und Mächten überlassen. Denn er ist *allein* Gott, der in seinem Exklusivitätsanspruch keine anderen Gottheiten neben sich duldet. So ist das Reich des Todes in Israel ein merkwürdig unbesetzter Raum.[179] JHWH reicht mit seiner helfenden Hand nicht in ihn hinüber; es gibt aber auch keine ande-

---

173 Vgl. z. B. Chr. Barth, der am Schluß seiner Psalmenstudie (s. Anm. 4), S. 121–132, die auch in diesem Buch besprochenen Psalmstellen Ps 16,9–11; 49,16; 73,24–26 untersucht und überall zu dem Schluß kommt, »daß zu der Annahme, in den Psalmen gebe es eine Unsterblichkeitshoffnung im Sinne eines Lebens nach dem Tode kein zwingender Grund besteht« (S. 129 f.). Zur neueren Diskussion vgl. H. D. Preuß, Theologie des Alten Testaments, Bd. 2, Stuttgart/Berlin/Köln 1992, S. 155–163.

174 Vgl. M. Hengel, Judentum und Hellenismus, Tübingen [3]1988, S. 319–369.

175 H.D. Preuß, a. a. O., S. 162 f. Anders und differenzierter urteilte dagegen G. Stemberger, Das Problem der Auferstehung im Alten Testament, Kairos 14, 1972, S. 273–290.

176 Vgl. 3. Mose 19,31; 5. Mose 18,9–13; Jes 8,19 f.; 1. Sam 28,3 ff.

177 Vgl. 5. Mose 14,1 f.; 26,14; Ps 106,28.

178 Vgl. 3. Mose 21,1–4.11; 4. Mose 5,2; 6,6 f.; 9,10; 19,14–16.

179 Vgl. hierzu G. v. Rad, Theologie I (s. Anm. 48), S. 400–403; H. Gese, Der Tod im Alten Testament, in: Ders., Alttestamentliche Vorträge zur biblischen Theologie, München [3]1989, S. 31–54, S. 38–42; E. Zenger, Das alttestamentliche Israel und seine Toten, in: K. Richter (Hg.), Der Umgang mit den Toten. Tod und Bestattung in der christlichen Gemeinde, QD 123, Freiburg/Basel/Wien 1990, S. 132–152: 141–145.

ren Gottheiten und gottähnliche Wesen, die diesen Ort beherrschen.

Doch auf Dauer konnte die Scheol nicht als ein eigenständiger Machtbereich außerhalb der Reichweite Gottes bestehen bleiben. Wie sollte sich der Glaube Israels damit abfinden, daß Menschen, die der Todeswelt anheimfallen, auch von ihrem Gott Abschied nehmen müssen? Gottes Herrschaft mußte auf die Scheol übergreifen, in sie eindringen, ihr entreißen, was sie sich als Beute angeeignet hatte. Sie mußte schließlich die Todeswelt selbst überwinden. Man kann im Alten Testament den aufregenden Erkenntnisprozeß verfolgen, wie einzelne Psalmbeter und Weisheitslehrer schrittweise zu einer immer tieferen Einsicht in Wesen und Wahrheit des den Tod überwindenden Gottes gelangten. Aber dies ist nicht nur ein menschlicher Entdeckungsprozeß! Versteht man das menschliche Erkennen als Antwort auf die sich vollziehende Selbstoffenbarung Gottes, ist mit Hartmut Gese von »Stufen« oder Schritten in einer göttlichen »Offenbarungsgeschichte« zu sprechen[180]. Im folgenden sollen vier solcher Schritte beschrieben werden, wobei einschränkend zu sagen ist, daß diese Schritte nicht einfach eine chronologisch fortschreitende und schon gar nicht eine alle Schriften des Alten Testaments gleichermaßen prägende theologiegeschichtliche Entwicklung widerspiegeln. Grundlage der Beschreibungen sind Einzeltexte, versprengte Splitter, neben denen der große Strom anderer Aussagen und Einstellungen zum Todesproblem im Alten Testament weiterfließt. Doch sind es Aussagen, die wirkungsgeschichtlich eine eminente Bedeutung bekommen haben und alle späteren Glaubenszeugnisse auf jüdischer und christlicher Seite nachhaltig beeinflußten:

a) Daß JHWH der Gott ist, der vom Tode errettet, ist das Grundbekenntnis der Psalmisten. Gott hat die Macht, die zu ihm Rufenden aus der Scheol heraufzuholen, ihre Seele[181]

---

180 H. Gese, Der Tod im Alten Testament (s. Anm. 179), S. 38–53, unterscheidet »drei Stufen des Alten Testaments im Verhältnis zum Tod«, die er als Stufen in einem göttlichen Offenbarungsprozeß wertet.

181 Nach alttestamentlichem Verständnis ist die »Seele« die Lebenskraft

vom Tod zu erretten (Ps 116,8). Dabei ist an die Todeserfahrungen gedacht, die die Beter mitten in ihrem Leben machen. Krankheit, Verfolgung, Gefangenschaft, Bedrängnisse aller Art lassen sie schon in ihrem Leben etwas von der Todeswirklichkeit erfahren. Denn der Machtbereich der Scheol beginnt nicht erst jenseits der Grenze des physischen Sterbens. In allen Situationen, in denen das Leben gemindert ist, Menschen aus der Gemeinschaft der Mitlebenden ausgeschlossen werden und – was am bittersten ist – auch von der Verbindung zu Gott, der Quelle des Lebens, abgeschnitten sind, greift die Todesmacht in das Leben ein und nimmt Menschen in ihre Gewalt. Daß es gleichwohl wirkliche Todeserfahrungen sind, daran lassen die Texte keinen Zweifel. »Ich liege unter den Toten verlassen, wie die Erschlagenen, die im Grabe liegen …« (Ps 88,6), klagt der Beter und meint reale Todeserfahrungen, die er mitten im Leben zu schmekken bekommt. Oder er blickt zurück und beschreibt sich als einen Menschen, den Gott »in des Todes Staub« (Ps 22,16b) gelegt hat und über den die »Schrecken des Totenreiches« (Ps 116,3) hereinbrechen. Gott aber kann Menschen aus diesen Schrecken herausreißen. JHWH macht lebendig. Er holt den Beter aus der Grube wieder herauf und rettet ihn aus dem Tod. Daß hier – nach heutigen Anschauungen – nur der »unzeitgemäße« Tod gemeint und die letzte Grenze des Lebens noch nicht im Blick ist, wird von allen Auslegern unterstrichen. Doch seien wir vorsichtig! Möglicherweise haben wir bereits mit dieser Auffassung eine Unterscheidung an die Texte herangetragen, die ihnen nicht adäquat ist. Erinnern wir uns an die Ergebnisse Othmar Keels[182], müssen wir davon ausgehen, daß für die Alten die Todeserfahrungen im Leben nicht weniger real waren als die an der letzten Grenze. Die Scheol ist hier nicht weniger mächtig und wirklich als in ihrem ureigenen Terrain. Wenn aber der Gott des

---

eines Menschen, der Sitz seiner innersten Empfindungen und emotionalen Regungen. Vgl. H.W. Wolff, Anthropologie des Alten Testaments, München 1973, S. 25–48: 35–40. C. Westermann, Art. *næfæš* Seele, THAT II, Sp. 71–96: 77 ff.84 ff.

182 S. o. S. 17 f.

Lebens die Todesmacht in der Lebenswelt überwindet, wenn er hier der Gott ist, der vom Tode errettet, so muß dies Auswirkungen bis in den innersten Bereich dieser Macht haben. Denn die Todesmacht ist *eine*. Wo sie dem Menschen begegnet, tut sie es *ganz* und in ihrer ganzen Realität. So muß es sie auch voll treffen, wenn sich Menschen ihr gegenüber zum Gott des Lebens flüchten und dieser sie aus der Gewalt des Todes befreit. Von hieraus bekommen die Errettungsaussagen im Psalter einen Klang, der sie auch einer viel umfassenderen Auslegung zugänglich macht. Wenn später das Neue Testament und die christliche Auslegung viele Psalmstellen auf die Ostererfahrung bezogen und als Zeugnisse für den Glauben an eine letzte Todesüberwindung verstanden[183], so wurde damit nicht etwas völlig Fremdes eingetragen, sondern die Psalmensprache beim Wort genommen. Reden doch die Psalmen in einer Absolutheit von Tod und Errettung, daß kein Zweifel besteht: Hier ist die Todesmacht selbst überwunden, mögen auch »nur« Erfahrungen mitten im Leben im Blick stehen.

b) Aber es mußte auch innerhalb des Alten Testaments zu einer Entwicklung kommen, in deren Verlauf die Beter nicht mehr nur nach dem Gott riefen, der sie mitten im Leben vor akuter Todesgefahr bewahrt, sondern der auch an der Grenze des Lebens bzw. jenseits dieser Grenze für sie da ist. Dies geschah, wie die Textbeispiele zeigen, in nachexilischer Zeit in einer Epoche, die als »Krise« der Weisheit gekennzeichnet wird. Das Buch Hiob sowie das Buch des Predigers sind Zeugnisse einer Zeit, in der das optimistische Denken der Weisheit verflog, weil der selbstverständlich angenommene Zusammenhang zwischen dem Tun und Ergehen eines Menschen, zwischen seinem auf Weisheit und Gottesfurcht aus-

183 Vgl. z. B. Ps 16,8–11 und Apg 2,25.31; 13,35/Ps 18,5 f. und Apg 2,24/Ps 31,6 und Lk 23,46; Apg 7,59; 1. Petr 4,19/Ps 118,22 f. und Mk 12,10 par; Apg 4,11; Eph 2,20 u. ö. Zur Frage nach Möglichkeit und Recht einer christologischen Psalmendeutung vgl. meinen Aufsatz: »Jesus Christus in den Psalmen«, in: A. Greve/F. Albrecht (Hg.), …, dann werden wir sein wie die Träumenden (FS I. Baldermann), Siegen 1994, S. 170–182.

gerichteten Verhalten und seinem heilvollen Lebensschicksal, zerbrach. Angesichts der Erfahrung, daß die Frevler Glück und Erfolg haben, den sich an JHWH und seine Gebote haltenden Frommen dagegen sehr häufig ein bedrängtes, von Not und Tod überschattetes Geschick beschieden ist, ringen einzelne Psalmbeter um »die Gotteswahrheit« (Zenger). Sie ringen darum, Gott bei sich zu wissen und von ihm als gerechtfertigt angenommen zu sein, auch da, wo Glück und Erfolg ausbleiben, wo sie – wie Hiob – mit Unheil überhäuft werden. Gibt es eine Gottesgeborgenheit, die unabhängig ist vom Verlauf ihres Lebens? »Deine Güte ist besser als Leben« (Ps 63,4). In diesem Bekenntnis spricht der Psalmist aus, daß es eine Nähe zu Gott gibt, die vom äußeren Geschick des Beters nicht berührt wird. Unabhängig von dem als glücklich oder leidvoll erfahrenen Leben weiß sich der Beter von Gottes Güte umgeben, selbst dort, wo sein irdisch-leibliches Leben vergeht. Von dieser Erkenntnis her ist es im Grunde nur noch ein kleiner Schritt zu der Gewißheit, die einzelne Psalmisten aussprechen, daß sie nämlich in Gottes Schutz und Fürsorge geborgen bleiben auch da, wo sie die letzte Grenze zum Tod überschreiten.[184] Zeugnisse dieser Hoffnung sind vornehmlich in solchen Texten enthalten, in denen das Ringen um die Wahrheit Gottes angesichts der Krise der Weisheit seinen Niederschlag gefunden hat:[185]

- »Bettete ich mich in der Totenwelt, siehe so bist du auch da«, bekennt der Beter des 139. Psalms (139,8), der sich angesichts des Glückes und Erfolgs der »Gottlosen« in die Wahrheit seines Gottes erneut hineinmeditiert.
- »Wenn mir Fleisch und Herz dahinschwinden, der Fels meines Herzens und mein Teil ist Gott für ewig.« Zu dieser tröstenden Gewißheit findet der Dichter am Ende des

184 So urteilt auch U. Kellermann, Todesgeschick (s. Anm. 32), S. 273, der allerdings eine positive Hoffnungsperspektive nur in Ps 49 und 73 findet.

185 Auf den Zusammenhang zwischen der Krise der Weisheit und dem Aufbrechen einer neuen transzendenten Hoffnung weist besonders H. Gese hin, Der Tod im AT (s. Anm. 179), S. 43–49; ders., Lebenssinn (s. Anm. 77), S. 181–188.

73. Psalms (73,26), obwohl er, wie er am Anfang bekennt, beinahe zu Fall gekommen, beinahe seinen Glauben verloren hätte, weil er sah, wie glücklich und unangefochten diejenigen leben, die Gottes Weisungen für nichts achten.
– »Ich aber weiß: mein Löser lebt, als letzter steht er auf über dem Staub. Und ist meine Haut noch so zerschlagen, werde ich auch ohne mein Fleisch Gott schauen«. In dieser trotzigen Gewißheit tritt Hiob (19,25 f.) seinen Freunden gegenüber und pocht darauf, daß Gott ihn auch noch jenseits seines Lebens ins Recht setzen, sich ihm als der zu ihm stehende, gnädige Gott offenbaren wird.

Für das Bekenntnis, daß Gott auch jenseits des Lebens für sie da ist, haben die in diesen Textstellen zu Wort kommenden Psalmisten und Weisheitslehrer noch keine besondere Sprache oder speziellen Ausdrucksformen zur Verfügung. Sie kennen noch keine Vorstellungen über ein jenseitiges oder ewiges Leben nach dem Tod – darin sei der Kritik, die auch diese Worte im Sinne einer nur diesseitigen Hoffnung verstehen will, Recht gegeben. Woran sie sich allein halten, ist die Intensität ihrer Gottesbeziehung. Aus dieser personalen Bindung heraus kommen ihre Worte, aus ihr schöpfen sie das Vertrauen, daß die Gottesgemeinschaft, die sie in ihrem irdischen Leben erfuhren, auch im Tode nicht abreißt.[186] Überraschend und vielfältig sind daher die Bilder, in denen sie ihren Glauben äußern. »JHWH ist mein Teil« (Ps 16,5; 73,26). Dieser Bekenntnissatz knüpft an die Geschichte der Landverteilung im Zusammenhang der Einwanderung Israels in Kanaan an und sagt aus, daß Gott der Landanteil und Erbbesitz, d. h. die bleibende Lebensgrundlage, des Beters ist. Von diesem Lebensgrund her wird auch er bleiben – selbst im Tod. Mit der Wendung »Fels meines Herzens« wird in Psalm 73,26 die Festigkeit und der ewige Halt beschrieben, den der Beter an seinem Gott findet, auch wenn das Herz im Inneren vor Angst zerfließt (vgl. Ps 22,15). Vom

186 Diese Sicht vertreten neben H. Gese (s. Anm. 179) auch O. Kaiser, Tod, Auferstehung und Unsterblichkeit (s. Anm. 32), S. 70 f.; E. Zenger, Das alttestamentliche Israel (s. Anm. 179), S. 145–151.

»Aufgenommen werden bei Gott« ist in den Psalmen 49,16 und 73,24 die Rede. Hier mag die aus der Elia- und der Henochüberlieferung bekannte Entrückungsvorstellung eine Rolle spielen. In jedem Fall bringt der Psalmist mit dieser Formulierung zum Ausdruck, daß er eben nicht in der Scheol bleiben, sondern – im Tod und durch den Tod – in die Gemeinschaft Gottes aufgenommen wird. In traditionellen Wendungen vom »Beute-teilen«, »Nachkommen-sehen«, »Sattwerden«, redet das prophetische Gottesorakel Jes 53,10–12 vom Erfolg und der Zukunft des Gottesknechts. Doch es spricht von der Zukunft eines Menschen, der schmählich zu Tode kam und bereits (unter den Frevlern) begraben wurde. Es gebraucht diese traditionellen Bilder also, um etwas unerhört Neues auszusagen: daß der getötete Gottesknecht den Erfolg seines mühevollen Lebens selber »sehen«, daß er an Gotteserkenntnis satt werden soll.

Wie die Einzelauslegungen gezeigt haben, läßt sich für jedes einzelne Textwort der hier vorausgesetzte, das irdische Leben transzendierende Sinn auch bestreiten. Blickt man indes auf die Zahl dieser selbst den Tod überschreitenden Vertrauensbekenntnisse, so bekommen die in den Auslegungen regelmäßig zu findenden kritischen Destruktionen doch auch den Anschein einer krampfhaften Abwehr, als dürfe es ein in die Transzendenz reichendes Denken und Glauben im Alten Testament nicht geben. Wenn wir mit den Dichtern und Psalmbetern ernstnehmen, daß der Gott Israels der *eine* Gott ist, reich an Gnade und Treue (2. Mose 20,2 f.; 34,6; 5. Mose 6,4), müssen wir schließlich auch fragen dürfen, ob denn die Treue dieses Gottes in der Scheol aufhören kann. Die JHWH-Offenbarung selbst drängt darauf hin, auch den Raum der Scheol in Beschlag zu nehmen. Das ihr nachdenkende theologische Erkennen kann daher das Leben derer nicht verloren geben, die sich während ihrer irdischen Lebenszeit vertrauend an diesem Gott festgehalten haben.

c) In der Krise des Weisheitsdenkens bricht bei einzelnen Betern in ihrem Ringen um die Gotteswahrheit die Gewißheit auf, daß JHWH bei ihnen ist und bei ihnen bleibt, daß ihre Beziehung zu Gott nicht abreißen kann, auch nicht im leiblichen Tod. Doch dies ist nur ein Zwischenschritt. Das ganzheitliche Denken des Alten Testaments, das Seele und Leib nicht voneinander zu trennen vermag, drängte weiter. Vor allem mußte das Wissen darum, daß JHWH, der Gott des Lebens, zugleich der schöpferische Gott ist, der durch seinen Ruf und sein Wirklichkeit setzendes Wort den Kosmos aus dem Chaos schuf, zu neuen Glaubenseinsichten führen. Zielten die besprochenen Textzeugnisse darauf ab, daß Gott die Toten in seine Hände nimmt und daß ihr Leben bei ihm unendlich geborgen ist, so geht es jetzt darum, daß JHWH sie mit seiner schöpferischen Kraft neu belebt. Die Scheol hat keine Macht über das von Gott Erschaffene. Sein Lebensatem kann so, wie er einst den aus Lehm geformten Adam lebendig machte, auch Totengebeine zu neuem Leben erwecken.[187]

Der erste alttestamentliche Text, der diese Perspektive aufreißt und in dem zugleich die Bilder und Motive für alles kommende Reden vorgegeben werden, ist die große Vision des Propheten Hesekiel von der Belebung der Totengebeine. Noch handelt es sich um eine Hoffnung, die auf innergeschichtliche Ereignisse ausblickt. Doch weisen die Metaphern und Sprachbilder über den in Hesekiel 37 gemeinten Sinn weit hinaus und eröffnen ein neues Reden über das, was Gott an den Toten tun kann und tun wird: Gräber werden aufgetan, Tote aus ihren Gräbern heraufgeholt, Totengebeine wieder lebendig. Der schöpferische Geist Gottes bläst die Erschlagenen an, die Toten stehen auf, sie stellen sich auf ihre Füße. – In dieser Vision Hesekiels und in den späteren von Auferstehung redenden Texten (Jes 26,19 f.) ist zunächst nicht der Einzelne im Blick wie in den besprochenen Weisheitspsalmen. Es ist das Volk bzw. die Gruppe der JHWH-treuen Gemeinde, der Gottes die Toten erweckendes Tun gilt.

Die Vorstellung einer Neubelebung und Auferstehung der Toten sowie der Gedanke an ein letztes Gericht wurden in früherer Zeit häufig auf außerbiblische Einflüsse, speziell

---

187 Nach H. Gese, Der Tod im AT (s. Anm. 179), S. 49–53, ereignet sich hier der dritte Schritt im Prozeß der alttestamentlichen Erkenntnis- bzw. Offenbarungsgeschichte.

aus der persischen Religion[188], zurückgeführt. Inzwischen ist man in Bezug auf solche Ableitungen wesentlich vorsichtiger geworden.[189] Selbst wenn Spuren z. B. aus dem Vegetationsmythus der kanaanäischen Religion in alttestamentlichen Textzeugnissen gefunden werden können[190], ist doch festzuhalten, daß auch diese Rudimente nicht angeeignet worden wären, wenn nicht der inneralttestamentliche Erkenntnisprozeß dieses vorbereitet und ermöglicht hätte.[191] Wichtigste Voraussetzung für das alttestamentliche Reden vom Aufwachen und Aufstehen der Toten ist der Schöpfungsgedanke. Gott, der die Seinen auch im Tod nicht fallen läßt, nimmt ihr erstorbenes Leben neu in seine schöpferischen Hände. Wie er bei der Schöpfung dem Menschen den Odem des Lebens in die Nase blies, so bläst er mit seinem Atem (Geist)[192] noch einmal die Toten an und formt ihre Körper neu aus den Totengebeinen. Zweierlei wird nach Hartmut Gese[193] damit ausgesagt: Es ist wirklich der alte Mensch, der bei der Neuerschaffung aus den toten Gebeinen zum Leben ersteht. Die Identität des neuen mit dem alten Menschen bleibt erhalten. Zum anderen ist das Neue aber nicht einfach die Restitution des Alten. Schon bei Hesekiel ist das Volk, das aus dem erweckenden Handeln Gottes neu geboren wird, ein Volk, in dessen Innerem ein neues Herz und ein neuer Geist wohnen (vgl. Hes 36,26 f.), das also gänzlich verwandelt sein wird.

---

188 H. Gressmann/W. Bousset, Die Religion des Judentums im späthellenistischen Zeitalter, HNT 21, in 3. verb. Aufl. hg. v. H. Gressmann, 4. photomechanisch gedruckte Aufl. Tübingen 1966, S. 469–524, S. 478–483.506–520.

189 Vgl. O. Kaiser, Tod, Auferstehung und Unsterblichkeit (s. Anm. 32), S. 76–80; J. Maier, Zwischen den Testamenten. Geschichte und Religion in der Zeit des Zweiten Tempels, NEB Ergänzungsband zum AT 3, Würzburg 1990, S. 27–37.

190 S. o. Kap. II.9 Anm. 139.

191 So auch G. Stemberger, Problem der Auferstehung (s. Anm. 175), S. 290.

192 S. o. Anm. 27.

193 H. Gese, Der Tod im Alten Testament (s. Anm. 179), S. 50.

Eingebettet wird dies alles jedoch in ein noch größeres Geschehen. Letztes Ziel Gottes mit seiner Welt ist die Offenbarung seiner Königsherrschaft (vgl. Ps 22,28–30), die er durch die Vernichtung und zugleich Verwandlung der alten Welt heraufführt (Jes 24,21–23; 25,6–8; 26,20 f.). Daß an dieser Zukunft auch die Toten teilhaben werden, indem sie, mit einem neuen Leib bekleidet, auferstehen, ist die Hoffnung, die die Textsplitter der jüngsten Texte des Alten Testaments andeuten: Die Gott gehörenden Toten werden leben, die in der Gemeinschaft der auserwählten Gemeinde Gestorbenen auferstehen. Denn Gottes Licht und Leben spendender Tau macht die Toten lebendig, und die Erde (das Totenreich) gibt die Schatten heraus (Jes 26,19). Einige Texte reden sogar davon, daß nicht nur die dem Gottesvolk angehörenden Toten auferstehen werden. In den Lobpreis des sein Reich heraufführenden Gottes sollen am Ende einmal alle einstimmen, die sich in den Staub gelegt haben (Ps 22,30).

d) Den letzten Schritt in der Erkenntnisgeschichte, die wir hier verfolgen, deutet der Textsplitter Jes 25,8a an. Ging es bisher darum, daß die Toten der Macht der Scheol entrissen werden und in die Gemeinschaft des Gottes des Lebens zurückkehren, so steht nun im Blick, daß der Tod selbst vernichtet wird. Dies wird in Jes 25,8 mit den Bildern von der Verschlingung des Todes und dem Trocknen der Tränen angedeutet. Der Tod, der mit seinem weit aufgerissenen Rachen die Völker verschlang (vgl. Jes 5,14; Hab 2,5), soll nun selber verschlungen werden. Das schließt ein, daß auch alles Leid, Geschrei, Schmerz, Tränen nicht mehr sein werden, alle Schatten und Vorboten des Todes, durch die die Scheol ihre Herrschaft unter den noch Lebenden ausübte, aufhören. Nicht nur Israel oder der auserwählten Rest-Gemeinde wird dies widerfahren, sondern der ganzen Menschheit. Unter der Königsherrschaft Gottes werden *alle* Völker am Bundes- und Freudenmahl Gottes teilhaben, Gott wischt die Tränen von *jedem* Angesicht ab.

Wie wiederholt gesagt, sind es nur wenige Textsplitter im Alten Testament, die diese Hoffnung eröffnen. Doch die Aussagen waren so gewichtig, daß sie die eschatologischen

Erwartungen in den folgenden Epochen grundlegend bestimmten. Die jüdische Apokalyptik, uns erhalten in zahlreichen apokryphen Schriften[194], gestaltete einzelne Motive weiter aus und führte zu ausladenden, umfassenden Hoffnungsvisionen. Im Frühjudentum der Zeitenwende wurde – jedenfalls in der Gruppe der Pharisäer – der Glaube an den Gott, der die Toten erweckt, zum täglich gebeteten Lobspruch.[195]

Auch das Bekenntnis der neutestamentlichen Gemeinde hätte ohne den vorangegangenen Lern- und Erkenntnisprozeß des Alten Testaments nicht formuliert werden können. Allerdings sei auf den grundlegenden Unterschied schon an dieser Stelle hingewiesen: Was das Alte Testament als Erfüllung der Hoffnungen seiner Beter und Propheten am Ende der Zeit ersehnt, ist nach dem Zeugnis des Neuen Testaments mitten in der Geschichte geschehen. In der Aufer-

194 Sie liegen gesammelt vor bei E. Kautzsch (Hg.), Die Apokryphen und Pseudepigraphen des Alten Testaments I/II, 2. unveränderter Neudruck Darmstadt 1962 (3. Rep. 1992). Zu nennen sind vor allem das zweite Buch der Makkabäer (7,9–14), die Bilderreden des Buches Henoch (Hen 37–71) und die beiden späteren Apokalypsen vom Ende des 1. nachchristlichen Jahrhunderts: das 4. Buch Esra (vgl. besonders Kap. 7) und die syrische Baruch-Apokalypse (vgl. besonders Kap. 49–52). Aus den Texten von Qumran werden als Zeugnisse für eine Auferstehungserwartung Einzelverse aus den Lobliedern (1 Q Hod 6,29 f.34 f.; 11,10–14) sowie der Sektenregel (1 QS 4,7 f.12–14; 3,14–4,26) genannt, doch ist umstritten, ob hier tatsächlich eine Auferstehungserwartung im Blick ist. Zur Entwicklung der jüdischen Auferstehungslehre vgl. K. Schubert, Die Entwicklung der Auferstehungslehre von der nachexilischen bis zur frührabbinischen Zeit, BZ NF 6, 1962, S. 177–214, S. 187 ff.

195 Das Bekenntnis zur Auferweckung ist vermutlich noch im 2. Jahrhundert v. Chr. in pharisäischen Kreisen formuliert und als 2. Benediktion in das Achtzehngebet eingefügt worden. In ihrer palästinischen Fassung lautet diese Benediktion: »Du bist mächtig, erniedrigst Stolze, stark, und richtest Gewaltige, du lebst ewig, läßt Tote auferstehen, den Wind wehen, den Tau herabfallen, du ernährst die Lebenden und machst die Toten lebendig. In einem Augenblick möge uns Hilfe sprossen. Gepriesen seist du, Herr, der die Toten lebendig macht!« Übersetzung nach P. Schäfer, Der synagogale Gottesdienst, in: J. Maier/J. Schreiner, Literatur und Religion des Frühjudentums. Eine Einführung, Würzburg/Gütersloh 1973, S. 391–413.

weckung Jesu Christi von den Toten ist Gottes Leben bereits jetzt in das Totenreich eingebrochen. Von diesem in die Zeit hineingelegten schöpferischen Anfang her sind schon in der Gegenwart Welt und Geschichte in einer dynamischen Umgestaltung begriffen. Daher wird aus den einzelnen Zeugnissen der Hoffnung, die wir im Alten Testament vernehmen, nun ein mächtig anschwellender Chor. So verschieden die hier zu hörenden Stimmen auch sein mögen, haben sie doch ein alle zusammenhaltendes Grund-Thema: Es ist die Botschaft von dem *einen* Sendboten und Sohn Gottes, Jesus Christus, der mitten in dieser Welt starb, begraben wurde und auferstand und so das vom Tod überschattete Leben auf dieser Erde in den Horizont einer ewigen Erlösung gerückt hat.

IV. Das Osterbekenntnis

»Der Herr ist wahrhaftig auferweckt worden und dem Simon erschienen« (Lk 24,34). Mit diesem Bekenntnis[196], das den Emmausjüngern bei ihrer Rückkehr nach Jerusalem aus dem Kreis der elf Jünger entgegenschallt, beginnt die Geschichte der christlichen Gemeinde. Nach Jüngerflucht und Verleugnung, nach der Rückkehr des Petrus und anderer Jünger in ihre galiläische Heimat ist es – vermutlich in Galiläa (vgl. Mk 14,28;16,7) – zu einer Neubegegnung mit dem auferstandenen Jesus gekommen. Nur verhalten und – in den äußeren Einzelheiten – sehr verschieden erzählen die später geformten Ostergeschichten von diesen umstürzenden Erlebnissen. Dennoch können wir aus ihnen noch entnehmen, was Kern und innere Struktur der Ostererfahrungen gewesen sein muß.[197] Die oben erwähnte Emmausgeschichte (Lk 24,13–35) läßt dies in einer verdichteten Erzählung aufscheinen: Den Jüngern wurden die Augen geöffnet (Lk 24,31). Jetzt, da sie ihn als lebendig in ihrer Mitte erfahren, erkennen sie auch den, der in den Jahren und Monaten zuvor wie ein Unbekannter mit ihnen unterwegs gewesen ist und dessen eigentliche Bedeutung sie bis zu diesem Augenblick nicht wahrgenommen haben (Lk 24,16). Zugleich erinnern sie sich an seine Worte. Hinweise, die sie zuvor in ihrer Tragweite nicht begriffen, gehen ihnen nun

196 Lk 24,34 scheint eine ältere, vorlukanische Formel zu sein, worauf der alte Jüngername Simon statt des in der Urchristenheit gebräuchlichen Namens Petrus hinweist. Nach P. Stuhlmacher, Biblische Theologie des Neuen Testament 1. Grundlegung. Von Jesus zu Paulus, Göttingen 1992, S. 170, handelt es sich um »eine von Lukas reproduzierte judenchristliche Kurzformel«.

197 Vgl. hierzu mein Kapitel: »›... und er erschien‹. Die Ostererfahrungen der Apostel« in: G. Kittel, Der Name II (s. Anm. 112), S. 19–40.

neu auf (Lk 24,32). Jetzt erst verstehen sie die Schrift, so wie sie Jesus ihnen ausgelegt hat (Lk 24,25–27). Sie fangen an, sein grausames Sterben, an dem sie alle irre geworden sind, im Licht der Schrift in seiner Heilsbedeutung zu verstehen.

In kurzen formelhaft geprägten Sätzen hat sich die älteste Osterverkündigung niedergeschlagen. Wir finden sie vornehmlich in den Briefen der Apostel, und zwar an den Stellen, in denen diese selbst auf geprägte Formulierungen zurückgreifen.[198] Insbesondere ist es *eine* Überlieferung im 1. Korintherbrief, von der der Apostel Paulus ausdrücklich sagt, daß er sie selbst empfangen und der Gemeinde weitergegeben habe, die man als »älteste Zusammenfassung der Botschaft von Christus«[199] ansprechen kann. Paulus schreibt:

> Denn vor allem habe ich euch überliefert, was ich auch empfangen habe,
> I daß Christus gestorben ist für unsere Sünden
> nach der Schrift
> II und daß er begraben wurde
> III und daß er auferweckt worden ist am dritten Tage
> nach der Schrift
> IV und daß er dem Kephas erschienen ist, dann den
> Zwölfen.[200] (1. Kor 15,3–5)

Nach der Einleitung, in der sich Paulus betont als Empfänger der hier weitergegebenen Tradition charakterisiert, folgen vier gewichtige Sätze, die eine besondere Struktur erkennen lassen. Zunächst fällt die unterschiedliche Länge der einzelnen Sätze auf. Während Satz I und III neben dem Subjekt und Prädikat auch noch je zwei adverbiale Bestimmungen aufweisen, sind Satz II und IV wesentlich kürzer gefaßt. Außerdem sind Satz I und III durch den gleichen Zusatz: »nach den Schriften«, aufeinander bezogen. So legt sich für eine erste Analyse eine Zweigliederung im Sinne eines »syntheti-

---

198 Vgl. Röm 1,3 f.; 4,24 f.; 10,9; Phil 2,9–11; 1. Petr 1,21 u. ö.

199 F. Lang, Die Briefe an die Korinther, NTD 7, Göttingen [17]1994, S. 210.

200 Es folgen ab V. 6 weitere Aufzählungen, die entweder von Paulus oder auch schon vor ihm der alten Überlieferung hinzugefügt wurden. Daß die überkommene Formel nur bis V. 5 reicht, zeigt der syntaktische Neueinsatz ab V. 6.

schen« oder auch »antithetischen« Parallelismus nahe.[201] Der Doppelaussage, daß Christus gestorben ist und begraben wurde, steht die andere, die von seiner Auferweckung und den Ostererscheinungen redet, gegenüber; dem Bereich des Todes korrespondiert antithetisch der Bereich des Lebens. Dabei tragen die Sätze I und III offensichtlich den Hauptakzent, was durch den jeweiligen Hinweis auf die Schrift unterstrichen wird. Satz II und IV scheinen dagegen eine, die vorangegangene Aussage lediglich verstärkende, Funktion zu haben. Satz II bestätigt danach die Tatsache des Sterbens, wie Satz IV die Wahrheit der Auferweckung unterstreicht.[202]

Doch in 1. Kor 15,3b–5 läßt sich auch noch eine zweite Struktur entdecken, die eine andere Gewichtung der einzelnen Sätze nahelegt. Nach einer Analyse von Franz Mußner[203] ist neben der Zweigliedrigkeit auch ein Nacheinander, eine »sukzessive Stufung des erzählten Geschehens« zu erkennen, die sich an den Verbalaussagen ablesen läßt: »Christus *starb*, er wurde *begraben*, er ist *auferweckt* worden, er *erschien*«[204]. Hier werden – jeweils durch ein parataktisches »und« verbunden – einzelne Etappen eines sich entfaltenden Geschehens nacheinander genannt. Jede dieser Etappen hat ihr eigenes Gewicht. Keine ist gegen die andere austauschbar, eine baut auf der anderen auf, was durch die aufzählende Redeweise[205] unterstrichen wird. Sie hat nach Mußner die zunächst ins Auge fallende zweigliedrige Struktur der For-

---

201 Vgl. J. Jeremias, Die Abendmahlsworte Jesu, Göttingen ^{4}1967, S. 95–97.

202 Dies ist die vorherrschende Auslegung, wie sie in den meisten Kommentaren zu dieser Textstelle gegeben wird. Vgl. H. Conzelmann, Der erste Brief an die Korinther, KEK V, Göttingen ^{12}1981, S. 297; A. Strobel, Der erste Brief an die Korinther, ZBK NT 6.1, Zürich 1989, S. 229; F. Lang, Briefe (s. Anm. 199), S. 210; u. a. Auch ich habe in: Der Name II (s. Anm. 112), S. 24 f., diese Auffassung vertreten.

203 F. Mußner, Zur stilistischen und semantischen Struktur der Formel von 1 Kor 15,3–5, in: Die Kirche des Anfangs, FS H. Schürmann, Leipzig 1977, S. 405–415.

204 A. a. O., S. 406.

205 Mußner spricht a. a. O., S. 407–411, von der Stilfigur der »enumerativen Redeweise«.

mel überlagert. Will man also 1. Kor 15,3–5 angemessen auslegen, muß man nach Mußners Analyse davon ausgehen, daß alle aufgezählten Sätze von *gleichem* Gewicht sind, kein Satz lediglich der Verstärkung eines anderen dient, sondern jeder folgende dem vorangegangenen einen neuen Aussagegehalt hinzufügt.

Die vier Sätze des überlieferten Bekenntnisses handeln von »Christus«, dem Gesalbten. Dies ist der messianische Würdetitel, der sich im Lauf der neutestamentlichen Überlieferung am stärksten mit dem Namen Jesu von Nazareth verbunden hat, bis er schließlich zum Beinamen wurde. Doch dieser Titel ist in der ältesten Jesus-Tradition kaum zu finden! So fällt z. B. auf, wie selten der Christus-Titel noch im Markusevangelium, dem ältesten synoptischen Evangelium, vorkommt. Außenstehende und Gegner Jesu benutzen ihn, der Hohepriester im Verhör (Mk 14,61), die Spötter unter dem Kreuz (Mk 15,32), Pilatus bei der Anbringung der Kreuzesinschrift (Mk 15,26)[206], um die scheinbar angemaßte Würde Jesu zu kennzeichnen. Aber auch dort, wo sich ein Jünger, nämlich Petrus, im sogenannten Petrusbekenntnis (Mk 8,29) dieses Hoheitsnamens bedient, wird schnell deutlich, wie reserviert oder sogar ablehnend Jesus dem Christustitel gegenübersteht. In Mk 8,30 f. klingt es – im Unterschied zu den späteren Evangelien (etwa Mt 16,16–20) – fast so, als wolle Jesus das Bekenntnis des Petrus korrigieren und den von ihm gebrauchten Namen durch den anderen des Menschensohnes ersetzen.[207] Denn im Judentum der Zeitenwende enthielt dieser Titel andere Konnotationen. Der Christus, bzw. der Messias, sollte ein siegreicher König sein. Er würde die »ungerechte Herrschaft« der Heiden »zerschmettern« und die Sünder, d. h. die Römer, vom »Erbe« Israels wegtreiben. Inmitten Israels aber würde er ein »heiliges

206 In der Kreuzesinschrift »König der Juden« ist der Messiastitel säkular umgeprägt.

207 Vgl. O. Cullmann, Die Christologie des Neuen Testaments, Tübingen [5]1975, S. 111–137: 122 f., dessen Sicht mir noch immer schlüssig scheint.

Volk« zusammenbringen und nicht zulassen, daß »ferner Unrecht in ihrer Mitte weile« usw. [208]

Dieser Titel mußte sich erst mit neuen Inhalten füllen, um auf Jesus übertragen werden zu können.[209] Wie alte Bekenntnisformulierungen zeigen, geschah dies in Verbindung mit dem Osterbekenntnis. So hören wir Petrus in seiner Pfingstpredigt sagen, daß Gott »diesen Jesus, den ihr gekreuzigt habt, zum Herrn und *Christus* gemacht hat« (Apg 2,36)[210]. Paulus bezieht sich in den ersten Versen des Römerbriefes auf eine alte christologische Formel, in der es heißt, daß der nach seiner irdisch-menschlichen Existenz aus dem Geschlecht Davids geborene Sohn eingesetzt wurde »als *Sohn Gottes in Kraft* durch die Auferstehung von den Toten« (Röm 1,4). In der Emmauserzählung werden die enttäuschten Jünger, die auf die politische Befreiung Israels durch den Propheten aus Nazareth gehofft haben, dahingehend belehrt, daß doch »der *Christus* dieses leiden und in seine Herrlichkeit eingehen (mußte)« (Lk 24,21.26). Jesus von Nazareth, der als »König der Juden« von Pilatus Verurteilte, ist nach urchristlichem Bekenntnis durch Tod und Auferweckung zum Christus geworden. Den aus dem Tod auferstandenen Herrn haben die Apostel und Evangelisten vor Augen, wenn sie den »Christus« Jesus bekennen[211], seine Heilstaten verkünden und von seinem irdischen Leben, ja, auch schon von seiner Geburt (vgl. Lk 2,11), erzählen. Erst

---

208 Zitate aus: Psalmen Salomos 17,21–38. In: E. Kautzsch (Hg), Die Apokryphen und Pseudepigraphen des Alten Testaments II, 2. Reprint Darmstadt 1962, S. 146 f. Die Psalmen Salomos stammen aus dem 1. Jahrhundert v. Chr. und sind Gebete aus pharisäischen Kreisen.

209 Es fällt auf, daß sich Jesus nach der Darstellung im Markusevangelium erst in dem Augenblick offen zu seiner Messiaswürde bekennt, da sein Tod beschlossen, ein Mißverständnis also nicht mehr möglich ist (vgl. Mk 14,62; 15,2). Auch in den beiden messianischen Zeichenhandlungen, dem Einzug in Jerusalem (Mk 11,1–10) und der Tempelreinigung (Mk 11,15–17), wird die frühjüdische Erwartung umgeprägt.

210 In Apg 2,36 gibt Lukas »der älteren Vorstellung Raum, derzufolge Jesus erst auf Grund der Erhöhung zum Christus und Herrn geworden ist«. J. Roloff, Die Apostelgeschichte, NTD 5, Göttingen ^{18}1988, S. 60.

211 In dieser Reihenfolge der Namen, die z. B. in Röm 8,1.2.34 u. ö. begegnet, ist »Christus« noch deutlich als Titel verstanden.

im Verlauf der weiteren Missionsgeschichte, als das Evangelium in die griechisch-römische Welt übersetzt wurde, verlor der Christusname seinen titularen Sinn. Er wurde dem Jesus-Namen immer häufiger nachgestellt und in dieser Verbindung der beiden Namen »Jesus Christus« zum Beinamen.

In der überlieferten Formel 1. Kor 15,3 steht der Name »Christus« ohne Nennung des Jesus-Namens für sich allein. Paulus erinnert daran, »daß *Christus* gestorben ist für unsere Sünden nach der Schrift«. Manche Ausleger sind der Ansicht, daß hier der Titel »Christus« anstelle des Namens Jesu gebraucht und so ganz zum Eigennamen geworden sei.[212] Doch läßt sich wohl eher umgekehrt vermuten, daß der Jesus-Name in den Christustitel so hineingezogen, dieser durch die neue Botschaft bereits so gefüllt wurde, daß die Nennung des Titels genügt. Es soll von Anfang an deutlich werden, »daß vom Schicksal des Messias, des Heilsbringers, die Rede ist«.[213]

a) Das Erste, was von diesem Christus in 1. Kor 15,3 ausgesagt wird, ist sein Sterben »für unsere Sünden nach den Schriften«. Diese dogmatische Formulierung läßt uns Heutige nicht mehr spüren, welch eines anstrengenden Lernprozesses es bedurfte, um die Rede vom »Christus« mit dem Gedanken des Leidens und Sterbens zusammenzubringen. Noch auf dem Weg nach Getsemane versuchte Jesus, so erzählt die Passionsgeschichte (Mk 14,26–31), seine Jünger auf die kommenden Ereignisse vorzubereiten. Er sagte ihnen voraus, daß sie alle an ihm »Ärgernis nehmen«, d. h. an seinem Geschick zu Fall kommen würden, wie es dann auch tatsächlich geschah. Um den gleichen Anstoß war es bereits in der Auseinandersetzung Jesu mit Petrus nach dessen Messiasbekenntnis gegangen. Als Jesus auf die Worte des Petrus mit der ersten Leidensansage antwortete (Mk 8,31–33), versuchte dieser ihm das Wort abzuschneiden, da er die Würde des Christus mit dem Gedanken des Leidens nicht zusam-

---

212 Vgl. z. B. A. Strobel, a. a. O. (s. Anm. 202), S. 229.

213 Chr. Wolff, Der erste Brief des Paulus an die Korinther, ThHK 7, Berlin 1996, S. 361.

menbringen konnte.[214] Erst von den Ostererfahrungen her konnte das Leiden und Sterben Jesu neu gesehen und verstanden werden. Als sie Jesus als den auferweckten und zu Gott erhöhten Herrn erkannten, erinnerten sich die Jünger an seine das Leiden und Sterben andeutenden Worte und Zeichen (Mk 9,31; 10,45; 14,22–24) und verstanden durch ein Neulesen der alttestamentlichen Schrift das Leiden und Sterben ihres Herrn in ganz neuer Weise.[215]

Wie von den meisten Auslegern angenommen, ist es vor allem der Textabschnitt Jes 52,13–53,12 gewesen, der der Jüngergemeinde die Hilfe bot, in dem Tod Jesu etwas anderes als die göttliche Strafe für ein eigenes tödliches Verschulden zu sehen.[216] Sie konnte in ihm entdecken, daß Jesus wie der beschriebene Gottesknecht nicht wegen seiner eigenen Verfehlungen und Sünden durchbohrt worden war. Er hatte vielmehr die Schuld der Vielen getragen und war für sie, ihre Sünden stellvertretend erleidend, in den Tod gegangen. So war sein grausames Sterben also nicht ein willkürliches, in der Gottesferne sich ereignendes Drama gewesen, sondern hatte nach einem göttlichen Plan so geschehen *müssen* und daher einen göttlichen, Heil und Erlösung bewirkenden, Sinn. Zwar wird im Neuen Testament erst relativ spät Jesaja

---

214 Auch für den noch unbekehrten Rabbinenschüler Paulus war der Tod Jesu die offenkundige Widerlegung des messianischen Anspruches, den die Jesusjünger für ihren Herrn erhoben. Vornehmlich der schmachvolle Tod am Kreuz schien das genaue Gegenteil ihrer Verkündigung zu beweisen, daß Jesus nämlich gemäß 5. Mose 21,22 f. als ein von Gott Verfluchter am Holz aufgehängt worden sei. Vgl. Chr. Dietzfelbinger, Die Berufung des Paulus als Ursprung seiner Theologie, WMANT 58, Neukirchen ^{2}1989, S. 36–42.

215 Vgl. P. Stuhlmacher, Theologie (s. Anm. 196), S. 163 f.191–196; ders., Zur Predigt am Karfreitag, in: Th. Sorg/P. Stuhlmacher, Das Wort vom Kreuz, Stuttgart 1996, S. 11–49.

216 Neben Jesaja 53 sind sicher auch noch andere alttestamentliche Texte im Blick, worauf der Plural »nach den Schriften« hindeutet. F. Lang, Briefe (s. Anm. 199), S. 211, verweist neben Jesaja 53 auf 3. Mose 16. A. Strobel nennt a. a. O. (s.Anm. 202), S. 230, Ps 16,10 f.; 22; 110 und 1. Mose 22; 2. Mose 12. Nach Chr. Wolff, a. a. O. (s. Anm. 213), S. 362, »wird das Zeugnis des gesamten Alten Testaments in Anspruch genommen«, vor allem aber Jes 53 einbezogen.

53 direkt auf Jesus bezogen[217], doch kann man beobachten, wie sich die Züge der in diesem Wort beschriebenen Gestalt von Anfang an mit seiner Person verbinden.[218] Jesus hat sich, wie die Leidensankündigungen, das Lösegeld- und das Kelchwort zeigen[219], angesichts der auf ihn zukommenden Bedrängnisse mit dem in Jesaja geweissagten Gottesknecht identifiziert und als der Menschensohn verstanden, der das Geschick des Gottesknechts erfüllt.[220] Nach Ostern, als der Titel des Menschensohnes nicht mehr verstanden wurde und in der Überlieferung zurücktrat, sind die Züge des Gottesknechts mit anderen Hoheitsnamen verbunden worden. Jetzt wird Jesus als der Christus verkündigt, der den Weg des leidenden Gottesknechtes ging (vgl. Lk 24,26).[221] Auch 1. Kor 15,3b zeigt diese enge Verbindung, wenn als erstes von Christus bezeugt wird, daß er für unsere Sünden *gestorben* ist, so wie es die Schrift von dem leidenden Knecht Gottes gesagt hatte.

b) Doch die überlieferte Formel redet nicht nur vom Sterben des Christus, sondern auch davon, daß er *begraben* wurde. Für unser heutiges Empfinden ist dies eigentlich eine überflüssige Aussage, die der Tatsache des Todes eines Menschen nichts mehr hinzufügt. Entsprechend schwer tun sich die meisten Ausleger mit dem Verständnis dieses Satzes. Während die einen meinen, die Aussage diene lediglich der Bestätigung und Absicherung, daß Christus auch tatsächlich gestorben sei[222], sehen andere eine konkrete Erinnerung an

---

217 Vgl. Apg 8, 32–35; 1. Petr 2,21–25.

218 Dies hat H.W. Wolff in seiner von P. Stuhlmacher neu herausgegebenen Dissertation überzeugend herausgearbeitet. H.W. Wolff, Jesaja 53 im Urchristentum. Mit einer Einführung von P. Stuhlmacher, Gießen [4]1984.

219 Vgl. Mk 9,31; 14,21; 10,45; 14,24.

220 P. Stuhlmacher, Theologie (s. Anm. 196), S. 107–143.156–161.

221 Auch F. Lang weist a. a. O. (s. Anm. 199), S. 210, darauf hin, daß »die Hoheitsbezeichnung ›Christus‹ besonders gebräuchlich in Glaubensformeln (ist), die das Leiden und Sterben Jesu bezeugen«. Er nennt als Belege: Röm 5,6.8; 14,9.15; 1. Kor 5,7; 8,11; Gal 2,21; 1. Petr 3,18.

222 H. Conzelmann, a. a. O. (s. Anm. 202), S. 300; F. Lang, a. a. O. (s. Anm. 199), S. 199; A. Strobel, a. a. O. (s. Anm. 202), S. 229; u. a.

die Grablegung Jesu (vgl. Mk 15,42–47)[223] oder auch schon einen verborgenen Hinweis, daß »Jesu Felsengrab ... in der Morgenfrühe des dritten Tages nach der Kreuzigung leer aufgefunden« worden ist[224]. Doch der Satz enthält eine Aussage von eigenem sachlichen Gewicht. Gerade in seiner Kürze, in der von den Umständen der Grablegung nichts angedeutet wird[225], zeigt er an, daß hier eine zweite wesentliche Stufe des Todes- und Lebensweges Christi beschrieben werden soll, die sich uns von dem am Anfang dieser Studie[226] dargestellten altorientalischen Denken über den Tod und die Todeswelt her erschließen kann. Während für unser Empfinden ein Begräbnis eine mehr äußerliche Zeremonie darstellt, die vielleicht den Angehörigen des Verstorbenen in ihrer Trauerarbeit ein wenig hilft, aber für den Verstorbenen nichts mehr bedeutet, markiert die Grablegung nach altorientalischer und biblischer Anschauung den Eintritt des Toten in die Welt der Scheol und ihren Herrschaftsbereich. Hinter jedem Einzelgrab öffnet sich, wie Othmar Keel und Christoph Barth gezeigt haben, der Abgrund des Todes selbst. Das Grab ist der »reale Zugangsbereich«[227], durch den die Gestorbenen in das reale Totenreich eingehen.[228] Wer in das Grab gelegt wird, befindet sich von nun an im »Land der Finsternis und des Dunkels« (Hi 10,21), in einem

223 Vgl. U. Wilckens, Auferstehung. Das biblische Auferstehungszeugnis historisch untersucht und erklärt, ThTh 4, Stuttgart/Berlin 1970, S. 20–22.

224 P. Stuhlmacher, Was geschah auf Golgatha? Zur Heilsbedeutung von Kreuz, Tod und Auferweckung Jesu, Stuttgart 1998, S. 48.

225 Zwar wird im Alten Testament immer wieder von einzelnen Personen ausgesagt, daß sie gestorben sind und begraben wurden. Vgl. K.-J. Illman, Art: *mûṯ*, ThWAT IV, Sp. 768–786:770. Doch ist in diesen wie in ein Schema gefaßten Sätzen regelmäßig auch der Ort des Begräbnisses hinzugefügt (vgl. Ri 10,1–5; 12,7–15 u. ö). Diese Angabe aber fehlt in der überlieferten christologischen Formel. Daher wird auch der Hinweis, 1. Kor 15,4 wolle im Sinn einer historischen Reminiszenz auf die Bestattung Jesu im Grab des Josef von Arimatia verweisen (s. o. Anm. 223), dem sachlichen Gewicht der Aussage nicht voll gerecht.

226 S. o. Kap.I, S. 1–7.

227 O. Keel, Bildsymbolik (s. Anm. 5), S. 33.

228 Chr. Barth, Errettung (s. Anm. 4), S. 66.

Bereich, der von Gottes helfender Macht geschieden ist (Ps 88,6.11), und in dem es kein Gedenken Gottes (Ps 88,6), aber auch kein Loben und Danken der Toten zu ihm hin mehr gibt (Ps 6,6; 88,11–13; Jes 38,18 f. u. ö.). Daß in diese Welt auch der Christus Gottes einging, als er *begraben* wurde, ist die ungeheuerliche Aussage des kurzen Satzes in 1. Kor 15,4a. Selbst der für unsere Sünden gestorbene Christus wurde dem Herrschaftsbereich der Scheol ausgeliefert und vom Abgrund der Totenwelt verschlungen.

Im Sinn der von Franz Mußner als sprachliche Struktur des Textes 1. Kor 15,3b–5 beschriebenen »enumerativen Redeweise«[229] ist mit dem Verweis auf die Grablegung Jesu in V. 4a also tatsächlich eine zweite und neue Stufe im Geschehensablauf benannt. Wie wichtig dieser Hinweis auch später noch der Alten Kirche war, zeigt das im zweiten nachchristlichen Jahrhundert formulierte Taufbekenntnis der römischen Gemeinde, in dem der Aussage, daß Christus *gekreuzigt* wurde, die andere, daß er *begraben* wurde, unmittelbar folgt.[230] Erst als dieses Taufbekenntnis zu dem im Abendland rezipierten apostolischen Glaubensbekenntnis weiterwuchs, kamen die Hinweise auf das Leiden und Sterben hinzu. Jetzt wurde auch die Aussage eingefügt, die ursprünglich in der Wendung »begraben« mitgemeint war, daß nämlich Jesus »zur Hölle herniedergefahren« bzw. – wie der heutige Text lautet –, »in das Reich des Todes hinabgestiegen« ist.[231]

c) Doch die Aufzählung geht weiter. Als dritte Etappe des sich stufenhaft entfaltenden Geschehens wird in 1. Kor 15,4b benannt, daß der für unsere Sünden gestorbene und in das Reich der Grabeswelt abgestiegene Christus dort nicht blieb. Er ist – im »passivum divinum« formuliert, das auf

229 S. o. Anm. 203.

230 Im zweiten Artikel dieses sogenannten Romanums heißt es: »und an Christus Jesus, seinen einzigen Sohn, unsern Herrn, der … unter Pontius Pilatus gekreuzigt wurde und begraben, am dritten Tage wieder auferstand von den Toten …«. Vgl. J.N.D. Kelly, Altchristliche Glaubensbekenntnisse. Geschichte und Theologie, Göttingen [3]1972, S. 105.

231 Ders., a. a. O., S. 366–377.

Gott als den Urheber hinweist – auferweckt worden. Gott hat ihn aus der Totenwelt heraufgeführt und dies – wie das grammatische Perfekt des Verbs »auferweckt« anzeigt[232] – ein für allemal, so daß durch die Nachwirkungen dieses Geschehens auch alle Gegenwart bestimmt ist. Diese Auferweckung geschah »am dritten Tag« und ebenso wie das Sterben »nach den Schriften«.

Im vorigen Teil ist gezeigt worden, wie in der Krise des Weisheitsdenkens unter den sich an Gott und seine Weisungen haltenden Frommen in Israel die Hoffnung aufbrach, daß Gott die Seinen auch in der Totenwelt nicht losläßt. Er bleibt ihr Fels und ihr Anteil auch dann, wenn ihre physische Existenz vergeht (Ps 73; 16; Hi 19). Spätere Weisheitstheologen haben diese Hoffnung dann noch weiter ausgezogen und bekannt, daß der schöpferische Gott auch die Toten in seine Hände nehmen und mit seinem Atem bzw. »Tau der Lichter« zu neuem Leben erwecken wird (Hes 37; Jes 26,19). Allerdings würde dies erst »an jenem Tage« geschehen, wenn Gott nach einem vernichtenden Gericht über alle gottfeindlichen Mächte seine Königsherrschaft heraufführt (Jes 24,21–23; 26,19–21; Dan 12,1–3). Von dem für unsere Sünden gestorbenen und in den Herrschaftsbereich des Todes eingetretenen Christus wird in 1. Kor 15,4b dagegen bekannt, daß er »am dritten Tage« auferweckt wurde. Noch mitten in dieser Weltzeit und innerhalb einer ganz kurzen Zeitspanne ist die Auferweckung Christi und damit die Neuschöpfung aus dem Tode geschehen.

Die Frage, was die Zeitbestimmung »am dritten Tag« zu bedeuten hat und auf welche alttestamentlichen Schriftstellen sie sich bezieht, ist in der Exegese sehr umstritten.[233] Im Alten Testament findet sich nur *eine* Textstelle, in der explizit von einer Wiederbelebung »nach zwei Tagen« und der Aufrichtung des Volkes »am dritten Tag« die Rede ist, näm-

---

232 Es handelt sich um ein Perfekt »zur Bezeichnung der Nachwirkung am Subjekt oder Objekt«. F. Blaß/A. Debrunner, Grammatik des neutestamentlichen Griechisch, Göttingen ^{11}1961, § 342.

233 Vgl. Chr. Wolff, Exkurs: Die Tagesangaben in den Auferstehungszeugnissen (s. Anm. 213), S. 364–367.

lich im (geheuchelten) Bußgebet der Nordisraeliten (Hos 6,2)[234], mit dem diese auf die Gerichtsbotschaft des Propheten Hosea reagieren. Da aber dieser Vers sonst nirgends im Neuen Testament zitiert wird, ist fraglich, ob er die Last des Schriftbeweises an dieser gewichtigen Textstelle allein tragen kann. So überlegen manche Ausleger, ob nicht hinter der Zeitbestimmung eine historische Erinnerung steht. Der Hinweis auf den dritten Tag könnte entweder auf die ersten Erscheinungen des Auferstandenen oder, wahrscheinlicher, auf die Entdeckung des leeren Grabes durch die Frauen kurz nach der Kreuzigung zurückverweisen[235]. Doch ist die Nennung des dritten Tages tatsächlich historisierend im Sinn einer die Tage abzählenden Datierung zu verstehen? Wenn wir den Duktus der überlieferten Formel mit ihren vier Sätzen genauer beachten, müssen wir feststellen, daß in dieser dritten Ereignisstufe noch nicht das Offenbarwerden Christi vor den Menschen, sondern das verborgene und unanschauliche Ereignis der Auferstehung selbst im Blick ist; hier geht es um das, was Gott an dem gekreuzigten Christus in der Tiefe des Todes getan hat, und nicht um den Zeitpunkt der menschlichen Entdeckung. Dies und die strukturelle Parallelität des dritten mit dem ersten Satz der Formel zeigen an, daß die Rede vom dritten Tag einen theologischen Sinn haben muß. So wie in V. 3b die Zufügung »... für unsere Sünden nach den Schriften« das Sterben Jesu als ein heilvolles Geschehen theologisch qualifiziert, muß auch der Zusatz »... am dritten Tag nach den Schriften« seine Auferweckung als Heilsgeschehen sachlich näher bestimmen.

234 Hos 6,1–3 ist Teil einer prophetischen Liturgie. Die Verse geben die falsche Hoffnung des Volkes wieder, Gott werde so automatisch Israel wieder aufleben lassen, wie die Morgenröte und der Spätregen über das Land kommen. Vgl. J. Jeremias, Der Prophet Hosea, ATD 24/1, Göttingen 1983, S. 84–86.

235 So vermutete schon H. v. Campenhausen, Der Ablauf der Osterereignisse und das leere Grab, SHAW, Phil.-hist. Kl., ^{2}1958, S. 40–42. 50–52. Ebenso urteilt P. Stuhlmacher, Theologie (s. Anm. 196), S. 172; Ders., Golgatha (s. Anm. 224), S. 43–51. Auch Chr. Wolff gibt am Ende seines Exkurses, a. a. O., S. 367, dieser Deutung den Vorzug.

Den theologischen Sinn der Formel »auferweckt am dritten Tag nach der Schrift« hat Karl Lehmann in einer ausführlichen Studie zu erhellen versucht, indem er nach der Bedeutung des dritten Tages in den Worten Jesu[236], im allgemeinen Sprachgebrauch der Schrift, sowie in der jüdischen Schriftauslegung zwischen den Testamenten fragte.[237] Sein Ergebnis lautete, daß der »dritte Tag« in der Bibel eine »zutiefst theologisch geprägte Zeitbestimmung« sei. »Der dritte Tag bringt die Wendung zum Neuen und Besseren, Gottes Barmherzigkeit und Gerechtigkeit schafft eine neue ›Zeit‹ des Heils, des Lebens, des Sieges; der dritte Tag bringt eine Sache von Entscheidung durch Gottes Heilstat zur endgültigen und Geschichte schaffenden Lösung.«[238] Diese Bedeutung kann Lehmann durch die Heranziehung jüdischer Schriftauslegungen belegen. So zählt z. B. der Midrasch Genesis Rabba in einer Auslegung von 1. Mose 22,4 f. mehrere in der alttestamentlichen Schrift bezeugte Ereignisse nebeneinander auf, um überall die Heilsbedeutung des dritten Tages herauszustellen:

Am 3. Tage, da erhob Abraham seine Augen *Gn 22,4*. Es steht geschrieben *Hos 6,2*: Er wird uns lebendig machen in zwei Tagen; am 3. Tage wird er uns auferwecken, daß wir vor ihm leben. – Vom 3. Tag der Stämme steht geschrieben *Gn 42,18*: Joseph sagte am 3. Tag zu ihnen. – Vom 3. Tage der Kundschafter *Jos 2,16*: Haltet euch dort drei Tage verborgen.- Vom 3. Tage der Gesetzgebung *Ex 19,16*: Und am 3. Tage waren Donner und Blitze. – Vom 3. Tage Jonas *Jona 2,1*: Es war Jona in den Eingeweiden des Fisches drei Tage und drei Nächte. – Vom 3. Tage der aus dem Exil Heraufziehenden *Esra 8,15*: Wir lagerten daselbst drei Tage. – Vom 3. Tage der Wiederbelebung der Toten *Hos 6,2* (s. oben). – Vom 3. Tage der Esther *Est 5,1*: Am 3. Tage legte Esther das Königtum an, das Königtum des Hauses ihres Vaters. In welchem Verdienst (ist der 3. Tag ein Rettungstag)? Die Rabbinen sagten: Im Verdienst des 3. Tages der Gesetzgebung, s. oben *Ex 19,16*. R. Levi (um 300)

---

236 Vgl. vor allem das Tempellogion Mk 14,58 und die Vollendungsaussage Lk 13,32.

237 K. Lehmann, Auferweckt am dritten Tag nach der Schrift, QD 38, Freiburg/Basel/Wien 1968.

238 A. a. O., S. 181.

sagte: Im Verdienst des 3. Tages unsres Vaters Abraham, s. oben *Gn 22,4.*[239]

Die Heilswende am dritten Tag ist also nicht nur durch die *eine* Schriftstelle Hosea 6,2 bezeugt, in der jüdischen Exegese werden 1. Mose 22,4 f.; Hos 6,2; 1. Mose 42,18; Jos 2,16; 2. Mose 19,16; Jona 2,1 u. a. nebeneinandergestellt, um anzuzeigen, daß Gott immer wieder am dritten Tag rettend eingegriffen hat und dieses für seine Frommen auch in Zukunft tun wird. Daher gilt der Satz: »Niemals läßt Gott die Gerechten länger als drei Tage in Not.«[240]

Lesen wir 1. Kor 15,4b im Licht der angeführten alttestamentlichen Texte und ihrer Verwendung in der jüdischen Schriftauslegung, so erhellt sich die Rede vom dritten Tag in ihrem tiefen heilsgeschichtlichen Sinn. Was in der alttestamentlichen Schrift immer wieder bezeugt ist, daß Gott den Gerechten nicht im Stich läßt, sondern ihn nach einer ganz kurzen Zeit aus seiner Not herausreißt, hat sich an Christus, alle bisherigen Rettungserfahrungen überbietend, erfüllt. Am dritten Tage hat Gott ihn vom Tode heraufgeführt und sich so als der auch noch in der Todesferne nahe und helfend eingreifende Gott erwiesen. Damit ereignete sich zugleich, was das Alte Testament erst am Ende aller Zeit erwartet. In der Auferweckung Christi hat die neue Schöpfung bereits ihren Anfang genommen. Das neue Leben aus dem Tod ist aufgeleuchtet, die große Heilswende geschehen, nicht erst

239 Es handelt sich um den Midrasch Genesis Rabba (par. 56 zu 22,4.5), dessen Text Lehmann, a. a. O., S. 263, nach der Übersetzung von August Wünsche wiedergibt. Im Blick auf das Alter dieses Textes und der anderen rabbinischen Textmaterialien ist sich Lehmann natürlich der Problematik der erst nachchristlichen Entstehung bewußt. Doch vermutet er, daß die von ihm dokumentierten »Anschauungen über das heilgewährende Ereignis am dritten Tag sehr weit zurückreichen und für die neutestamentliche Zeit in Anspruch genommen werden dürfen«. A. a. O., S. 272.

240 K. Lehmann, a. a. O., S. 263. Zitat aus dem Midrasch Bereschit Rabba (par. 91 zu 1. Mose 42,17). Im Midrasch Esther (par. 9 zu Est 5,3) lautet der Satz: »Nie befinden sich die Israeliten in Not länger als drei Tage.«

am letzten, sondern »am *dritten* Tage«, d. h. mitten in der Zeit.

d) Das vierte und letzte der in 1. Kor 15,3–5 aufgezählten Geschehnisse besagt, daß der aus der Todeswelt befreite und auferweckte Christus »gesehen worden ist«, zuerst von Kephas, danach von den Zwölfen. Die hier gebrauchte Verbform wird in den Übersetzungen verschieden wiedergegeben. Christus »ist gesehen worden«, er »hat sich sehen lassen«, er »erschien«. Wie auch immer man das zugrundeliegende griechische ὤφθη übersetzen will, sicher ist, daß es sich um einen geprägten Offenbarungsterminus handelt, der bereits in der griechischen Übersetzung des Alten Testaments für das Erscheinen und Sich-Offenbaren Gottes gebraucht wird.[241] Der auferstandene Christus hat sich also nicht sehen lassen, wie irdisch-weltliche Phänomene gesehen werden können. Er ist auch nicht, wie später in der apokryphen Überlieferung behauptet[242], Ungläubigen und solchen, die seine Gegner und Feinde blieben, »erschienen«. Vielmehr hat er sich Menschen offenbart, denen durch dieses Offenbarwerden zugleich die Augen aufgingen und die sich als so Verwandelte von nun an in seine Nachfolge gerufen wußten. Von dem Apostel Paulus, der sich in 1. Kor 15,8 als letzten in die Kette der Osterzeugen einreiht, wird in der Apostelgeschichte (Apg 9,3–8) erzählt, daß er ein blendendes Licht gesehen habe, welches seine Begleiter nicht wahrnahmen. Er selbst spricht in einer Briefstelle vom Aufstrahlen des Schöpfungslichtes in seinem Herzen (2. Kor 4,6; vgl. Phil 3,8; Gal 1,16). Das Offenbarwerden Christi vor den Osterzeugen darf man sich also nicht wie ein von außen objektiv und distanziert beschreibbares, mit Händen zu greifendes Geschehen vorstellen. Dennoch war es nicht nur ein innerpsychischer Vorgang, sondern wirkliches Geschehen, in dem Gottes Wirklichkeit inmitten dieser Welt Wirklichkeit zum Aufleuchten kam. Der Vorhang, der uns für gewöhnlich Gottes Wirklichkeit verbirgt, ist für einen Augenblick aufge-

---

241 W. Michaelis, Art.: ὁράω, ThWNT V, S. 324–335.

242 Vgl. die Darstellung der Ostergeschichte im apokryphen Petrusevangelium, s. u. Anm. 245.

rissen worden; sterbliche Menschen durften etwas von der Herrlichkeit Gottes sehen. Das meint der Offenbarungsterminus ὤφθη und darauf liegt auch in 1. Kor 15,5 der Ton der Aussage.[243]

Die hier beschriebene vierte Etappe zeigt in der Abfolge der in 1. Kor 15,3b–5 aufgezählten Ereignisse an, daß das Geschehen der Todesüberwindung in die Dimensionen irdischen Lebens eingebrochen ist. Der gestorbene, begrabene und auferweckte Christus hat sich in seiner himmlischen Seinsweise Menschen offenbart. Als der von Gott über alle tödlichen Mächte Erhöhte[244] ist er den Osterzeugen begegnet, hat ihr Leben in Beschlag genommen und sie zu seinen Boten gemacht. Kephas, dem uns durch die Evangelien bekannten Fischer vom See Genezareth und wankelmütigen Jünger Jesu ist das zuerst geschehen, danach dem Zwölferkreis[245]. Von ihnen ist die Hoffnungsbotschaft ausgegangen, die der Apostel Paulus auch den Korinthern gebracht hat und an die er sie nun in seinem Brief mit Nachdruck erinnert.

1. Kor 15,3b–5, diese älteste Zusammenfassung der Botschaft von Christus, entfaltet in einer sukzessiven Abfolge von vier Sätzen letztlich nur ein einziges Geschehen. Derjenige, an dem die Feindschaft der Welt gegen Gott zu einer letzten Auswirkung kam, der, von den Sünden der Menschen getroffen, sterben mußte, ist auch begraben worden. Damit wurde er der Herrschaft der Todesmacht ausgeliefert und ist an jenen Ort gelangt, den das Alte Testament als »Land der Finsternis und des Dunkels« beschreibt, wo die Toten von der Hilfe Gottes geschieden sind und keiner mehr der Heilstaten des Herrn lobpreisend gedenkt. Doch eben aus dieser Tiefe ist Christus von Gott auferweckt worden. Die Macht

243 Vgl. P. Stuhlmacher, Theologie (s. Anm. 196), S. 172–174.

244 Vgl. F. Lang, Briefe (s. Anm. 199), S. 211: »Die Auferweckung Jesu schließt hier die Erhöhung ein. Gott hat Jesus zum Herrn über alle Mächte eingesetzt (Phil 2,9 ff.)«.

245 Obwohl Judas nicht mehr dabei war, ist hier noch der Zwölferkreis als feste Institution genannt, die das endzeitliche Israel repräsentierte, vgl. Mt 19,28/Lk 22,29 f.

der Todeswelt hat ihn nicht festhalten können. Mitten im Herzen der Grabeswelt ist das Leben der neuen Schöpfung im Tod und durch den Tod des Christus hindurchgebrochen und hat die Macht des Totenreiches besiegt. Dies geschah nicht erst am Ende, sondern innerhalb der gegenwärtigen Weltzeit, nämlich »am dritten Tag«. Während die alte Welt scheinbar unverändert nach ihren tödlichen Gesetzen weiter abläuft, ist sie doch in ihrer Todestiefe schon umstürzend verwandelt worden. Damit sie dies begreifen und die Kunde von diesem Sieg weitersagen[246], hat sich Christus seinen engsten Jüngern offenbart. In sie überwältigenden Widerfahrnissen ist er ihnen als der erschienen, der den Tod ein für allemal hinter sich ließ, und hat sie so zu Zeugen seiner Auferweckung und zu Boten der neuen Welt gemacht.

Die Botschaft, die die Zeugen Christi von nun an ausrichten, hat diesen Einbruch des Lebens in die Todeswelt zum Thema. Wie sie davon erzählen und die Erlösung aus Sünde und Tod verkündigen, soll im folgenden an ausgewählten Textbeispielen gezeigt werden.

---

246 O. Hofius hat in seinem Aufsatz: Das vierte Gottesknechtslied in den Briefen des Neuen Testaments, in: B. Janowski/P. Stuhlmacher, Der leidende Gottesknecht (s. Anm. 106), S. 118 Anm. 56, die Vermutung geäußert, daß die zusammenfassende Formel in 1. Kor 15,3b–5 in all ihren vier Gliedern auf das vierte Gottesknechtslied zurückgeht. Der Hinweis auf die Erscheinungen Jesu vor Petrus und den Zwölfen würde danach Jes 53,10b und 53,1 aufnehmen und »die Kundgabe des von dem Knecht errungenen Sieges und seiner einzigartigen Erhöhung« inhaltlich meinen.

V. Der Einbruch des Lebens in die Todeswelt

1. *Das geöffnete Grab*

Knapp und formelhaft faßt die von Paulus in 1. Kor 15,3b–5 zitierte Tradition die Botschaft von Jesus Christus zusammen. Doch was da in einem sukzessiven Nacheinander genannt wird, mußte narrativ entfaltet, in einzelnen Erzählungen und Erzählzusammenhängen ausführlicher dargestellt und veranschaulicht werden. Dies geschah zum einen in der Passionsgeschichte, zum anderen in den Ostererzählungen[247], die man wiederum in zwei Gruppen einteilen kann: Den Hinweisen auf die Selbstbekundungen des auferstandenen Herrn sind die Erscheinungsgeschichten zuzuordnen, die erzählen, wie Jesus einzelnen Personen sowie dem ganzen Jüngerkreis begegnet ist.[248] Der Nennung des Begräbnisses Jesu und seiner Auferweckung aber entspricht die in allen vier Evangelien, wenn auch unterschiedlich überlieferte, Grabesgeschichte, die das Wunder der Auferweckung an der Verwandlung der Todesstätte Jesu widerspiegelt.[249]

---

247 Allerdings ist hier ein Unterschied zu machen: Während man die Ostererzählungen als nachträgliche Verdichtungen der überwältigenden und unanschaulichen Ostererfahrungen ansprechen kann, fußt die Passionsgeschichte auf einem Schema der Passionsdarstellung, das ebenso alt sein dürfte wie die in 1. Kor 15,3b–5 überlieferte Formel.

248 Vgl. U. Wilckens, Auferstehung (s. Anm. 223), S. 69–91. K. Wengst, Ostern. Ein wirkliches Gleichnis, eine wahre Geschichte, München 1991, S. 67–94.

249 Vgl. G. Kittel, Der Name II (s. Anm. 112), S. 32–40.

Die Erzählung von der Auffindung des Grabes durch trauernde Frauen am Ostermorgen ist eine Geschichte, deren Tradierung und sukzessive Ausgestaltung wir durch die kanonischen Evangelien bis hinein in die apokryphe Literatur verfolgen können.[250] Immer wieder ist diese Erzählung als eine apologetische Tendenzgeschichte angesprochen worden, die angesichts aufkommender Zweifel die Tatsächlichkeit der Auferweckung Jesu beweisen wolle und in dieser Abzweckung auf das leere Grab hindeute.[251] Auch das seltsame Motiv vom Schweigen der Frauen am Ende der ältesten uns bekannten Erzählversion in Mk 16,8 habe eine apologetische Funktion. Es solle erklären, warum die Geschichte erst so spät in der urchristlichen Überlieferung auftaucht.[252] Nun läßt sich nicht bestreiten, daß die in Mk 16,1–8 wiedergegebene Erzählung in der späteren Überlieferung Züge einer Beweisgeschichte angenommen hat.[253] Doch kann man

250 Vgl. die Bruchstücke aus dem Petrusevangelium 28–58, in: W. Schneemelcher, Neutestamentliche Apokryphen in deutscher Übersetzung, I. Band Evangelien, Tübingen [6]1990, S. 122–124.

251 So bereits R. Bultmann, Die Geschichte der synoptischen Tradition (1931), FRLANT 29, Göttingen [7]1967, S. 311. 314 f., der die Geschichte als eine »apologetische Legende« einstufte. Dieselbe Sicht vertritt heute, Bultmann folgend, G. Lüdemann: Die Auferstehung Jesu. Historie. Erfahrungen. Theologie, Neuausgabe Stuttgart 1994, S. 126–138. Nach Lüdemann ist Mk 16,1–8 eine »apologetische Legende mit epiphanieähnlichen Zügen«, die er als »Produkt eines Schlusses bzw. eines Postulats« (S. 138) versteht. Im Sinn des Markus soll »der Hinweis auf das leere Grab ein stichhaltiger Indizienbeweis« sein (S. 130).

252 G. Lüdemann, a. a. O., S. 133: »V. 3–6 verteidigen die Tatsächlichkeit der Auferstehung und V. 8 die Authentizität des V. 3–6 Berichteten.«

253 Im Matthäusevangelium wird darauf Bezug genommen, daß bis in die Tage des Evangelisten unter den Juden das Gerücht verbreitet worden sei, die Jünger hätten den Leichnam Jesu bei Nacht geraubt und anschließend behauptet, er sei auferweckt (Mt 27,64; 28,15). Entsprechend versucht der Evangelist zu zeigen, daß dieses Gerücht durch die Bestechung der Grabeswächter in Gang gesetzt wurde. Trotz der Versiegelung des Steines und einer aufgestellten Wache sei das Grab Jesu durch einen Engel am Ostermorgen aufgesprengt worden (Mt 28,2–4). Im apokryphen Petrusevangelium (s. o. Anm. 250) wird dieser Überlieferungszug noch weiter verstärkt. Der Stein vor dem Eingang des Grabes wird mit sieben Siegeln versiegelt. Unter Führung des Hauptmanns Petronius lagert sich eine ganze Wachmannschaft um das ver-

dies im Blick auf die ursprüngliche Geschichte gerade nicht behaupten. Das Urteil, Markus 16,1–8 sei eine Tendenzgeschichte mit apologetischer Abzweckung, ist das Ergebnis einer funktionalen Betrachtungsweise, die lediglich danach sucht, welchem apologetischen Interesse das jeweilige erzählerische Motiv dienen *könnte*. Doch wird bei solcher Betrachtung der biblische Text von vornherein in einer durch moderne Fragestellungen und Zweifel bedingten Optik gelesen, die seine Eigenaussage nicht mehr zum Tragen kommen läßt. Daß die Erzählung, die wir am Ende des Markusevangeliums finden, etwas ganz anderes intendiert als den – logischen – Beweis dafür, daß Jesus auch tatsächlich auferstanden ist, läßt sich entdecken, wenn man, auf ihre Motive und Metaphern achtend, ihrer eigenen sprachlichen Bewegung folgt.[254]

---

schlossene Grab. Dazu sind Älteste und Schriftgelehrte aus Jerusalem erschienen. Dann geschieht in der Osternacht die Auferstehung. Was die gesamte neutestamentliche Überlieferung nicht zu schildern wagt: das Geschehen der Auferstehung selbst, wird hier erstmals anschaulich beschrieben. Dazu vollzieht es sich – vor lauter Gegnern und Feinden Jesu. Das Wunder der Auferweckung ist hier kein Glauben weckendes Mysterium mehr, sondern eine »nackte Tatsache«, die sich vor Unbeteiligten und sogar Gegnern ereignen konnte. Entsprechend löst dies Geschehen auch keine Umkehr aus. Die zunächst betroffenen Soldaten lassen sich sehr schnell mit Geld abfinden und zum Schweigen verpflichten. Als dann in der »Frühe des Herrentages« Maria Magdalena und ihre Freundinnen zum Grab kommen, sollen sie durch das Hineinblicken in die Grabeshöhle von allen Zweifeln frei werden. Daher lautet die Anrede des Engels an sie: »Wozu seid ihr gekommen? Wen sucht ihr? Doch nicht jenen Gekreuzigten? Er ist auferstanden und weggegangen. Wenn ihr aber nicht glaubt, so bückt euch hierher und sehet den Ort, wo er gelegen hat, denn er ist nicht da. Denn er ist auferstanden …« Die spätere Überlieferung, vornehmlich im Petrusevangelium, macht die Auferweckung Jesu zu einem Mirakulum, das sich, objektiv feststellbar, vor Ungläubigen und Feinden Jesu vollzieht. Als ein solch sensationelles Ereignis wird das leere Grab zugleich zu einem Beweismittel für die Tatsächlichkeit der Auferstehung Jesu. Doch dies ist nicht der ursprüngliche Sinn dieser Ostergeschichte, auch wenn sie in unserer Gegenwart – leider! – wieder allein unter diesem Blickwinkel diskutiert wird.

254 Unter diesem Gesichtspunkt habe ich Mk 16,1–8 in: Der Name II (s. Anm. 112), S. 35–40, interpretiert.

Die Ostergeschichte Mk 16,1–8[255] ist voller Kontraste: In der Frühe des ersten Tages der Woche begeben sich drei Frauen zum Grab Jesu, als die Sonne gerade aufgegangen ist. Aber die Frauen sehen dieses Zeichen der Hoffnung nicht. Sie wollen von einem geliebten Menschen Abschied nehmen und ihn – für den Tod (!) – salben. Dann, während sie noch unterwegs sind, denken sie plötzlich an den großen Stein, der den Eingang des Grabes verschließt. Als sie jedoch bei der Grabstelle ankommen, ist der Stein bereits abgewälzt. Sie gehen in die Grabeshöhle in der Erwartung, dort den Leichnam Jesu zu finden, und begegnen einem himmlischen Boten, der ihnen eine göttliche Botschaft sagt. Die Worte des Engels, im Parallelismus formuliert, sind durch und durch antithetisch geformt. Den Frauen, die den Gekreuzigten suchen, wird gesagt, daß dieser auferweckt wurde. Erst danach folgt der Hinweis, daß der Gesuchte »nicht hier« sei. Die Frauen sollen also nicht aus einer zu beobachtenden Tatsache, daß nämlich der Leichnam Jesu nicht mehr im Grab zu finden ist, auf seine Auferweckung zurückschließen[256]. Diese apologetische Logik führt erst das apokryphe Petrusevangelium ein, in dem Maria und ihre Begleiterinnen auch noch aufgefordert werden, sich zu bücken und den Ort genau zu betrachten, wo Jesus gelegen hat, »denn er ist nicht da. Denn er ist auferstanden ...«[257] Dagegen wendet die Botschaft des Engels bei Markus (Mk 16,6) den Blick der Suchenden in eine völlig andere Richtung. *Weil* der Herr auferweckt wur-

255 Die hier gegebene Auslegung geht von dem uns jetzt vorliegenden Markustext aus. Damit soll nicht bestritten werden, daß eine ältere Geschichte durch den Evangelisten – vornehmlich durch Einfügung von V. 7 – redaktionell überarbeitet worden sein mag. Doch steht diese Frage hier nicht zur Debatte.

256 Dies betont auch A. Lindemann, Die Osterbotschaft des Markus. Zur theologischen Interpretation von Mark 16.1–8, in: NTS 26, 1980, S. 298–317: 305. Erst bei Matthäus werden die Sätze des Engels umgedreht: »Ich weiß nämlich, daß ihr Jesus, den Gekreuzigten, sucht. Er ist nicht hier. *Denn* er ist auferweckt, wie er gesagt hat« (Mt 28,5 f.).

257 Petrusevangelium 56, in: W. Schneemelcher, Apokryphen I (s. Anm. 250), S. 123 f.

de, ist er nicht hier. Daher können die Frauen den von ihnen verehrten und geliebten Toten im Grab nicht finden. Aber sie sollen nach Galiläa gehen und es auch den anderen Jüngern sagen: Dort, am Ort seines irdischen Wirkens, wird sich ihnen der Auferstandene offenbaren. Doch – und dies ist noch ein Kontrast! – die Frauen fliehen. Der Anblick der Grabstätte, ob sie nun voll oder leer vorgestellt wird, löst die Osterfreude nicht aus. Es muß erst zu der vom Engel angekündigten Begegnung mit dem lebendigen Christus selbst kommen, damit der Glaube an den von den Toten auferstandenen Herrn unter den Jüngern und Jüngerinnen Jesu Platz greifen kann [258].

In den Kontrasten der Erzählung vom Gang der Frauen zum Grab Jesu am Ostermorgen spiegelt sich Zug um Zug das alles Begreifen übersteigende Wunder der Osterbotschaft. Während die drei Frauen in ihrer Ratlosigkeit und Trauer noch ganz in den Strukturen der alten Welt befangen sind, ist um sie her schon alles neu geworden. Die Kraft der Auferstehung und des Lebens ist in die vom Tod überschattete Welt eingebrochen und hat damit begonnen, die Schöpfung zu verwandeln. Das wird noch deutlicher, wenn wir neben den Kontrasten nun auch die Zeichenhaftigkeit der einzelnen Motive beachten und nach ihren Sinngehalten fragen. Denn es geht in dieser Ostererzählung nicht nur um die

---

258 Diesen Anruf des Auferstandenen sollen nach A. Lindemann, a. a. O., S. 314, die Leser und Hörer des Markusevangeliums allein aus der Verkündigung des Engels hören. Daher verzichte der Evangelist bewußt auf die Wiedergabe von Erscheinungserzählungen. Doch so sehr die Botschaft: »Er ist auferweckt worden«, im Mittelpunkt der ganzen Szene steht, und nicht das leere Grab, ist sie auch in einer Ursprungserfahrung begründet, auf die Mk 16,7 hinweist. Wenn der Evangelist davon nicht mehr erzählt, so m. E. deshalb, weil er sich an Christen wendet, die durch das Osterzeugnis der Apostel bereits zum Glauben gekommen sind und daher von den Christuserscheinungen – jedenfalls in der Form der kurzen bekenntnishaften Sätze – wissen. Sie können – anders als die Frauen am Ostermorgen – die Hinweise auf die österlich verwandelte Welt in der hier erzählten Ostergeschichte voll verstehen. Daher kann für sie (und für uns) das Markusevangelium mit dieser Geschichte gut schließen. Vgl. G. Kittel, Der Name II (s. Anm. 112), S. 38–40.

dargestellten äußeren Ereignisse; sie handelt zugleich von der hintergründigen, verborgenen Wirklichkeit des Lebens und des Todes, Gottes und der vernichtenden Macht der Scheol, die in dem erzählten Geschehen zum Aufleuchten kommt. Daher darf der Blick nicht bei den erzählten faktischen Einzelheiten hängen bleiben. Jedes einzelne Motiv hat einen über sich hinausweisenden, sprechenden Sinn, den wir, durch das Erzählte hindurchblickend, wahrnehmen müssen.

Hier sei an die im 1. Kapitel dieser Arbeit vorgestellten Einsichten Othmar Keels erinnert, daß innerhalb der Weltschau des Alten Orients »empirisch-technische und spekulativ-mythische Aussagen und Vorstellungen nicht konsequent zu trennen sind«. Für den Alten Orient weise »die empirisch-technische Welt als Manifestation und Symbol über ihre vordergründige Wirklichkeit hinaus«, es finde eine »ständige Osmose zwischen Tatsächlichem und Symbolischem« statt, und gerade diese »Offenheit der alltäglichen, irdischen Welt auf die Sphären göttlich-intensiven Lebens und bodenloser, vernichtender Verlorenheit hin« sei der »Hauptunterschied zu unserer Vorstellung der Welt als eines praktisch geschlossenen Systems«.[259] »Die Welt ist nach biblischer und ao Vorstellung auf das Über- und Unterirdische hin offen und durchsichtig«.[260] Mag auch Keel bei diesen Aussagen speziell an die Bild- und Textzeugnisse der altorientalischen und alttestamentlichen Welt denken, so hat doch jüngst Klaus Berger[261], wenn auch in anderer Terminologie, auf die ganz ähnliche Weltsicht in neutestamentlicher Zeit aufmerksam gemacht. »Für den heutigen Menschen nehmen wir ein Außen und ein Innen wahr. Das Außen nennen wir Welt, das Innen Seele. Den gesamten Bereich der Gedanken, der Träume, Gefühle und religiösen Erfahrungen verlegen wir in das Innen ...«[262] Zur Zeit Jesu bewegte sich der Mensch dagegen, »ausgestattet mit Augen, Herz und Stimme ... zwischen

259 O. Keel, Bildsymbolik (s. Anm. 5), S. 47.
260 Ebd.
261 K. Berger, Wer war Jesus wirklich?, Stuttgart 1995, S. 131–141. 209–214.
262 A. a. O., S. 131.

zwei Außenbereichen.«[263] Der eine Außenbereich, den Berger als »Außen I« bezeichnet, ist die sichtbare Welt des Irdischen: »da gibt es Mitmenschen und den ganzen wahrnehmbaren Kosmos«. Der andere Außenbereich, von Berger »Außen II« genannt, ist »eine zweite Zone der Außenwirklichkeit des Menschen«, die unsichtbare Welt Gottes, aber auch die der dämonischen und tödlichen Mächte. Zugänglich wird dieses »Außen II« in Visionen, aber auch in Bildern, Wundern, Glauben und Gebet. Zugänglich geworden ist es nach dem Zeugnis des Neuen Testaments in den Gleichnissen und Wundertaten Jesu, seinem Sterben und Auferstehen.[264] Diese Geschehnisse dürfen demnach nicht nur als äußerliche Ereignisse aufgefaßt werden, sie sind in sich selbst zugleich Zeichen und Hinweise in die unsichtbare Welt Gottes. Wie von daher die großen kerygmatischen Wundererzählungen in den Evangelien immer zugleich beide Bereiche, das Außen I und das Außen II, in den Blick nehmen, habe ich in einer auf die alttestamentlichen Metaphern abhebenden Analyse der Sturmstillungsgeschichte zu zeigen versucht.[265] Auch da, wo diese Erzählungen scheinbar nur von sichtbarer, faßlicher Wirklichkeit berichten, ist doch zugleich von diesem Außen II, der uns umgebenden, unverfügbaren Wirklichkeit Gottes und seiner Offenbarung, die Rede. Natürlich haben die biblischen Autoren das Erzählte real vor Augen. Sie wollen auch in der historischen Wirklichkeit Stattgefundenes berichten. Dennoch geht das Geschehen in den berichteten Ereignissen nicht auf. Diese selbst haben zeichenhafte Bedeutung. Sie weisen über sich hinaus in jene Wirklichkeit, die uns verborgen, doch unser Leben und diese Welt bestimmend, umgibt.[266] Das gilt auch für die hier behandelte Grabesgeschichte.

263 Ebd.

264 A. a. O., S. 132–136.

265 G. Kittel, »Wer ist der?« Markus 4,35–41 und der mehrfache Sinn der Schrift, in: Chr. Landmesser u. a., Jesus Christus als die Mitte der Schrift, BZNW 86, Berlin/New York 1997, S. 519–542.

266 A. a. O., S. 536–538.

Leitende Metapher der Erzählung ist das Bildzeichen des Grabes, das – wie früher gezeigt wurde[267] – in unmittelbarer Nachbarschaft zur Vorstellung der Todes- und Unterwelt steht. Die Unterwelt ist »kein besonderer, vom Grabe verschiedener Raum, sondern das Grab schlechthin, ... das ›Urgrab‹, das sich in jedem Einzelgrab manifestiert.«[268] Daher konnte Christoph Barth sagen, daß die Toten bei Betreten des sichtbaren Raumes des Grabes immer zugleich auch Bewohner des Totenreiches werden und dessen Existenzbedingungen unterworfen sind.[269] Die Todeswelt, die Scheol, und das sichtbare Grab durchdringen sich in der Weise, daß sich die Todeswelt in und hinter jedem konkreten Einzelgrab auftut. »Jedes einzelne Grab ist ein kleines ›Totenreich‹.«[270]

Schon in der Textstelle 1. Kor 15,4a fiel uns auf, welches Gewicht auf der Aussage liegt, daß Christus *begraben* worden ist[271]. Dabei fehlten alle näheren Angaben. Es wurde nicht auf den Ort des Grabes hingewiesen, auch nicht von Joseph von Arimathia als dem Besitzer der Grabstätte gesprochen. Allein dies war von Bedeutung, daß auch Christus in die Welt der Scheol, in das Unland des Schweigens und Vergessens, eingetreten und dem Tod preisgegeben war. Nun aber wird in dieser Ostergeschichte erzählt, was mit der Welt des Todes geschah, als Gott Jesus von den Toten auferweckte. Es fällt ja auf, daß auch in dieser Erzählung, sieht man von ihrer Einleitung in Mk 15,42–47 einmal ab, keine historischen Details vorkommen. Weder wird gesagt, wo das Grab Jesu gelegen habe, noch angedeutet, wohin die Frauen voller Entsetzen geflohen sind. Ein Interesse an einer historisch oder archäologisch aufzuspürenden Örtlichkeit scheint diese Geschichte gerade nicht zu haben. Es geht um das Grab Jesu als einer »exemplarischen Wirklichkeit«[272], als des Or-

---

267 S. o. S. 3–7.
268 Chr. Barth, Errettung (s. Anm. 4), S. 66.
269 Ebd.
270 O. Keel, Bildsymbolik (s. Anm. 5), S. 53.
271 S. o. S. 75 f.
272 O. Keel, Bildsymbolik, S. 53: »Dem AO sind Bilder aber selten ›nur‹ Bilder, sondern in der Regel ... ›exemplarische Wirklichkeit‹, die, in-

tes, da sich die Todeswelt mit ihrer ganzen Macht und Wirklichkeit präsentiert. Daher weist auch all das, was an diesem Ostermorgen geschieht, über die erzählten Einzelheiten hinaus. An dem, was sich bei der Ankunft der Frauen am Grab Jesu ereignet, wird ablesbar, was in der durch Pforten und Riegel verschlossenen Todeswelt selbst geschehen ist. Als Teil der Totenwelt, als Zugangsbereich und Manifestation der Scheol, zeigt das geöffnete, leere Grab Jesu, wie in der verborgenen Wirklichkeit des »Urgrabes«[273] der Tod selbst verwandelt und seine Kerkerhaft gesprengt worden ist, als Jesus von den Toten auferstand.

Nehmen wir dieses doppelsinnige Denken – das nicht nur für den Alten Orient, sondern ebenso für die Urchristenheit bis tief hinein in die Alte (und Mittelalterliche) Kirche vorausgesetzt werden muß[274] – auch für Mk 16,1–8 an, so wird jeder erzählerische Zug der Geschichte zu einem Zeichen des Lebens.

In Mk 16,1–8 sind es vor allem drei Motive, die auf das hinweisen, was in der verborgenen Wirklichkeit des Über- und Unterirdischen, in der Welt des Lebens und des Todes, geschah, als Gott Jesus von den Toten auferweckte. Das erste Zeichen begleitet bereits den Aufbruch der Frauen:

> (1) Und als der Sabbat vergangen war, kauften Maria von Magdala und Maria, die Mutter des Jakobus, und Salome wohlriechende Öle, um hinzugehen und ihn zu salben.

---

sofern sie ›exemplarisch‹ ist, weitere Bereiche als den ihrer konkreten Erscheinung deckt; insofern sie aber ›Wirklichkeit‹ ist, doch stets auch konkret verstanden werden kann.« S. o. S. 18 f.

273 Dies ist ein von J. Pedersen geprägter Begriff, den Chr. Barth, Errettung (s. Anm. 4), S. 66.88, aufnimmt.

274 S. u. (S. 139 f.145 f.) die Hinweise auf das Nikodemusevangelium und die auf altkirchliche Wurzeln zurückgehende Ikonographie und Liturgie der Ostkirche. Es stellt sich von hieraus die Frage, ob die in der Alten Kirche ausgebildete Lehre vom mehrfachen Schriftsinn nicht doch ein begrenztes Recht für sich hat und der biblischen Sprache eher gerecht wird als unser modernes, allein auf historische Verifizierbarkeit ausgerichtetes, Verstehen. Vgl. dazu G. Kittel, »Wer ist der?« (s. Anm. 265), S. 540–542.

(2) Und sie kamen zum Grab am ersten Tag der Woche, sehr früh, *als die Sonne aufging.*

Doppelt unterstrichen wird in diesen Versen die Frühe des Tages. Die Frauen gelangen zur Grabstätte »sehr früh«, »als die Sonne aufging«. Dies ist nicht nur zufälliges Kolorit der Erzählung. Nach biblischem und altorientalischem Verstehen ereignet sich die »Epiphanie« des Heils in der Frühe; am Morgen greift der rettende Gott ein.[275] »Den Abend lang währet das Weinen, aber des Morgens ist Freude« (Ps 30,6b). Die aufgehende Sonne ist bereits in der Jakobsgeschichte (1. Mose 32,32) Zeichen eines neu geschenkten Lebens. So ist mit Rudolf Pesch[276] und Werner Grimm[277] zu vermuten, daß diese Zeichenhaftigkeit ebenfalls in Mk 16,2 vorausgesetzt werden muß. Während die Frauen hilflos und ohnmächtig agieren – sie gehen und kaufen Salben, um den Leichnam Jesu für den Tod zuzubereiten –, ist über ihnen schon die Sonne aufgegangen, um sie herum der Morgen eines neuen Tages angebrochen. Gottes Heil und Rettung leuchten in die von Trauer und Tod gekennzeichnete Welt herein, doch die trauernden Frauen merken dies noch nicht.

Das zweite Lebenszeichen begegnet den Frauen auf ihrem Wege. Plötzlich wird ihnen bewußt, daß ein großer Stein den Eingang zum Grab verschließt. Die Vorstellung, daß verschlossene Pforten und Riegel zum Wesen des Totenreiches gehören, keiner zurückkehrt, der hier einmal eingetreten ist

275 Vgl. B. Janowski, Rettungsgewißheit und Epiphanie des Heils. Das Motiv der Hilfe Gottes ›am Morgen‹ im Alten Orient und im Alten Testament, Band I: Alter Orient, WMANT 59, Neukirchen-Vluyn 1989, der S. 15 auch Mk 16,2 anführt.

276 R. Pesch, Das Markusevangelium II, HThK, Freiburg/Basel/Wien 1977, S. 531: »Die theologische Zeitansage ist durch die Angabe über die Tageszeit, die Morgenfrühe, und den Sonnenaufgang verstärkt. Nicht nur der dritte Tag, insbesondere auch die Morgenfrühe, die Zeit des Sonnenaufgangs, gilt als die Zeit der Hilfe Gottes bzw. als der Zeitpunkt, zu dem Gottes Rettungstaten offenbar werden«.

277 W. Grimm, Markus – Ein Arbeitsbuch zum ältesten Evangelium, Calwer Studienbücher, Stuttgart 1995, S. 122. »Der symbolträchtige Vermerk läßt die Vorahnung einer Rettung aus Todeskrise aufkommen, wie sie von Lot (Gen 19,15.23) und Jakob (Gen 32,32) erzählt ist.«

und es keine Brücke gibt von den Lebenden zu den Toten, ist im Alten Testament vielfach belegt.[278] So könnte auch die Verschlossenheit des Grabes Jesu als über sich hinausweisendes wahrnehmbares Zeichen Hinweis auf die verriegelte Todeswelt selbst sein.[279] Doch darum geht es nun in diesem zweiten Osterzeichen, daß die so verschlossene Todeswelt aufgesprengt wurde.

> (3) Und sie sprachen untereinander: Wer wälzt uns den *Stein* von des Grabes Tür?
> (4) Und sie sahen hin und wurden gewahr, daß der *Stein* weggewälzt war; denn er war sehr groß.

Das verriegelte Grab ist aufgesprengt, die Pforte des Todes geöffnet worden. Gerade das auf der erzählerischen Ebene unsinnig nachgestellte Sätzchen (V. 4c), das noch einmal auf die Größe des Steines aufmerksam macht, befindet sich auf sachlogischer Ebene völlig richtig am Platz. Es ist ein Sachhinweis, der besagen soll, daß dieser »Stein« nicht durch menschliche Macht von seiner Stelle zu rücken war. In und

---

278 Vgl. Jes 38,10; Ps 9,14; Hi 38,17; Ps 107,16; Jona 2,7 u. ö. S. o. S. 11 f.

279 Interessant erscheint mir der Hinweis von W. Grimm, Markus (s. Anm. 277), S. 122, auf die Bedeutung von Dan 6 für die markinische Erzählung der Leidens- und Ostergeschichte. In der Tat enthält der Bericht über das Schicksal Daniels in der Löwengrube (Dan 6,16–23) eine Reihe von Motiven, an die Mk 16 erinnert. Daniel wird in eine *Grube* geworfen und diese mit einem *Stein* verschlossen, der noch zusätzlich versiegelt wird. Dort in der Grube ist Daniel den *Rachen* der Löwen ausgeliefert. Doch als der König am nächsten Morgen »*in der Frühe*«, »*sobald der Tag anbricht*«, zur Löwengrube geht, findet er Daniel unversehrt. Ein von Gott gesandter *Engel* hat den Löwen den Rachen zugehalten. Daniel wird aus der Grube »*heraufgezogen*«. – Die Parallelen sind erstaunlich. Doch muß daraus nicht folgen, daß Mk 16 von Dan 6 direkt abhängig ist. Dies folgert auch Grimm nicht. Ich möchte eher annehmen, daß auch die in Dan 6 gezeichneten Bilder als Todesmetaphern zu verstehen sind, die das Sein Daniels in der Löwengrube und sein Überleben als Aufenthalt im Machtbereich der Scheol und die Errettung aus dieser beschreiben. Dann aber dürfte Dan 6,16 ff. ein wichtiger Beleg sein für die oben gegebene metaphorische Deutung. – Die Vermutung von R. Pesch, Das Markusevangelium II (s. Anm. 276), S. 522. 531 f., daß hinter Mk 16,3 f. eine »Türöffnungswundertradition« stehe, vermag dagegen nicht zu überzeugen.

hinter ihm präsentierte sich eine andere Barriere: die Schranke des Todes, die nur durch Gottes auferweckende Macht durchbrochen werden konnte.

Dann begeben sich die Frauen in die Grabeshöhle. Sie erwarten, hier den Toten zu finden, eingewickelt in die Grabestücher, von den Stricken und Banden des Todes gefesselt (vgl. Ps 18,6; 116,3). Doch sie »sehen«[280] einen Jüngling zur Rechten sitzen mit einem weißen Gewand[281] und hören eine göttliche Botschaft.

(6) Er aber sprach zu ihnen:
Entsetzt euch nicht!
Ihr sucht Jesus von Nazareth,
den Gekreuzigten.
Auferweckt ward er,
er ist nicht hier.
Siehe da die Stätte, wo sie ihn hinlegten.

Der kunstvolle Aufbau in zwei einander chiastisch zugeordneten antithetischen Parallelismen will einen Kontrast betonen, keine logische Argumentations- und Beweiskette liefern. Die Frauen suchen den *Gekreuzigten*, aber er ist *auferweckt* worden. Sie gehen dazu an die Stätte des *Todes*, aber hier finden sie den *Lebenden* gerade nicht. Das Totenreich konnte den zum Leben Erweckten nicht festhalten. Es mußte, wie es Jesus im Gleichnis vom Stärkeren beschrieben hat (Mk 3,27; Lk 11,21 f.), seine Beute herausgeben. Die Zwingburg der Todesmacht Scheol ist leer.

---

280 Hier wie dann auch in V. 7 steht im Griechischen ein anderes Verb für »sehen« als zuvor in V. 4b und 15,40a.47b. Dieser feine Unterschied will beachtet sein. Nach W. Grimm, Markus (s. Anm. 277), S. 9. 122, ist der unterschiedliche Wortgebrauch ein Signal für zwei verschiedene »Sehebenen«. Bisher sahen (θεωρέω) die Frauen empirisch faßliche Wirklichkeit, jetzt schauen sie (ὁράω) Offenbarung.

281 Die Beschreibung des Jünglings mit einem weißen Gewand kennzeichnet ihn als der himmlischen Welt angehörig (vgl. Mk 9,3; Offb 6,11; 7,9.13). Sein Sitzen »zur Rechten« deutet auf Heil und Leben. Vgl. R. Pesch, Markusevangelium II (s. Anm. 276), S. 532. Insgesamt weist diese Gestalt darauf, daß die nun zu hörende Botschaft von Gott, und nicht von den Menschen stammt. Sie ist nicht von Menschen ersonnen, sondern von Gott her offenbart.

Da der aus der Schöpfermacht Gottes Lebende in der Scheol nicht zu finden, daher eine Begegnung mit ihm im Rachen des Todes nicht denkbar ist[282], werden die Frauen am Ende der Geschichte nach Galiläa verwiesen. Hier, am Ort des irdischen Wirkens Jesu, sollen die Jünger und Jüngerinnen Jesu den Auferstandenen »sehen«[283], wie er es ihnen vorausgesagt hat (vgl. Mk 14,28). Aber die Frauen fliehen voller Entsetzen und sagen niemandem etwas. In diesem Motiv drücken sich zum einen der Schauder und die Ergriffenheit aus, die die Frauen angesichts der Epiphanie des Heiligen überkommen.[284] Zum anderen zeigt dieser erzählerische Zug aber auch, wie wenig diese Ostergeschichte einen Beweis für den Osterglauben führen will. Sie erzählt gerade *nicht*, wie der Osterglaube entstanden ist oder woran sich ratlose Christen angesichts intellektueller Zweifel halten können. Vielmehr machen das Entsetzen und die Flucht der Frauen vom Grab weg deutlich, daß der Glaube nur durch die Begegnung mit dem Lebendigen und zu Gott Erhöhten selbst entstehen konnte. Erst Jesu Anrede, mit der er einzelne Jünger und Jüngerinnen bei ihrem Namen anrief (vgl. Joh 20,16; Apg 9,4), erst sein Friedensgruß (Joh 20,19.21.26) und der vergebende Freispruch (Joh 21,15–17) überwanden bei seinen Nachfolgern Zweifel und Angst. Nur so sind einst die ersten Zeugen zum Glauben an Jesus als den für sie gekreuzigten und auferweckten Herrn gekommen, und nur so, durch seinen (durch Schrift und Verkündigung vermittelten) Anruf und sein Wort, finden auch heute immer wieder Menschen zum Glauben an Christus.

In der in Mk 16,1–8 überlieferten Ostergeschichte geht es, wie diese Auslegung zeigt, nicht vorrangig um die historische Frage, ob ein bestimmtes Grab in einem bestimmten

282 »Was sucht ihr den Lebenden bei den Toten?« (Lk 24,5b). In dieser Frage der beiden Engel an die Frauen ist im Lukasevangelium der theologische Sinn der Geschichte sehr treffend zum Ausdruck gebracht.

283 S. o. Anm. 280.

284 Vgl. W. Grimm, Markus (s. Anm. 277), S. 19 f.122; R. Pesch, Markusevangelium II (s. Anm. 276), S. 535 f.

historischen Augenblick leer war und ob ein Historiker dies objektiv feststellen oder widerlegen kann. Daß, sollte er es feststellen, immer noch unterschiedliche Erklärungen möglich wären, macht die Fama deutlich, die noch zur Zeit des Matthäus unter den Juden zirkuliert (Mt 28,15). Die Erzählung will vielmehr vor Augen stellen, was in der verborgenen Wirklichkeit des »Urgrabes«, der Scheol, geschah, als Christus von den Toten auferstand. An den äußerlichen Geschehnissen, die die Frauen erschrocken und fassungslos wahrnehmen, soll den Hörern und Lesern des Evangeliums aufgehen, was sich im Machtbereich des Todes und der von ihm beherrschten Welt durch das Wunder der Auferweckung Jesu ereignet hat. War bisher alles Leben in der von der Sünde entstellten Welt dadurch gekennzeichnet, daß die Todesmacht immer wieder über ihren eigenen Herrschaftsbereich hinausgriff und auch die Lebenswelt mit ihrem Dunkel überschattete[285], so dringt nun im Gegenzug das Leben in die Todeswelt vor. Dabei ist eine Bewegung von der Peripherie her bis ins innerste Zentrum auszumachen. Zunächst zeigt das Zeichen der aufgehenden Sonne, wie Gottes Heil über dieser Welt aufscheint und die Trauer und Schatten des Todes vertreibt. Dann weist der vom Grab weggewälzte Stein darauf, daß die Pforten und Riegel des Todes schon aufgesprengt wurden und daß die Todesschranke, die die Welt der Toten von der Welt des Lebens trennte, nicht mehr vorhanden ist. Denn – und hier ist das innerste Zentrum der Scheol berührt – der Tod hat den gekreuzigten Christus nicht festzuhalten vermocht, er wird daher auch die übrigen Toten nicht zurückhalten können. Von jetzt an ist es nur noch eine Frage der Zeit, bis auch die übrigen Toten auferstehen und die Todeswelt gänzlich leergeräumt sein wird. Als sprechendes Zeichen hierfür dient die Schilderung, wie die trauernden Frauen den Leib Jesu im Grab suchen, aber nicht finden,

285 Vgl. Chr. Barth, Errettung (s. Anm. 5), S. 70: »Das Totenreich beschränkt sich nicht, wie irgendein Weltteil, auf einen besonderen, ihm zugewiesenen Raum. Zu seinem Wesen gehört ein ständiges über-die-Ufer-treten, ein Bedrohen, Angreifen und Erobern von Räumen, die eigentlich der Lebenswelt angehören.«

und stattdessen nach Galiläa gewiesen werden, wohin ihnen der Auferstandene vorausgeht. In einem Leben, das seinen Spuren folgt, und nicht bei den Toten, werden die Seinen ihrem auferweckten Herrn neu begegnen.[286] Doch die drei Frauen fliehen voller Entsetzen. Dieses Wunder ist noch zu groß und unbegreiflich für sie.

Die Zeichen allein können – so verdeutlicht diese Erzählung – den Osterglauben nicht wecken. Sie können ihn aber bei denen, die durch das Wort der Apostel erreicht wurden, d. h. den Hörern und Lesern des Evangeliums, vertiefen. Wie durch ein Fenster soll die angesprochene christliche Gemeinde durch diese am Ende des Markusevangeliums erzählte Geschichte hindurchsehen und verstehen: der Tod hat seine Macht bereits verloren, über der von ihm beherrschten und überschatteten Welt leuchtet schon jetzt die Sonne des Lebens.

2. Der Erstgeborene der Toten

Mit dem Wort »Offenbarung«, das dem Werk zugleich seinen Namen gegeben hat, beginnt das letzte Buch des neutestamentlichen Kanons. »Offenbarung Jesu Christi, die Gott ihm gegeben hat, um seinen Knechten zu zeigen, was in Kürze geschehen muß« (Offb 1,1). In diesem Satz steht »Offenbarung« für den griechischen Begriff »apokalypsis«, der wörtlich »Ent-bergung« bzw. »Auf-deckung« bedeutet[287]. Was zuvor verdeckt und verborgen war, wird in der »Apokalypsis« aufgedeckt. Als würde ein Vorhang, der die gött-

---

286 In der Wendung: »Er wird euch vorangehen ...« vermutet W. Grimm, Markus (s. Anm. 277), S. 20.122, eine Anspielung auf 2. Mose 23,20, wo – im Zusammenhang der Sinaioffenbarung – dem Volk Israel das Vorausgehen eines Engels auf dem Weg in das verheißene Land von Gott zugesagt wurde. »Den orientierungslosen und konfusen Jüngern weist das Wort des Engels einen ersten Weg, auf dem ihr Meister gleichsam als unsichtbarer, aber doch wirksamer Schutzengel mitziehen wird, bis sie schließlich die Osterwahrheit, daß und wie Er lebt, – in Galiläa – erkennen werden« (S. 20).

287 Vgl. A. Oepke, Art. ἀποκαλύπτω, ThWNT III, S. 565–597: 579 f. 593–596. W. Mundle, Art. Offenbarung, TBLNT II/1, S. 985–989.

liche Wirklichkeit menschlichem Sehen und Begreifen verhüllt, plötzlich aufgezogen, so tritt im Geschehen der Offenbarung bisher Verborgenes – für einen Augenblick jedenfalls – ans Licht. Die Offenbarung, von der das Buch handelt, ist dem Seher Johannes gezeigt worden, und sie geht, wie die Genitivverbindung andeutet, von Jesus Christus aus. Er ist Subjekt des Geschehens, in dem Johannes Einblick in das Verborgene gewährt wurde. Zugleich ist Christus – verstehen wir die Wendung im Sinn eines genitivus objectivus – aber auch Inhalt der gegebenen »Aufdeckung«. Ihn, dessen Macht und Ehre bereits im Himmel ausgerufen wurde (vgl. Offb 5,8–13), verkündigt sie, ebenso aber auch den, der »in Kürze« zum Gericht über alle widergöttlichen Mächte erscheinen wird (19,11–21). So handelt die Offenbarung des Johannes von der Gegenwart und der Zukunft. In ihr ist niedergelegt, »was ist und was geschehen soll danach« (1,19), wie sich nämlich die im Himmel schon ausgerufene Herrschaft Christi in einem dramatischen Prozeß auch auf der Erde gegen alle gottfeindlichen Widerstände durchsetzt (Kap. 6– 20) und den neuen Himmel und die neue Erde herbeiführt (Kap. 21 f.).[288]

Das als »Offenbarung« eingeführte letzte Buch der Bibel hat aber auch brieflichen Charakter. Was dem Seher Johannes auf der Insel Patmos von Christus zu sehen gegeben worden ist, teilt er in der Form eines Rundbriefes[289] sieben

288 Häufig wird V. 19 so verstanden, daß sich die Worte »was ist« auf die sieben Sendschreiben (Kap. 2–3) beziehen, während die Wendung: »und was hernach geschehen wird«, die ab Kap. 4 geschilderten zukünftigen Ereignisse meint. Doch scheint mir dies eine zu formale Erklärung. Nach apokalyptischem Denken (vgl. F. Hahn, Apokalyptik [s. Anm. 126], S. 159) ist das, was am Ende sein wird, schon gegenwärtig – den Erdenbewohnern verborgen – in der himmlischen Welt präsent. Auf diesen Sachverhalt ist m. E. die Formulierung in V. 19 zu beziehen. »Was (bereits jetzt) ist und was geschehen soll hernach«, ist das Herr-Sein Jesu Christi.

289 J. Roloff, Die Offenbarung des Johannes, ZBK NT 18, Zürich ^{2}1987, S. 41 f., hat gezeigt, daß die in den Sendschreiben angesprochenen sieben Gemeinden auf einer für antike Verhältnisse »relativ bequemen Rundreiseroute« angeordnet waren, so daß der Schluß, die Offenbarung sei »als Rundbrief« konzipiert worden, naheliegt.

namentlich genannten Gemeinden in Kleinasien mit, deren Situation durch Bedrängnisse, die kommende Christenverfolgungen ahnen lassen, gekennzeichnet ist. Nach Meinung der meisten Exegeten wurde die Schrift am Ende der Regierungszeit Domitians abgefaßt, in der sich die Auseinandersetzungen um den im Osten bereits verfügten Kaiserkult abzuzeichnen beginnen.[290] In den sog. Sendschreiben (Offb 2 und 3), in denen jede der sieben Gemeinden besonders angeredet und auf ihre Glaubenstreue hin beurteilt wird (vgl. 2,13; 3,10), sowie in der Vision von den beiden Tieren (Offb 13,4–9. 12–17) kündigt sich diese Situation bereits an.

Wie die Paulusbriefe beginnt die Offenbarung des Johannes nach den einleitenden Sätzen mit einem Briefeingang, dem sog. »Präskript«, in dem der Absender und die Adressaten genannt werden und daraufhin der Friedensgruß folgt. »Gnade sei mit euch und Friede von Gott, unserem Vater, und dem Herrn Jesus Christus« (vgl. Röm 1,7b; 1. Kor 1,3; 2. Kor 1,2 u. ö.). Während Paulus gewöhnlich die Absender- und Empfängerangaben durch Zufügungen genauer ausgestaltet, ist es in der Offenbarung der Friedensgruß, in dem der Verfasser die Botschaft seines Buches durch modifizierende Zusätze vorweg entfaltet. »Gnade sei mit euch und Friede von dem, der da ist und der da war und der da kommt, und von den sieben Geistern, die vor seinem Thron sind« (1,4). An die Stelle der Rede von Gott, »unserem Vater«, tritt hier eine Umschreibung, die auf den JHWH-Namen und seine Offenbarung in 2. Mose 3,14 Bezug nimmt. Gott, der seine Gegenwart und Nähe in seinem Namen: »Ich werde sein, der ich sein werde«, Mose zugesagt hat, wird hier als der beschrieben, der alle Zeit umgreift. Allerdings fällt in dieser »Drei-Zeiten-Formel«[291] das dritte Glied besonders auf. Es heißt nicht, daß Gott, »der ist und der war«, auch »sein wird«, sondern daß er »kommt«. Der Seher denkt trotz der griechisch klingenden Formel Gottes Sein nicht als ein bewegungslos in sich ruhen-

290 Vgl. J. Roloff, a. a. O., S. 17–19.
291 U.B. Müller, Die Offenbarung des Johannes, ÖTK 19, Gütersloh 1984, S. 72.

des Unveränderlich-Sein, sondern alttestamentlich dynamisch im Sinn seiner wirkenden Kraft. Gott ist der lebendig wirkende Gott, der mit seiner Herrschaftsmacht auf diese Welt zukommt und ihr als Richter und Retter begegnet. Die Hoheit dieses Gottes, der, von himmlischen Wesen umgeben, über seiner Schöpfung thront, wird durch die Erwähnung der sieben Geister – Thronengel, die dienend um ihn sind (Offb 4,5) – angedeutet.

Noch ausführlicher als der Gottesname wird in Offb 1,5 f. der Christusname entfaltet. Redet der traditionelle Friedensgruß »von Gott, unserem Vater, *und dem Herrn Jesus Christus*«, so wünscht der Seher Johannes den sieben Gemeinden Gnade und Friede von »Jesus Christus, dem treuen Zeugen, dem Erstgeborenen der Toten und Herrscher über die Könige der Erde« (1,5). Wieder fallen die unüblichen Wendungen auf. Der Verfasser bedient sich nicht der gebräuchlichen theologischen und christologischen Titel, sondern formuliert – auf der Grundlage alttestamentlicher Zitate – eigenständig und neu. Hier sind es drei Prädikationen, mit denen Johannes Leben und Werk Christi umschreibt. Dabei blickt die erste Aussage »treuer Zeuge« auf Jesu irdisches Wirken und vor allem seinen Tod zurück.[292] Als Zeuge *(martys)* Gottes (vgl. auch Offb 3,14) ist Christus ganz für Gott eingetreten und hat am Ende seines Lebens sein Zeugnis sogar mit dem Tod bestätigt, wie dann später in seiner Nachfolge auch die menschlichen »Zeugen« (Märtyrer) ihr Glaubenszeugnis mit dem Tod besiegeln (Offb 2,13; 17,6). Aber er ist nicht im Tod geblieben, sondern – so lautet die zweite Aussage – der »Erstgeborene der Toten«[293] geworden. Dies ist eine Formulierung aus Psalm 89,28 (88,28 LXX), die ursprünglich auf den König David bezogen war: »Ich aber will ihn zum Erstgeborenen machen, zum Höchsten unter den Königen der Erde«. In Ps 89,28 ist der »Erstgeborene« ein Hoheitsname, der die Stellung Davids vor allen anderen Königen der Erde zum Ausdruck bringt. Durch die Zufügung »aus den Toten«

292 Vgl. T. Holtz, Die Christologie der Apokalypse des Johannes, TU 85, Berlin ²1971, S. 55–57.

293 Einige Bibelhandschriften lesen: »der Erstgeborene *aus* den Toten«.

und die Übertragung auf Christus ist aus diesem Würdenamen eine Auferstehungsaussage geworden. Er, den Gott von den Toten auferweckte, ist als der Erste »aus den Toten« neu geboren worden. Gottes Geist hat ihn neu belebt und vor allen anderen auferstehen lassen. Aber auch jetzt noch klingt der Gedanke der Erhöhung an, wie die dritte Aussage, die ebenfalls aus Psalm 89,28 stammt, zeigt. Der zum »Erstgeborenen« erkorene König David wurde von Gott als »Höchster unter den Königen der Erde« eingesetzt. Eben dies wird nun auch von Christus gesagt. Mit seiner Neugeburt aus dem Tod wurde er zum »Herrscher über die Könige der Erde« erhöht. Gott läßt ihn an seinem Leben und seiner Machtfülle teilhaben, so daß er nun über alle gottfeindlichen Könige und Mächte herrscht. – Was dies für die angeredeten kleinasiatischen Gemeinden konkret bedeutet, bringt die in V. 6 folgende Doxologie zum Ausdruck. Sie sind, obwohl in ihrer gegenwärtigen Lebenssituation zutiefst angefochten und bedroht, von Christus, dem »König aller Könige« (vgl. 19,16), geliebt und durch sein Blut von ihren Sünden erlöst. Auch wenn sie noch unter den Königen und Machthabern dieser Welt leben und leiden müssen, bilden sie als Gemeinden Jesu Christi schon sein Königsterritorium, in dem er allein regiert und in dem sie wie Priester den unmittelbaren Zugang zu Gott, dem Vater, haben.

Die aus Psalm 89,28 entwickelte Bezeichnung Christi als des »Erstgeborenen der Toten« qualifiziert Jesus nicht nur in seinem Verhältnis zu Gott, sondern stellt ihn zugleich in eine Beziehung zu den Menschen. Als Erstgeborener steht Christus in einer Kette mit vielen Geschwistern, die nun, nachdem er den Weg aus dem Tod ins Leben gebahnt hat, ihm nach den gleichen Weg gehen können. In dieser Bedeutung findet sich die gleiche Wendung auch in anderen Schriften des Neuen Testaments, so etwa bei Paulus, der in Röm 8,29 Christus den »Erstgeborenen unter vielen Brüdern« nennt[294]. Wie Gott Jesus von den Toten auferweckt hat, wird

294 Sinnverwandt mit dieser Wendung ist bei Paulus die Rede von Christus als dem »Erstling der Entschlafenen« in 1. Kor 15,20. Auf sie wird unten, S. 161 f., näher eingegangen.

er auch die »sterblichen Leiber« der Geschwister Jesu lebendig machen durch seinen schöpferischen Geist (vgl. Röm 8,11; 1. Kor 6,14; 2. Kor 4,14). In der Einleitung des Hebräerbriefes ist der Titel »Erstgeborener« ohne einen Zusatz, absolut, gebraucht (Hebr 1,6). Hier ist an das Kommen Christi bei seiner Parusie gedacht und wie in Psalm 89,26 die Hoheit des so Genannten unterstrichen.

Die weitreichenden Perspektiven, die in der Rede vom Erstgeborenen der Toten angelegt sind, werden im Christushymnus des Kolosserbriefes (Kol 1,15–20) ausgezogen[295]. Hier wird Christus nicht nur der »Erstgeborene aus den Toten« genannt (Kol 1,18), er ist zugleich der »Erstgeborene der ganzen Schöpfung« (Kol 1,15). Denn was sich mit seinem Kreuz und seiner Auferstehung ereignet hat, war von Anfang an in Gottes Plan mit seiner Welt eingeschlossen. Gott hatte Christus schon bei sich – dieser war schon in Gott da –, als der Ewige das All gründete, und auf ihn hin wurde alles erschaffen. Daher dient das Blut Christi, das am Kreuz vergossen wurde, auch der Friedensstiftung mit dem Ganzen. Die Fülle der Gottheit, die in Christus Wohnung nahm, hat durch ihn alles, was im Himmel und auf Erden ist, mit sich selbst versöhnt (Kol 1,20). Als »Erstgeborener von den Toten« ist Christus daher der Erste, an dem das Leben der neuen Schöpfung zur Erscheinung kommt. Ihm nach wird einmal alles, was mit Gott versöhnt wurde, an der gleichen Auferstehungsherrlichkeit teilhaben, »sei es, was auf Erden, sei es, was in den Himmeln ist«, die ganze belebte und unbelebte Welt.

3. *Ich habe die Schlüssel zum Tod und zur Unterwelt*

Im apokryphen Nikodemusevangelium[296] wird der Sieg Christi über die Totenwelt in einer dramatischen Erzählung

---

295 Zur Analyse dieses Textes vgl. G. Kittel, Der Name II (s. Anm. 112), S. 214–218.

296 W. Schneemelcher (Hg.), Neutestamentliche Apokryphen (s. Anm. 250), S. 330–358: 348–353. Das sog. Nikodemusevangelium besteht aus den seit dem 4. Jahrhundert bezeugten Pilatusakten und dem in

beschrieben. Schauplatz der Handlung ist die Unterwelt, in der alle Verstorbenen seit Adam zusammen sind. Plötzlich dringt zur Mitternacht in die dortige Finsternis ein helles Licht, das die versammelten Patriarchen und Propheten in freudige Erwartung versetzt. Anders reagieren dagegen Satan und Hades auf dieses Vorzeichen. Gibt sich Satan zunächst noch der Hoffnung hin, der durch sein Betreiben gekreuzigte Jesus könne nun für immer in der Totenwelt eingesperrt werden, beschwört Hades ihn, diesen Menschen nicht in das Totenreich zu bringen, da er seine Macht zerstören wird. Und eben dies geschieht. Während die beiden noch diskutieren, ertönt eine gewaltige Stimme, die Hades mit den Worten aus Psalm 24,7 auffordert, seine Tore zu öffnen, da der König der Herrlichkeit einziehen will. Als Hades das hört, gibt er seinen Dienern den Befehl, die ehernen Pforten zu verrammeln, eiserne Querbalken vorzuschieben und die Verschlüsse zu bewachen. Aber all diese Vorkehrungen nützen ihm nichts. Während die Tore des Hades zerschlagen, die eisernen Querbalken zerbrochen und alle gefesselten Toten von ihren Banden erlöst werden, zieht Christus als König der Herrlichkeit in die Totenwelt ein, »und alle dunklen Winkel des Hades wurden licht«. Daraufhin wendet sich Christus dem Urvater Adam zu, richtet ihn auf und steigt mit ihm und den übrigen Toten aus der Unterwelt empor.

Auf den ersten Blick scheint dies eine bizarre Erzählung, die sich weit von der kanonischen Literatur des Neuen Testaments entfernt hat. Schaut man jedoch näher hin, kann man entdecken, wie hier nur in eine dramatische Bildergeschichte übersetzt ist, was das urchristliche Bekenntnis, daß Christus begraben wurde und am dritten Tage auferstand (vgl. 1. Kor 15,3b–5), von Anfang an meint. Christus hat,

---

einer späteren griechischen Handschrift zugefügten, auch »Höllenfahrt« genannten, Abstieg in die Totenwelt (F. Scheidweiler, Nikodemusevangelium. Pilatusakten und Höllenfahrt, in: W. Schneemelcher, a. a. O., S. 330–333). In ihm ist davon berichtet, wie die mit Adam und den anderen Toten aus dem Hades befreiten Söhne Symeons den Hohenpriestern das oben im Text Wiedergegebene erzählen.

indem er in die Totenwelt einging, die Macht des Todes zerbrochen. Sein Tod und seine Auferstehung bahnen den an ihn Glaubenden den Weg zum Leben. In einem eindrucksvollen Bildwort wird diese Bedeutung des Todes und der Auferweckung Christi im letzten Buch der Bibel ausgesagt.

Nach dem Briefeingang[297] folgt in der Offenbarung des Johannes die Schilderung, wie der Seher von Christus zum Aufschreiben seiner Prophetie beauftragt wurde (Offb 1,9–20). Ähnlich den alttestamentlichen Propheten, die durch den Bericht von ihrer Berufung ihr Auftreten und ihre Botschaft als von Gott kommend legitimierten, erzählt auch Johannes, wie er auf Patmos »vom Geist des Herrn« ergriffen wurde und den Befehl erhalten habe, seine Gesichte in ein Buch zu schreiben, das er an sieben Gemeinden in Asien senden soll (Offb 1,11 und 19). Als der Seher im Rücken die Stimme eines Engels hört und sich daraufhin umblickt, schaut er eine Gestalt, einem »Menschensohn« ähnlich[298], die inmitten von sieben goldenen Leuchtern[299] steht und mit den Insignien göttlicher Macht dargestellt ist: »In seiner rechten Hand hielt er sieben Sterne, und aus seinem Mund ging ein zweischneidiges scharfes Schwert hervor, und sein Angesicht war, wie die Sonne scheint in ihrer Kraft.« Es ist der erhöhte Christus, der hier, als Weltherrscher[300] und Richter gezeichnet, im göttlichen Glanz erscheint. Er wendet sich dem zu seinen Füßen niedergesunkenen Seher zu und stellt sich mit einem Offenbarungswort vor:

---

297 S. o. S. 136 ff.

298 Die Gestalt ist dem Menschensohn im Danielbuch sehr ähnlich. Vgl. Offb 1,13–15 mit Dan 7,9; 10,5 f.

299 Nach Offb 1,20 verweisen die Leuchter auf die sieben angeredeten Gemeinden, deren Glaubensgehorsam durch dieses Bild symbolisiert sein könnte.

300 Vgl. E. Lohse, Die Offenbarung des Johannes, NTD 11, Göttingen [15]1993, S. 20: »Wahrscheinlich ist dabei (den sieben Sternen) an ein zusammenhängendes Sternbild zu denken, etwa das des Kleinen Bären, das als Sinnbild für Macht und Herrschaft angesehen wurde.« Ähnlich deutet J. Roloff, Offenbarung (s. Anm. 289), S. 43.

Fürchte dich nicht!
Ich bin der »Erste«[301] und der Letzte und der Lebendige.
Ich war tot, und siehe, ich bin lebendig in alle Ewigkeiten,
und ich habe die Schlüssel zum Tod und zur Unterwelt.
(Offb 1,17 f.)

In zwei Sätzen von je drei Gliedern beschreibt dieses Ich-bin-Wort das Sein und Wirken des erhöhten Christus. Er ist »der Erste und der Letzte«. Prädikate, die im Alten Testament nur Gott zukommen (vgl. Jes 41,4; 44,6; 48,12) und die auch in der Offenbarung mit Gott verbunden werden (Offb 1,8; 21,6), sind hier auf Christus übertragen. Das gilt auch für die dritte Aussage, in der Christus »der Lebende« genannt wird. Gott ist nach dem Zeugnis des Alten Testaments der lebendige Gott (Jos 3,10; 5. Mose 32,40; Ps 42,3; 84,3), der – etwa im Unterschied zu den heidnischen Göttern – wirkend eingreift und Leben schafft, ja, die »Quelle des Lebens« selber ist (Jer 1,13; Ps 36,10). Doch nun ist der Menschensohn in dieses Leben Gottes aufgenommen worden und hat an seiner alle Zeit und Geschichte übergreifenden Herrschaftsmacht teilbekommen.Wie dies geschah, sagt der zweite Satz, der den ersten expliziert und vor allem das dritte Prädikat: »der Lebende«, begründet. Wieder sind drei Aussagen nebeneinander gestellt, die ähnlich den Christus-Prädikationen im Briefeingang (Offb 1,5) das Sterben, die Auferweckung und die Erhöhung in den Blick nehmen. Dabei richtet sich das Augenmerk besonders auf die dritte Aussage. Er, der dem Tod preisgegeben war, und dann an dem Leben Gottes, dem Leben »in alle Ewigkeiten«, teilgewann, besitzt nun die »Schlüssel des Todes und des Hades«[302].

301 Einige Handschriften lesen – vermutlich in Anlehnung an Offb 1,5 – der »Erstgeborene«.

302 Man hat immer wieder Offb 1,18c als Hinweis auf eine *Höllen*fahrt Christi verstanden und in ihr eine zusätzliche Episode nach dem Tode Jesu gesehen. Auch in Luthers Übersetzung ist an dieser Textstelle von Tod und *Hölle* die Rede. Doch im griechischen Urtext steht in 1,18c das Wort »Hades«, die griechische Übersetzung des hebräischen Begriffes »Scheol«. Tod und Hades, als Doppelausdruck zusammengefaßt, geben die beiden Aspekte (Macht und Raum) wieder, die schon

Hier ist ein gewaltiges Bild gezeichnet, das sich von den altorientalischen und alttestamentlichen Todesvorstellungen her unmittelbar erschließt. Doch gerade dieses Bild (V. 18c) ist in seiner Deutung erheblich umstritten. Kontrovers ist in der Exegese zum einen die Frage, wie die Genitive grammatisch zu bestimmen sind. Handelt es sich um Schlüssel *zu* Tod und Todeswelt (genitivus objectivus), oder sind es Instrumente, die die Todesmächte besitzen (genitivus subjectivus)? Mit der Entscheidung dieser Frage hängt zusammen, ob Tod und Hades als personifizierte Mächte aufzufassen sind, oder ob es sich um Räume handelt, zu denen mit Hilfe der Schlüssel die Türen geöffnet werden. Drittens hat mit den beiden Fragen zu tun, ob unsere Textstelle den in der späteren apokryphen Literatur ausführlich geschilderten Eintritt Christi in die Unterwelt[303] und seinen Kampf mit den Todesmächten voraussetzt oder nicht. Während Joachim Jeremias davon ausging, daß Christus nach Offb 1,18 in die Totenwelt hinabgestiegen sei und dort die personifiziert gedachten Mächte Tod und Hades überwunden habe[304], wird dies von anderen Auslegern vehement bestritten[305]. Es handele sich lediglich um ein weiteres Gottesprädikat, das auf Christus übertragen wurde, wenn von den Schlüsseln in seiner Hand geredet wird. Doch man kann die genannten Aspekte nicht alternativ gegenüberstellen! Nach altorientalischem und biblischem Denken hat der Tod immer ein doppeltes Gesicht. Als »mawät« (Tod) verstanden, ist er eine Macht, die auch personifiziert als Ungeheuer oder die Toten weidender Hirte (Ps 49,15) vorgestellt werden kann. Als

---

im Alten Testament mit der Vorstellung des Todes verbunden sind (s. u. Anm. 306). Von einer »Feuerhölle« im Sinn eines besonderen Strafortes für die Verdammten ist hier in keinem Fall die Rede.

303 S. o. S. 139 f. Neben dem Nikodemusevangelium ist der Hadesabstieg Christi auch in anderen Textversionen überliefert, vgl. F. Scheidweiler, Nikodemusevangelium (s. Anm. 296), S. 353–358.

304 J. Jeremias, Art. κλείς (*kleis*),ThWBNT III, S. 743–753: 746. Dieser Deutung folgen auch E. Lohse, Offenbarung (s. Anm. 300), S. 21, sowie J. Roloff, Offenbarung (s. Anm. 289), S. 44.

305 T. Holtz, Christologie (s. Anm. 292), S. 85–88; U.B. Müller, Offenbarung (s. Anm. 291), S. 85 f.

»scheol« (Unland) ist der Tod dagegen wie ein Raum gesehen, der als Ort des Vergessens und des Schweigens jenseits der geschaffenen Welt liegt.[306] Gerade der Doppelausdruck: Tod und Hades, vereint beide Aspekte und weist auf den hintergründigen, unfaßlichen Charakter des Todes hin. Daher schränkt auch der Versuch, die Genitivverbindung in der Wendung »Schlüssel des Todes und des Hades« gemäß unserer Grammatik näher zu bestimmen, den Sinn des Gesagten unzulässig ein. Denn hier schwingen ebenfalls beide Deutungsmöglichkeiten ineinander. Als Todesmächte verstanden, besitzen Tod und Hades die Schlüssel, die der Erhöhte nun in der Hand hat (gen. subj.). Zugleich aber dienen diese Schlüssel dazu, die eben auch als Raum vorgestellte Todeswelt zu öffnen (gen. obj.). Das durch Tore und Riegel verschlossene Reich des Todes, aus dem keiner zurückkehrt, der einmal hinabfuhr, kann von nun an durch Christus, der die Schlüssel seit seinem Ostersieg in der Hand hält, aufgeschlossen werden. Damit ist schließlich die wichtigste Kontroverse angesprochen, ob V. 18 den Abstieg Christi ins Totenreich voraussetzt oder nicht. Gegen diese Auslegungsmöglichkeit wird eingewandt, daß das Offenbarungswort durch keinen Zug eine solche Hadesfahrt andeute[307] und zudem nichts darüber sage, wie Christus in den Besitz der Schlüssel gekommen sei.[308] Doch auch in diesen Einwänden ist die Eigenart des altorientalischen Denkens nicht berücksichtigt. Wie gezeigt wurde, bedeutet für das Verständnis der alten Welt jedes Sterben ein Eingehen in die Totenwelt. Jedes Einzelgrab ist ein kleines Totenreich, hinter dem sich die Scheol als das die vielen konkreten Gräber umfassende »Urgrab« öffnet. Aus diesem Grund hat im urchristlichen Credo (1. Kor 15,3b–5) die Aussage, daß Christus *begraben* wurde,

306 S. o. S. 11 f. Doch können beide Begriffe – so der Hinweis von Chr. Barth, Errettung (s. Anm. 4), S. 70 – auch »promiscue« gebraucht werden: »... der eine Ausdruck redet von einer räumlichen Macht, der andere von einem mächtigen Raum. Der eine zeigt den dynamischen, der andere mehr den räumlichen Aspekt der Todesmacht.«

307 U.B. Müller, a. a. O., S. 86.

308 T. Holtz, a. a. O., S. 85.

solches Gewicht, und eben darum verweist auch das Offenbarungswort 1,18 ausdrücklich auf den Tod des Menschensohnes zurück. Wenn hier der erhöhte Christus sagt: »*Ich war tot*, und siehe ich bin lebendig ...«, so ist in diesem Satz sein Abstieg zu den Toten verkündigt, nicht in der Form eines ausführlich erzählten Dramas, aber doch als selbstverständlich mitgedachtes Vorstellungselement, das zur Rede von seinem Tod unbedingt hinzugehört.

Auch Christus wurde – dies ist die Botschaft des Textes – unter die Macht des Todes ausgeliefert und hat sich somit in dem verschlossenen Kerker der Totenwelt aufgehalten. Aber er ist nicht im Totenreich geblieben, sondern ging – die Schranken der Todeswelt durchschreitend – in das Leben ein, das den Tod ein für allemal hinter sich hat: das Leben in Ewigkeit. Damit aber sind die Tore des Todes auch für die nach ihm Kommenden aufgesprengt worden. Das Bild der Schlüssel in der Hand des Erhöhten zeigt, daß er, der die Pforten und Riegel der Totenwelt durchbrach, als er aus dem Tode auferstand, nun auch die Vollmacht hat, vor anderen die Kerkertüren des Todes aufzuschließen. So »hat der Tod für seine Gemeinde den Schrecken verloren, weil Christus als Inhaber der Schlüssel des Todes und Hades die Macht hat, die Pforten der Totenwelt zu öffnen und die Toten zur Auferstehung zu rufen.«[309]

Das hier entfaltete Verständnis von der Überwindung des Totenreiches durch den Ostersieg Christi ist bis heute in den Ostkirchen bewahrt worden. Wenn in den Ostergebeten der russisch-orthodoxen Kirche[310] die Klage des Hades laut wird, daß seine Macht zerbrochen und die gefangengehaltenen Seelen erlöst seien, wenn vom Jubel der ganzen Schöpfung gesprochen wird, weil »der Herr des Totenreiches gefesselt« wurde, so zeigt dies, wie ungebrochen älteste Traditionen in dieser Kirche lebendig blieben. Es wird aber auch deutlich, daß die Bildwelt unserer Ostertexte über die Jahrhunderte hinweg auch heute noch verstanden werden kann,

309 J. Jeremias, κλεῖς (s. Anm. 304), S. 746.
310 Vgl. E.-M. Bachmann, Machet herrlich sein Lob. Gebete aus der russisch-orthodoxen Kirche, Neukirchen 1987, S. 52–63.

wenn sie bewußt tradiert und – mit allen Sinnen – eingeübt wird. Dies geschieht in der Ostkirche nicht zuletzt durch die ikonographische Darstellung, die Christus als den Sieger über die Mächte des Todes vor Augen stellt. Betrachten wir die Oster-Ikone der orthodoxen Kirche, sind die Bezüge zu Offb 1,18, aber auch zum Nikodemusevangelium, mit Händen zu greifen. In der »Anastasis« genannten Ikone[311] ist Christus im Reich des Todes zu sehen, wie er als Sieger auf den zerbrochenen Toren des Hades steht und Adam seine Hand reicht, um ihn und die anderen Toten aus der Totenwelt heraufzuführen. Unter ihm, in der Finsternis, liegen die Schlüssel des Todes, doch um ihn her wird alles Finstere licht. Dies ist nicht nur die Illustration irgendwelcher apokrypher Motive, hier wird die Osterbotschaft des Neuen Testaments ins Bild gesetzt. Zugleich wird in dieser Darstellung vergegenwärtigt, was in vielen Wiederholungen die Osterliturgie verkündet: »Christus ist auferstanden aus den Toten. Er hat den Tod durch den Tod überwunden und denen, die im Grabe sind, das Leben geschenkt«[312].

---

311 Die Darstellungen variieren. In der auf dem Buchumschlag gezeigten Ikone der Moskauer Schule aus dem 16. Jahrhundert erscheint der auferstandene Christus vor einer grün-blauen Mandorla zwischen zerrissenen Felsen und reicht, begrüßt von den Königen, Propheten und Patriarchen des Alten Bundes, Adam seine rettende Hand. Er steht auf den – kreuzförmig auseinanderklaffenden – Türflügeln des Hades, unter denen der finstere Abgrund des Todes zu sehen ist (und in ihm der Schlüssel und die zerbrochenen Schlösser). Den kreuzförmig gelegten Hadesflügeln zu Christi Füßen korrespondiert auf der oberen Bildhälfte das Kreuz, das der eine der beiden Karfreitagsengel in seiner (verhüllten) Hand trägt, während der andere den Kelch hält. – Christus, so unterstreicht es diese Ikone, ist für die Sünde der Welt gekreuzigt worden und in den Abgrund des Todes hinabgestiegen. Doch der Tod konnte ihn nicht festhalten. Seine Schranken durchbrechend, ist Christus in das Leben Gottes hindurchgedrungen und zieht nun als der aus Gott Lebende Adam und die übrigen Toten in sein himmlisches Leben mit hinein.

312 E.-M. Bachmann, a. a. O., S. 52 u. ö.

4. *Lazarus, komm heraus!*

Als letztes großes Zeichen, das Jesus vor dem Forum der Welt wirkt, wird im Johannesevangelium (Joh 11,1–53) die Auferweckung des Lazarus erzählt.[313] Lazarus, vorgestellt als einer der »Freunde« Jesu (vgl. Joh 15,15), ist krank. Daher senden seine beiden Schwestern Jesus, der sich am Jordan aufhält, eine Nachricht. Doch dieser verzögert ganz bewußt sein Kommen. Lazarus soll sterben, damit an ihm die Herrlichkeit des Sohnes Gottes aufleuchten kann (11,4). Erst zwei Tage später, als Lazarus bereits gestorben ist, macht sich Jesus mit seinen Jüngern auf den Weg nach Judäa. Es ist ein Weg, der zur Auferweckung des Lazarus führt und gleichzeitig demjenigen, der dieses Zeichen wirkt, Leiden und Sterben am Kreuz einbringt.

313 Die Geschichte von der Auferweckung des Lazarus hat keine Parallele in der synoptischen Tradition und scheint, verglichen mit den synoptischen Totenerweckungsgeschichten (Mk 5,22–24.34–43; Lk 7,11–17), durch ihre massive Realistik ins Wunderhafte gesteigert. Vielfach wird – an Spannungen im Text erkennbar – eine vorjohanneische Wundergeschichte angenommen, die der Evangelist seinen theologischen Intentionen dienstbar gemacht haben soll. Einige Forscher weisen diese einer von ihnen angenommenen Zeichen-Quelle zu, die eine Sammlung von Wundergeschichten enthalten habe. Doch ist die Existenz einer solchen Quelle heute mehr denn je umstritten, wie auch die literarkritischen Textaufspaltungen durch den Nachweis des durchgehenden und einheitlichen johanneischen Sprachstils zunehmend infrage gestellt werden. Auch die Versuche einer literarkritischen Analyse der Lazarus-Geschichte haben bisher zu keiner überzeugenden Lösung geführt, wie die unterschiedlichen Ergebnisse bei R. Bultmann, Das Evangelium des Johannes, KEK II, Göttingen [21]1986, S. 301; R. Schnackenburg, Das Johannesevangelium 2, HThK IV/2, Freiburg/Basel/Wien [5]1990, S. 398–402; J. Becker, Das Evangelium nach Johannes, ÖTK 4/2, [3]1991, S. 344–350; J. Gnilka, Johannesevangelium, NEB 4, Würzburg [4]1993, S. 87 f.90; U. Wilckens, Das Evangelium nach Johannes, NTD 4, Göttingen 1998, S. 175, zeigen. Textbasis der hier gegebenen Auslegung ist die im Johannesevangelium jetzt vorliegende Geschichte, die in jedem Fall – ob sie nun im johanneischen Kreis formuliert oder vom Evangelisten durch Umgestaltung vorjohanneischer Tradition redigiert wurde – in ihrer Endgestalt seinen Aussagewillen spiegelt.

Die Erzählung hat zwei Höhepunkte, den zwei Brennpunkten in einer Ellipse vergleichbar. Auf den einen Höhepunkt führt die Begegnungsszene mit Martha zu, der einen der beiden Schwestern des Lazarus (11,17–27). Als diese hört, daß Jesus »kommt«, geht sie ihm entgegen und begrüßt ihn mit einem Satz, der zugleich eine vorwurfsvolle Frage wie auch eine unausgesprochene Bitte enthält: »Herr, wärest du hier gewesen, mein Bruder wäre nicht gestorben!« (11,21). Jesus ist für Martha der Krankenheiler, der *vor* dem Tode zu retten vermag, dessen Macht aber wie die aller anderen Menschen gegen die Realität des eingetretenen Todes nicht mehr ankommt. Daher ist es jetzt zu spät. Oder kann Jesus selbst angesichts des Todes noch etwas ausrichten? Der Zusatz: »Aber auch jetzt weiß ich: Was du bittest von Gott, das wird dir Gott geben« (11,22), zeigt, wie in Marthas Klage unausgesprochen eine noch größere Hoffnung mitschwingt, die Jesus mit der Zusage beantwortet: »Dein Bruder wird auferstehen« (11,23). Doch gerade diese Worte lösen in Lazarus' Schwester nicht Zuversicht, sondern eher Enttäuschung und Resignation aus, wie aus ihrer Reaktion hervorgeht: »Ich weiß wohl, daß er auferstehen wird – bei der Auferstehung am Jüngsten Tage« (11,24). Martha mißversteht die Antwort Jesu im Sinn der jüdischen Erwartung auf eine Auferstehung der Toten am Jüngsten Tage, die sie – da die Erfüllung in weiter Ferne liegt – über den Verlust ihres Bruders nicht zu trösten vermag. Doch hat sie die Worte Jesu richtig verstanden? Jesus korrigiert seine Gesprächspartnerin und hält ihrer Enttäuschung das große Ich-bin-Wort entgegen, in dem er sich selbst als die Auferstehung und das Leben offenbart. »Ich bin die Auferstehung und das Leben. Wer an mich glaubt, wird leben, auch wenn er stirbt ...« (11,25 f.). Alle Verheißungen des alten Bundes, die von der Auferstehung der Toten und dem Leben in der kommenden Welt sprechen, kommen in seiner Person zur Erfüllung.[314]

314 Insofern handelt es sich um eine »Rekognitionsformel«. Was auch immer Martha und mit ihr der Leser unter »Auferstehung« und »Leben« versteht und ersehnt, in Jesus *allein* wird diese Hoffnung erfüllt. Vgl. zur Struktur der Ich-bin-Worte den Exkurs bei R. Schnackenburg,

Schon jetzt ist in ihm das Leben gegenwärtig, über das der Tod keine Macht mehr hat. Wer daher im Glauben an ihn gebunden ist, wird leben, auch wenn er stirbt. Die letzte Schranke des Todes ist für ihn schon durchschritten. Ist Martha fähig, sich auf diesen Glauben einzulassen? Sie antwortet mit dem urchristlichen Bekenntnis, »daß du der Christus bist, der Sohn Gottes, der in die Welt gekommen ist« (11,27), und nimmt damit – im Sinn des Evangelisten – das Wort Jesu voller Vertrauen auf[315].

Der zweite Höhepunkt der Geschichte ist die Auferweckung des Lazarus, die die zeichenhafte Erfüllung dessen bringt, was Jesus in seinem »Ich-bin-Wort« zu Martha gesagt hat. Auch diesem Höhepunkt geht eine Begegnung und ein Dialog voraus. Maria, die bisher – vor Schmerz gelähmt – zu Hause sitzen geblieben ist, wird nun von ihrer Schwester mit dem Hinweis: »Der Meister ist da und ruft dich« (11,28), herbeizitiert. Jetzt steht auch sie eilends auf und »kommt« zu Jesus. Wie Martha richtet sie an ihn die vorwurfsvolle Frage: »Herr, wärest du hier gewesen ...« (11,32), doch irgendeine weiterführende Hoffnung artikuliert diese Schwester nicht. Sie beginnt zu weinen, woraufhin Jesus – durch ihren Schmerz wie den der sie begleitenden Trauerbesucher affiziert – in Trauer und Zorn gerät (11,33). Er trauert nicht darüber, daß Lazarus gestorben ist und er nun nicht mehr helfen kann, wie die begleitenden Juden mei-

---

Herkunft und Sinn der Formel ego eimi (ich bin), in: Johannesevangelium II (s. Anm. 313), S. 59–70; J. Blank, Das Evangelium nach Johannes 2, GSL.NT 4/2, Düsseldorf [2]1986, S. 77–81; G. Kittel, Der Name II (s. Anm. 112), S. 158–160. In Joh 11,25 f. sind die Heilsbilder »Auferstehung« und »Leben« primär auf die alttestamentlichen Erwartungen bezogen, wie überhaupt das Johannesevangelium vorrangig im Horizont des Alten Testaments und der frühjüdischen Überlieferungen zu lesen ist (vgl. U. Wilckens, a. a. O., S. 10 f.).

315 Die Gewißheit ihres Glaubens wird zusätzlich durch die perfektische Formulierung unterstrichen. Martha antwortet in V. 27: »Ich *habe geglaubt*, daß du bist der Christus ...«, d. h. ich glaube es ganz fest, ich bin zu dem Glauben gekommen. Eine ähnliche perfektische Formulierung findet sich auch in Joh 6,69. Dort spricht Petrus im Namen der Zwölf das Bekenntnis aus: »Und wir *haben geglaubt* und erkannt: Du bist der Heilige Gottes«»

nen (11,36 f.), sondern ist »ergrimmt«[316] (11,33.38) über den Unglauben und hemmungslosen Schmerz Marias und der anderen. Daher schreitet er nun zur Tat und gibt – trotz des Einwandes Marthas, die offen auf den Verwesungszustand des Leichnams ihres Bruders hinweist – den Befehl, das Grab des Lazarus zu öffnen (11,39). Martha aber erinnert er an den von ihr zuvor bekannten Glauben und seine Zusage. »Wenn du glaubst, wirst du die Herrlichkeit Gottes sehen« (11,40). So schließt sich das Ende der Geschichte wieder mit dem Anfang zusammen und nimmt den Satz auf, der in 11,4 von der Herrlichkeit Gottes und des Sohnes gesprochen hat.

Die Geschichte von der Auferweckung des Lazarus – vorerst nur bis zu V. 40 gelesen – stellt sich als eine Erzählung dar, die voller geheimer Anspielungen, bewußter Mißverständnisse und Doppeldeutungen ist. Schon in der Einleitung heißt es, daß die Krankheit, die Lazarus sterben läßt, »nicht zum Tod« sei, sondern der »Herrlichkeit Gottes« diene, »damit der Sohn Gottes durch sie verherrlicht werde« (11,4). Alles, was hier geschieht, soll also als Fingerzeig aufgenommen werden, der auf das Persongeheimnis des Sohnes gerichtet ist.[317] Auch scheinbar nebensächliche Einzelheiten, Dialogfetzen, Mißverständnisse, sogar Ortsangaben haben diesen verweisenden Sinn. Sie wollen den Leser zum Aufmerken veranlassen und ihm zeigen, daß hinter dem vordergründigen Sinn eine tiefere Wahrheit verborgen ist, in die er sich hineindenken soll. So eröffnet Jesus am Beginn der Geschichte seinen Jüngern sein Wissen, daß Lazarus sterben wird, mit den Worten: »Lazarus, unser Freund schläft; aber ich gehe hin, um ihn aufzuwecken« (11,11). Diese aber mei-

316 Nach J. Blank, Das Evangelium nach Johannes, GSL. NT 4/1b, Düsseldorf 1981, S. 272 f., äußert sich in dem Ergrimmen Jesu »die Erschütterung angesichts der Todesmacht und des ausweglosen Nicht-Glaubens«.

317 Vgl. J. Blank, a. a. O., S. 260: »Jesu erste Reaktion auf die Nachricht von der Krankheit des Lazarus ist zugleich der erste Hinweis, auf welcher Ebene man die Geschichte sehen und verstehen muß, nämlich auf der Ebene der theologischen Kerygmatik.«

nen, daß Lazarus, wenn er schläft, doch gesund werden muß (11,12). Sie verstehen noch nicht, daß Jesus von Lazarus' Tod und Auferweckung redet (11,13). Doch um Lazarus zum Leben zu erwecken, muß Jesus nach Judäa ziehen, dorthin, wo er leiden und sterben wird. Daher fürchten die Jünger diesen Aufbruch und gehen dann mit, »um mit ihm zu sterben« (11,8.16). Sie haben die Gefahren dieses Weges für Jesus und sich selbst vor Augen und sehen nicht, daß Jesus, das »Licht der Welt« (8,12; 11,9 f.), bei ihnen ist, sie sich also gar nicht »stoßen« können. Von Bethanien, dem Zielpunkt ihrer Wanderung und Wohnort des Lazarus und seiner Schwestern, wird betont gesagt, daß es »nahe bei Jerusalem« war, »etwa eine halbe Stunde entfernt« (11,18). Wie nahe der Ort der Auferweckung des Lazarus (Bethanien) und der Ort der Kreuzigung Jesu (Jerusalem) tatsächlich beieinanderliegen, nicht nur geographisch, sondern im theologischen Sinn, zeigt dann die Nachgeschichte (11,47–53), die den Todesbeschluß des Hohen Rates mit der Auferweckung des Lazarus zusammenbindet (11,50 f.). Auch die seltsamen Angaben über die Ankunft Jesu in Bethanien bzw. sein Verbleiben am Rand des Ortes, die häufig zu literarkritischen Überlegungen Anlaß geben[318], haben einen hintergründig theologischen Sinn. Jesus zieht nicht in Bethanien ein, sondern er »kommt« auf den Ort zu; daher macht sich Martha auf und »geht ihm entgegen« (11,20)[319], wie es das Gleichnis vom kommenden Herrn und seiner Einholung durch die ihn erwartende Gemeinde erzählt (Mt 25,1.6)[320]. Auch Maria muß, um dem Ruf Jesu folgen zu können, »aufstehen« und »zu ihm kommen« (11,29.31), denn er »war noch nicht in das Dorf gekommen, sondern er war noch an dem Orte, wo

---

318 Als Unausgeglichenheit der Erzählung wird empfunden, daß Jesus nach V. 17 nach Bethanien kommt und Lazarus schon vier Tage im Grab liegend vorfindet, während ihm die beiden Schwestern nach V. 20 und 29 f. entgegengehen, er also noch nicht in das Dorf gekommen ist.

319 Auf diese »leitenden Worte« in Joh 11,17 ff. macht I. Baldermann, Einführung (s. Anm. 17), S. 235–238, aufmerksam.

320 Vgl. auch 1. Thess 4,17, wo Paulus den gleichen Begriff für die Entrückung »dem Herrn entgegen« bei der Parusie Christi gebraucht.

ihm Martha entgegengegangen war« (11,30). Wie Martha die Antwort Jesu in 11,23 mißversteht, wurde oben schon gezeigt. Aber auch die Maria begleitenden Juden mißdeuten Jesu Verhalten (11,33–35). Sie meinen, daß Jesus genauso um Lazarus weint wie die trauernden Schwestern, und fragen vorwurfsvoll, ob derjenige, der dem Blinden die Augen öffnete, nicht hätte bewirken können, daß Lazarus nicht sterben mußte (11,36 f.). Sie wissen nicht, daß Jesus in Wirklichkeit über sie und ihren Unglauben weint[321], er, der sich anschickt, Lazarus vom Tod zu erwecken.

Mit all diesen Anspielungen und Doppelsinnigkeiten sind die Leser und Hörer des Evangeliums angesprochen. Sie sollen durch das Gesagte und Angedeutete, durch Mißverständnis und Unverständnis der beteiligten Personen hindurchblicken und erkennen, daß in Jesus Gottes Schöpfer- und Auferstehungsmacht in diese Welt gekommen und nun dabei ist, die Welt aus ihrer Sünde und dem Tod zu erlösen. Daher wird Jesu Ankunft geschildert wie das Kommen des zur Parusie erscheinenden Herrn, der die Toten zur Auferstehung ruft, der aber auch über den Unglauben und die Blindheit der Menschen ergrimmt ist. Ihm gegenüber können die Seinen nicht in Unglaube und Trauer verharren. Sie müssen sich rufen lassen, aufstehen und ihm entgegengehen. Wenn sie dies tun, werden sie erfahren, wie in Jesus Gottes Lebensmacht die Todesschranken durchbricht und die in den Todesbanden Gefesselten befreit. Daher läßt sich Jesus am Ende der Geschichte zu der Grabstelle des Lazarus führen und vollbringt hier das Zeichen[322], das noch deutlicher als alle vorangegangenen Wunderzeichen offenbart, daß die

---

321 So deutet auch J. Blank, a. a. O., S. 273.

322 Im Johannesevangelium werden die Wundertaten Jesu ausdrücklich *semeia*, d. h. Zeichen, genannt. Sie wollen nicht als sensationelle Ereignisse betrachtet werden, sondern weisen über sich hinaus auf den, dessen verborgenes Wesen und Wirken in ihnen zeichen- und gleichnishaft zur Anschauung kommt. Vgl. die Exkurse bei R. Schnackenburg, Die johanneischen »Zeichen«, in: Das Johannesevangelium 1, HThK IV/1, Freiburg/Basel/Wien ^{7}1992, S. 344–356, und J. Blank, Zum johanneischen Wunderverständnis, in: Das Evangelium nach Johannes 1a, GSL.NT 4/1a, Düsseldorf 1981, S. 184–192.

Schöpferkraft Gottes in ihm und durch ihn in die Todeswelt eindringt und diese überwindet.

Auch diese letzte Szene der Lazarusgeschichte (11,38–44) ist voller Hintersinn. Wie das Grab Jesu, das die Frauen am Ostermorgen besuchen (Mk 16,1 ff.; Joh 20,1 ff.), wird die Grabstelle des Lazarus als eine Grabhöhle beschrieben, die mit einem Stein verschlossen ist. Während jedoch in der Ostergeschichte der Stein auf wunderbare Weise weggerollt wurde, gibt hier Jesus den Befehl, den Stein wegzuheben (11,39.41). Doch kann man das machen angesichts eines Toten, der schon vier Tage im Grab liegt, dessen Leib daher bereits in den Prozeß der Verwesung übergegangen ist? Den diesbezüglichen Einwand der Martha beantwortet Jesus mit dem Hinweis auf die Herrlichkeit Gottes (11,40). Das Leben aus der Auferstehung, zu dem er ruft, ist nicht davon abhängig, ob der Leib eines Toten bereits in Verwesung begriffen ist oder nicht, ob es sich um den dritten oder einen späteren Tag handelt. Dann richtet Jesus seine Augen zu Gott, seinem Vater. Aber er spricht kein Bitt-, sondern ein Dankgebet, das seine Wirk- und Wesenseinheit mit Gott zeigt (11,41 f.).[323] Jesus ist sich allezeit der Erhörung durch Gott gewiß, denn er ist in ihm, nicht unter ihm, der Sohn, durch den der Vater selbst spricht und handelt. So, in der Einheit mit Gott dem Schöpfer, der dem Nichts ruft, daß es sei[324], und der die von ihm Erwählten bei ihren Namen kennt[325], ruft Jesus mit lauter Stimme in die Grabhöhle hinein: »Lazarus, hierher, heraus!« (11,43 wörtlich). Wonach sich Hiob angesichts seines Leidens sehnte, daß Gott ihn, den vergänglichen Menschen,

---

323 Vgl. U. Wilckens, a. a. O. (s. Anm. 313), S. 180: »Bereits in dieser Gebetsgeste V. 41 tritt seine (scil. Jesu) Einheit mit dem Vater hervor, erst recht in seinen Gebetsworten. Der Dank, daß der Vater ihn hört, ist zwischen Vater und Sohn eine Sache ihrer ständigen Verbindung von Anfang an (vgl. 1,51!).«

324 Vgl. Röm 4,17. Daß Gott die Toten lebendig macht und das Nichtseiende ruft, ist eine alttestamentlich-jüdische Gottesaussage. Vgl. Jes 48,13; syr. Baruch 21,4; 48,8 (in: E. Kautzsch, Apokryphen II [s. Anm. 194], S. 419. 428) und die 2. Benediktion im Achtzehn-Bitten-Gebet (s. o. Anm. 195).

325 Vgl. Jes 43,1.

auch im Tode noch rufen und an ihn denken möge (Hi 14,14 f.), geschieht hier durch Jesus an dem gestorbenen Lazarus. Er, der das Fleisch gewordene Wort Gottes ist, das in sich selbst Leben hat und Leben schenkt (Joh 1,4; 5,26), ruft Lazarus aus der Todeswelt heraus. »Und der Verstorbene kam heraus, gebunden mit Grabtüchern an Füßen und Händen, und sein Gesicht war verhüllt mit einem Schweißtuch« (11,44). Auch diese Schilderung des im Tod gebundenen Lazarus läßt die biblischen Todesmetaphern deutlich anklingen. Von den »Stricken und Banden des Todes« umwickelt (vgl. Ps 18,6; 116,3), in den »Wehen des Todes« festgehalten (Apg 2,24)[326] und mit durch das Schweißtuch verbundenen Augen, die das Licht nicht mehr sehen (Ps 49,20; Jes 38,11), hatte Lazarus in der Grabeswelt gelegen[327]. Doch nun tritt er, zur Auferstehung gerufen, aus der Todeswelt heraus und wird von den Fesseln des Todes erlöst.[328]

Dieses letzte und größte Wunderzeichen stellt vor Augen, wie Jesus einen gestorbenen Menschen zur Auferstehung ruft – und damit Gott gleicht, der die Toten erweckt. Damit wird das Wort 11,25 f. eingelöst und veranschaulicht, in dem sich Jesus Martha gegenüber als die »Auferstehung und

326 Die »Wogen des Todes« und »Stricke der Totenwelt«, von denen in Ps 18,5 f. und 116,3 im hebräischen Text die Rede ist, werden in der Septuaginta (Ps 17,5 f.; 114,3) mit »Wehen des Todes« und »Wehen des Hades« übersetzt. Allerdings sind auch diese »Schmerzen des Todes« als Fesselungen verstanden, wie die Verben der Sätze zeigen. In Apg 2,24 wird auf Ps 18,5 f. – nach seiner Septuagintafassung – angespielt und die Textstelle auf die Auferstehung Jesu bezogen. Hier ist auch – ähnlich Joh 11,44 – von dem »Lösen« der Fesseln bzw. Wehen des Todes die Rede.

327 Von den Grabtüchern und dem Schweißtuch ist auch in der johanneischen Ostergeschichte 20,5–7 die Rede. Hier sind sie Zeichen dafür, daß Christus die Kerkerhaft des Hades hinter sich ließ. Lazarus muß dagegen noch von den Fesseln des Todes gelöst werden. Vgl. zur Symbolik auch J. Kremer, Lazarus. Die Geschichte einer Auferstehung, Stuttgart 1985, S. 78 f.

328 Nach Jes 42,7 und 49,9 (Septuaginta) soll der zum Licht der Völker bestimmte Knecht Gottes die Augen der Blinden öffnen, die Gebundenen aus ihren Banden und die im Finstern Sitzenden aus dem Kerker herausführen. All diese Motive lassen sich in Joh 11 (und Joh 9) wiederfinden.

das Leben« offenbarte. Diese Selbstoffenbarung wird hier gleichnishaft veranschaulicht, d. h. in ein irdisches Bild übersetzt. Denn vordergründig verstanden, wird Lazarus durch Jesu Handeln nur in ein Leben zurückgerufen, das den Tod noch einmal vor sich hat. »Der Vorgang, wie er hier erzählt wird, trifft die gemeinte Sache in einer Hinsicht *nicht*. Lazarus ist ins natürliche Leben zurückgekehrt ... Das ist noch nicht die Wirklichkeit der ›Auferstehung‹.«[329] Doch als Zeichen in der Sichtbarkeit dieser Welt geschehen, ist die Auferweckung des Lazarus ein Hinweis auf jenes Leben, in dem der Glaubende lebt und leben wird, auch wenn er stirbt.

Der Umstand, daß dieses Zeichen von dem gegeben wird, der selber noch das Sterben vor sich hat, zeigt auf hintergründige Weise, wie sehr das Leben, das Jesus schenkt, und sein eigenes Leiden und Sterben zusammengehören. Darauf verweisen auch die Signale, die die Lazarusgeschichte mit der kommenden Passion verzahnen. Gleich zu Beginn der Geschichte machen die Jünger Jesus auf die Bedrohung aufmerksam, daß ihn die Juden doch eben noch »dort« in Jerusalem steinigen wollten (11,8). Zum Abschluß beraten die Hohenpriester und Pharisäer, was sie mit Jesus tun sollen, eben weil er so viele Zeichen wirkt (11,46–48). Dabei spricht der Hohepriester, ohne es zu wissen, prophetisch aus, daß Jesus »für das Volk« sterben werde (11,50–52). Das Wunder der Auferweckung des Lazarus hat den Todesbeschluß der Gegner also unmittelbar zur Folge (11,47–53). Es deutet an, welche Frucht Jesu für das ganze Volk auf sich genommenes Sterben haben wird: Jesus geht in den Tod, damit Lazarus leben kann. Die Auferweckung des »Freundes« (11,11; 15,15) kostet ihm selbst das Leben. In diesem Sinn verstanden, ist das Wunder an Lazarus ein »Zeichen« für unsere Erlösung. Es läßt in einem gewaltigen Bild aufscheinen, was Jesu Sterben und Erhöhung am Kreuz für alle Gefesselten und Toten (im wörtlichen und übertragenen Sinn) bedeutet. Auch vor ihren Grabhöhlen wird der Stein

329 G. Voigt, Licht – Liebe – Leben. Das Evangelium nach Johannes, Bibl.-theol. Schwerpunkte 6, Göttingen 1991, S. 183.

weggehoben. Nicht erst am jüngsten Tage, schon jetzt werden sie von den »Fesseln des Todes« befreit. Christus ruft in die Totenwelt hinein, und wo dieser Ruf gehört wird, bekommen die Angerufenen an jenem Leben teil, das unzerstörbar ist und den letzten, von Gott und seiner Herrlichkeit trennenden, Tod nicht mehr vor sich hat (Joh 5,24 f.).

5. Der letzte Feind

Im 15. Kapitel des 1. Korintherbriefes werden wir Zeugen eines auf den ersten Blick merkwürdigen Streites. Paulus setzt sich mit einer Gruppe von Christen[330] auseinander, die zwar nicht an der Predigt von Kreuz und Auferstehung Jesu Anstoß nehmen, wohl aber die eschatologischen Hoffnungen in Zweifel ziehen und behaupten: »Es gibt keine Auferstehung der Toten« (1. Kor 15,12). Demgegenüber versucht der Apostel mit allem Nachdruck darzulegen, welche Konsequenzen, über die sich die Korinther vermutlich noch gar nicht klar geworden sind, aus einer solchen Behauptung resultieren, und daß alles: die Predigt vom auferweckten Christus, der Glaube und die Rechtfertigung, die Hoffnung für die Entschlafenen und alles Leiden um Christi willen, vergeblich und nichtig werden, wenn tatsächlich der zitierte Satz gelten sollte.

Nun sind wir über die Verhältnisse in Korinth nur durch die Briefe des Paulus unterrichtet und können daher auch nur aus seiner Reaktion zurückschließen, was in der korinthischen Gemeinde gesagt und geglaubt wurde. So mag man sich fragen, ob Paulus die Position seiner Gegner nicht ein

330 Paulus spricht in V. 12 von »einigen«, die den zitierten Satz vertreten, redet aber im folgenden Text immer die ganze Gemeinde an, so als habe sich die Auffassung dieser Wortführer bereits weitgehend durchgesetzt. Da am Anfang des 1. Korintherbriefes (1,10 ff.) von unterschiedlichen Parteiungen in Korinth die Rede war, ist gut möglich, daß die zitierte Meinung speziell einer der in 1,12 genannten Gemeindegruppen zugeordnet werden kann (s. u.).

wenig überzeichnete oder sogar mißverstand.[331] Sollte es in Korinth wirklich Christen gegeben haben, die der Meinung waren, daß mit dem Tod alles aus ist? Zwar gab es in der Antike in der Schule Epikurs die Ansicht, daß die Seele des Menschen zusammen mit dem Körper vergehe und daher die Erwartung eines Lebens nach dem Tod substanzlos und nichtig sei.[332] Doch wie hätten Menschen mit einem solchen »Jenseitspessimismus« überhaupt Christen sein können? Daher haben manche Ausleger versucht, die in Korinth vertretene Auffassung aus einer ganz anderen Richtung zu erklären.[333] Wie wir aus dem ältesten Paulusbrief an die Gemeinde in Thessalonich (1. Thess 4,13–18) wissen, war in dieser jungen heidenchristlichen Gemeinde die Befürchtung aufgekommen, daß die vor dem Wiederkommen des Herrn verstorbenen Gemeindeglieder nicht an der zukünftigen Herrlichkeit Anteil haben könnten. Allein den bei der Parusie Christi noch Lebenden sei dies vorbehalten. Sollten auch die Korinther von einer ähnlichen Sorge beunruhigt worden sein? Doch hätte der Apostel auf eine solche Befürchtung sicher ganz anders reagiert. Sein Antwortschreiben an die Thessalonicher zeigt, wie seelsorgerlich er mit einer Frage umgehen konnte, die der Gemeinde ernsthaft Not bereitete. Die Korinther scheint dagegen nicht die Angst um ihre Entschlafenen umgetrieben zu haben; sie vertraten eine weltanschauliche Position, die der Apostel mit theologischen Argumenten zu widerlegen suchte. Auch ist von einer drängenden Naherwartung, die die korinthische Gemeinde bestimmt haben soll, in dem auf viele Gemeindefragen eingehenden Brief des Paulus nichts zu spüren, wohl aber von einem überschwenglichen Enthusiasmus, der sich in Korinth ausgebrei-

331 Einen neueren Überblick über die unterschiedlichen Versuche, die Position der Auferstehungsleugner in Korinth aus der Antwort des Paulus zu erhellen und religionsgeschichtlich einzuordnen, gibt Chr. Wolff, Korintherbrief (s. Anm. 213), S. 421–426.

332 Vgl. M. Erler, Epikur, GGPh 4, Basel 1994. Daraus: § 7. Lehre, S. 126–187: 146 f.

333 Vgl. z. B. A. Schweitzer, Die Mystik des Apostels Paulus, Gesammelte Werke 4, München o. J., S. 141 f.

tet hat. Gemeindeglieder berufen sich auf besondere Geisterfahrungen (vgl. 12,1 ff.; 14,1 ff.) und meinen, die Fülle des Heils bereits in der Gegenwart zu besitzen (4,8–10). Der Leib mit seinen Funktionen ist für sie minderen Ranges (6,13–19), aber eben darum nehmen sie auch den leiblichen Gehorsam gegen Christus und seine Weisungen nicht ernst (5,1–6,11). Sie sind der Ansicht, daß ihnen, da sie in der Freiheit des Geistes leben, »alles erlaubt« sei (6,12; 10,23), was auch zur Folge hat, daß sie auf andere Gemeindeglieder, die ihren Erkenntnissen nicht folgen können, keine Rücksicht nehmen (8,1–13). Individualistisch leben sie sich selbst (11,17–22) und genießen ihre Geisterfahrungen (14,4–9.12). Wollen wir verstehen, wie es in Korinth zu der Auffassung kommen konnte, daß es keine Auferstehung der Toten gebe, müssen wir diesen Enthusiasmus in Rechnung stellen, wie es in der gegenwärtigen Exegese auch überwiegend geschieht.[334]

Daß in Korinth nicht einfach die Meinung vertreten wurde, mit dem Tod sei alles aus, zeigt die von Paulus in 1. Kor 15,29 erwähnte Praxis, daß sich manche Gemeindeglieder »für ihre Toten« taufen ließen.[335] Auch diese Gemeindeglie-

334 Gegenwärtig besteht unter den Exegeten ein fast einhelliger Konsens, daß die Bestreitung der Auferstehungshoffnung mit den griechisch-hellenistischen Denkvoraussetzungen der Korinther zu tun hat, auch wenn die genauere Bestimmung dieses weltanschaulichen Hintergrundes unterschiedlich ausfällt. Während manche Ausleger annehmen, daß sich in der korinthischen Gemeinde eine mehr oder weniger ausgeführte gnostische Heilslehre ausgebreitet habe, denken andere an starke Einflüsse aus dem hellenistischen Judentum. Die folgenden Ausführungen lehnen sich an die Sicht Gerhard Sellins an, der in einer eingehenden Untersuchung die Einflüsse des jüdischen Religionsphilosophen Philo von Alexandrien auf die Korinther herausgestellt hat und den in 1. Kor 15 dokumentierten Streit zwischen Paulus und den Korinthern auf diesem Hintergrund m. E. überzeugend erhellen konnte. Vgl. G. Sellin, Der Streit um die Auferstehung der Toten, Eine religionsgeschichtliche und exegetische Untersuchung von 1 Kor 15, FRLANT 138, Göttingen 1986.

335 Die verschiedenen Deutungsvorschläge für diese seltsame Anspielung werden von Chr. Wolff, Korintherbrief (s. Anm. 213), S. 392–397, ausführlich referiert und diskutiert. Am ehesten leuchtet die Auffassung ein, daß es sich bei dem in Korinth praktizierten Brauch um eine

der hofften auf eine Erlösung vom Todesschicksal, doch sie taten es auf andere Weise, als es ihnen der Apostel verkündigt hatte. Beeinflußt durch eine jüdisch-hellenistische Weisheitslehre, wie sie z. B. in den Schriften des jüdischen Religionsphilosophen Philo von Alexandrien zu finden ist[336], gingen sie von einem anthropologischen Dualismus aus, der zwischen Leib und Seele, zwischen Körper und Geist einen radikalen Unterschied machte. Während der Mensch mit seinem Leib der vergänglichen Seinssphäre verhaftet ist, hat doch seine Seele, sofern sie vom Geist erleuchtet wird, am Unvergänglichen Anteil. Nicht der Leib des Menschen, nur seine Seele muß daher erlöst werden. Sie muß sich befreien aus dem »Kerker des Leibes«[337], was erst endgültig im Tod geschieht. Der Tod ist in diesem Denken also nicht Abbruch und Vernichtung der Existenz des Menschen, sondern lediglich Durchgangsstation für die Seele, die – vom Tod unberührt – in die himmlische Welt eingeht. Gerhard Sellin hat vermutet, daß diese Gedanken über den Apostel Apollos in die korinthische Gemeinde gelangt sein können und hier mit christlichen Elementen verbunden wurden[338]. Offenbar glaubten die Korinther, in der Taufe das unsterblich machende Weisheits-Pneuma empfangen zu haben, so daß sie schon im Stand der Erlösten seien.[339] Auch der Tod habe angesichts

stellvertretende Taufe (Vikariatstaufe) von Christen zugunsten ihrer ungetauft verstorbenen Angehörigen gehandelt habe, durch die auch die Seelen ihrer Verstorbenen Anteil am jenseitigen Leben gewinnen sollten. »Dieses Denken wird beeinflußt sein von dem Wissen um die Übertragung von Weihehandlungen auf Verstorbene in Mysterienkulten, zu deren Einweihungsriten u. a. auch ein reinigendes Bad gehören konnte.« (S. 396). Zu dieser Deutung vgl. auch G. Sellin, Streit (s. Anm. 334), S. 279 f.

336 Vgl. G. Sellin, Streit, S. 95–209.

337 Dies ist die im Griechentum, vornehmlich unter Orphikern und Platonikern, verbreitete Sicht des Leibes im Unterschied zur Seele. Vgl. E. Schweizer, Art: σῶμα (Leib), ThWNT VII, S. 1024–1091: 1027,1 f.; 1028,35–46; 1034,26 f.; 1035,22–32. Im Denken Philos ist die Auffassung, daß der Leib nur der »Kerker der Seele« sei, »einer der Grundzüge« seiner Anthropologie, G. Sellin, Streit, S. 58.171.

338 G. Sellin, Streit, S. 65–69. 290.

339 So auch Chr. Wolff, Korintherbrief (s. Anm. 213), S. 424 f.; H.-J.

dieses Zustandes keine Bedeutung mehr. Ist er doch nichts »als ein Abstoßen des lästigen Leibes von der seit der Erlösung unsterblichen Seele«[340]. Von hieraus wird nachvollziehbar, daß den korinthischen Gegnern des Paulus die Vorstellung einer Auferstehung von den Toten absurd erscheinen mußte. Denn der Leib des Menschen kann nur vergehen. Die durch das Pneuma erleuchtete Seele des Menschen aber hat bereits Unsterblichkeit angenommen und wird nun im Tod zum ewigen Leben befreit.

Geht man davon aus, daß die Thesen der Auferstehungsleugner in Korinth mit dem beschriebenen weltanschaulichen Hintergrund zu tun haben, werden die so schwierig erscheinenden Gedankengänge des Paulus in 1. Kor 15,12–58 sehr viel durchsichtiger. Man kann dann aber auch entdecken, daß der Apostel in seiner Gegenargumentation nicht einfach nur die korinthische Position bestreitet, sondern – wohl wissend, was hier auf dem Spiel steht – ausführlich darstellt, was das Bekenntnis zu Gott, der Jesus von den Toten auferweckt hat, an Konsequenzen in sich birgt.

Zunächst legt Paulus in den Versen 1. Kor 15,13–19 die Implikationen dar, die in der These der korinthischen Weisheitslehrer gewollt oder ungewollt mitgedacht sind. Vermutlich haben sich die Korinther noch nicht bewußt gemacht, daß, wenn es keine Auferstehung von den Toten gibt, auch Christus nicht auferweckt worden sein kann. Jener Christus, der die Sünden auf sich genommen und das Zorngericht stellvertretend für die Welt getragen hat, ist dann für immer im Tod geblieben. So ist aber auch die Evangeliumsverkündigung leer, der Glaube ohne eine Basis, die Tür zum Leben für alle Gottlosen und Sünder nicht aufgestoßen worden. Alle zu Christus Gehörenden und auf seinen Namen Getauften befinden sich dann noch vor Gott in ihrer Sündenschuld. Aber auch das Zeugnis, das die Apostel von Gott ablegten, muß in diesem Fall trügerisch gewesen sein. Wenn Tote nicht

---

Klauck, 1. Korintherbrief, NEB 7, Würzburg [3]1992, S. 112. Von einem solchen Taufverständnis her konnte sich wohl auch der Brauch der »Vikariatstaufe« (s. Anm. 335) ergeben haben.

340 G. Sellin, Streit, S. 290.

auferstehen und auch Christus nicht aus dem Tode auferweckt worden ist, hat Gott nicht in die Todeswelt eingegriffen. Dann sind die in Christus Entschlafenen ebenfalls verloren und jene Zeugen, die um ihres Glaubens und der Evangeliumsbotschaft willen in der Gegenwart Not und Entbehrungen, Leiden und Verfolgung auf sich nehmen, armseliger dran als alle anderen Menschen. – Es ist ein Katarakt von Schlußfolgerungen, den Paulus hier über die gegnerische Position ausgießt. Doch dient er nicht nur dazu, die gegnerische Meinung ad absurdum zu führen. Die Schlußfolgerungen zeigen – via negationis – zugleich, was das Bekenntnis zur Auferweckung Jesu Christi von den Toten bedeutet. »Es ist alles anders geworden – wenn Christus wirklich auferstanden ist. Es wäre aber für die, die sich zu ihm bekennen, alles noch schlimmer als zuvor – wenn er nicht auferstanden wäre.«[341] Bis hinein in das Gottesverständnis, in die Christuspredigt, in die Erlösungsgewißheit, ja, bis in die Lebensführung hier und jetzt, reichen die Konsequenzen, die sich aus der Bejahung oder Verneinung der Auferstehungsbotschaft ergeben. Daher beginnt Paulus V. 20 ff. noch einmal neu und in umgekehrter Reihenfolge darzulegen, was aus dem Geschehen der Auferweckung Jesu Christi positiv folgt:

»Nun aber ist Christus auferweckt worden aus den Toten, als Erstling der Entschlafenen« (1. Kor 15,20). In einem abrupten Neueinsatz ist hier den vorangegangenen Negativaussagen das Bekenntnis zum auferweckten Christus als eine nicht mehr hinterfragbare Glaubensgewißheit entgegengestellt: Christus wurde auferweckt »aus den Toten«, d. h. aus jener Welt, in der die Toten wohnen. Wenn aber der Abgrund des Todes diesen einen schon hat herausgeben müssen, dann ist auch der Weg der übrigen entsprechend vorgezeichnet. Daher wird Christus in diesem Satz der »Erstling«, die »ἀπαρχή«, genannt. Dies ist ein Begriff aus der Opfersprache, der das Erstlingsopfer in seiner das Ganze repräsen-

341 C.-P. März, Hoffnung auf Leben. Die biblische Botschaft von der Auferstehung, BiB, Stuttgart 1995, S. 66.

tierenden Bedeutung kennzeichnet.[342] Stellvertretend für das Ganze, das er Gott schuldet, bringt der Mensch die erste Frucht von den Erträgen seines Feldes oder dem Wurf der Tiere Gott als Opfer dar.[343] Als ἀπαρχή der Entschlafenen (vgl. auch V. 23) steht auch der auferweckte Christus für ein Ganzes ein. Sein Lebendigwerden aus dem Tode ist nicht nur ein ihn selbst betreffendes Geschehen, sondern Auftakt der Auferstehung auch der übrigen Entschlafenen, ein Ereignis, in dem die Befreiung und Rettung der Toten begründet ist.[344] Daher kann Paulus in den Versen 21 und 22 Adam und Christus als zwei je eine ganze Menschenkette in sich verkörpernde Urmenschen gegenüberstellen.[345] Er greift hier wie auch später im Römerbrief (Röm 5,12–21) auf die Sündenfallgeschichte zurück und kennzeichnet Adam als den ersten Menschen, in dem urbildlich geschehen ist, was sich seitdem immer wieder in der Menschheitsgeschichte abspielt.[346] Adam wurde dem Gebot Gottes ungehorsam und wollte selber wie Gott sein (1. Mose 3,5). Doch er holte sich den Tod und gab beides, das sündige Begehren wie auch das

---

342 Vgl. 2. Mose 23,19; 3. Mose 23,10; 5. Mose 26,2.10.

343 In Röm 8,23 wird als ἀπαρχή die Gabe des heiligen Geistes bezeichnet, die aber nun von Gott als sein die Zukunft vorwegnehmendes Geschenk in die Gemeinde Jesu gegeben ist. Auch die Erstlingsgabe des Geistes steht für ein Ganzes; sie ist Angeld und Anzahlung (2. Kor 1,20; 5,5) für alles Kommende, das die Glaubenden noch von Gott erwarten dürfen: die erste schon jetzt geschenkte Wirkung seiner neuen Welt.

344 Auf Christus als den zuerst Auferweckten verweist auch der andere Begriff »Erstgeborener aus den Toten« (Kol 1,18; Offb 1,5), bzw. »Erstgeborener unter vielen Brüdern« (Röm 8,29). S. o. S. 137 ff.

345 Nach G. Sellin, Streit (s. Anm. 334), S. 79–95. 291, ist auch diese Motivik durch die alexandrinisch-jüdischen Theologie und Exegese Philos vorgegeben, wie Sellin in seiner Analyse der schwierigen Verse 1. Kor 15,45 f. nachweist. Paulus benutzt hier offenbar eine Begrifflichkeit, die die Korinther, von Philos Weisheitslehre beeinflußt, gebrauchen. Doch zeigen m. E. die Verse 1. Kor 15,20–22 und Röm 5,12–21, daß Paulus die Gegenüberstellung der beiden Urmenschen auch sehr gut in sein eigenes theologisches Denken integrieren konnte.

346 Zur Auslegung von Röm 5,12–21 vgl. P. Stuhlmacher, Der Brief an die Römer, NTD 6, Göttingen [14]1989, S. 78–82.

Todesverhängnis, an die ihm folgende Menschheit weiter.[347] Christus aber hat diese Sünden- und Todesgeschichte umgekehrt. Er war gehorsam bis zum Tod (vgl. Phil 2,8), nahm das göttliche Strafgericht über die Adamsmenschheit auf sich selbst und wurde von Gott mit Leben aus dem Tod beschenkt. Damit hat er allen, die im Glauben und durch die Taufe mit seinem Tod verbunden wurden[348], die Tür zum ewigen Leben aufgetan. Er ist der Antityp Adams geworden, der zweite Mensch, in und durch den alle, die in Adam sterben müssen, neu zum Leben geboren werden[349].

Wie und in welcher »Ordnung«[350] dies alles geschieht, beschreibt der Apostel 1. Kor 15,23–28, wo er das Ende und Ziel der mit Christus beginnenden großen Umwälzung angibt. Denn selbst in der Auferstehung der in Christus Gestorbenen findet die Gegengeschichte Gottes mit seiner Welt noch nicht ihren Schlußpunkt. Der mit der Auferweckung

---

347 Paulus schiebt in Röm 5,12 das bedeutende Sätzchen ein: »..., weil sie alle sündigten«. Das bedeutet, daß die Übernahme der Sünde durch die Adam folgende Menschheit Verhängnis und Schuld zugleich ist. Vgl. P. Stuhlmacher, a. a. O., S. 80: »Ähnlich wie syrBar 54,19 ... meint auch Paulus, daß von Adam an alle Menschen auf ihre Weise an dem über sie gekommenen Schuldverhängnis der Sünde willentlich beteiligt sind und deshalb den Tod erleiden müssen.«

348 Vgl. Phil 3,10 f.; Gal 2,19 f.; Röm 6,3–11; 2. Kor 5,14 f. Zum Verständnis dieser Aussagen s. u.

349 Für Paulus sind »alle«, die zum Leben kommen werden, alle Glaubenden, die durch Taufe und Glaube mit dem Geschick Christi verbunden sind. Vgl. F. Lang, Briefe (s. Anm. 199), S. 223 f.; Chr. Wolff, Korintherbrief (s. Anm. 213), S. 385 f.; G. Sellin, Streit (s. Anm. 334), S. 263. 270; H.-J. Klauck, 1. Korintherbrief (s. Anm. 339), S. 114. Die nicht an Christus glaubende Welt ist in diesem ganzen Abschnitt nicht im Blick.

350 Das an dieser Stelle im Griechischen gebrauchte Wort τάγμα bedeutet »das Geordnete«, »Festgesetzte«. Es wird häufig für eine »bestimmte Gruppe« oder militärische »Abteilung«gebraucht, kann aber auch die »Stellung«, die jemand einnimmt, und den »Rang« bezeichnen. Vgl. G. Delling, Art. τάγμα, THWNT VIII, S. 31. Beide Bedeutungskomponenten spielen m. E. in V. 23 ineinander. Die Auferweckung Christi und der Christen geschieht in unterschiedlicher »Abteilung«, gleichzeitig sind beide Ereignisse von verschiedenem Rang, insofern die Auferweckung Christi das Zum-Leben-kommen der Seinen erst möglich macht.

Christi in Gang gekommene dynamische Prozeß der Verwandlung des Todes in das Leben drängt weiter, bis die ganze Schöpfung in die Herrlichkeit Gottes eingeholt ist.

Es sind drei Etappen oder Stufen, die der Apostel, sich apokalyptischer Sprache bedienend, hier angibt: Zuerst, als »Erstling« Christus. Dann folgt die Auferweckung der zu ihm Gehörenden bei seiner »Parusie«, wenn er sich als Herr und Richter über alle offenbart. Danach kommt »das Ende«[351], nicht im Sinne eines Abbruches der Geschichte, sondern das »vollendende Ende«[352], wenn Christus »das Reich Gott dem Vater übergeben wird, nachdem er alle Herrschaft und alle Macht und Gewalt vernichtet hat« (15,24).

In einem gleichzeitig und einem vorzeitig konstruierten Wenn-Satz wird in 1. Kor 15,24 ausgesagt, was am Ende sein wird: Christus übergibt Gott das Reich. Die Schöpfung kehrt zu ihrem Schöpfer zurück, nicht mehr durch die Sünde entstellt, nicht mehr durch das Todesverhängnis überschattet. Dies geschieht aber erst, *nachdem* Christus »alle Herrschaft und alle Gewalt und Macht« vernichtet hat. An welche Mächte Paulus im einzelnen denkt, bleibt an dieser Textstelle noch offen. Der Apostel wird es in V. 56 deutlicher sagen[353]. Hier geht es ihm um die Unterstreichung, daß tat-

351 Der Begriff τέλος meint an dieser Stelle wie auch sonst bei Paulus »Ende« und nicht »Rest«. Streng genommen ist hier also nicht von einem dritten τάγμα, einer dritten »Abteilung«, die Rede, sondern es folgt ein Geschehen, das in zeitlicher Hinsicht mit der Parusie Christi zusammenfällt. Vgl. so auch A. Lindemann, Parusie Christi und Herrschaft Gottes. Zur Exegese von 1 Kor 15,23–28, WuD NF 19, 1987, S. 87–107: 92, und G. Sellin, Streit (s. Anm. 334), S. 272: »Zeitlich geht es mit V. 24 nicht mehr weiter voran ... V. 24–28 ist also zeitlich gesehen nur eine Explikation zum in V. 23b bereits erreichten Endpunkt«.

352 C.-P. März, Hoffnung (s. Anm. 341), S. 78.

353 In 1. Kor 15,56 werden als die im Gefolge des Todes auftretenden Verderbensmächte die Sünde und das Gesetz genannt. Daß Paulus diese schon in V. 24b im Blick hat, wird auch von E. Schweizer betont. »Die Befreiung von der Macht des Gesetzes befreit von der Sünde und damit vom Tod, dem ›letzten Feind‹ (1. Kor 15,26). Genau das steht, wie V. 56 abschließend zeigt, auch hinter unserem Kapitel.« E. Schweizer, 1. Korinther 15,20–28 als Zeugnis paulinischer Eschatologie und

sächlich *alle* widergöttlichen Mächte von Christus vernichtet werden. Dazu zitiert Paulus in den folgenden Versen (1. Kor 15,25–27) zwei Schriftworte, die von einer umfassenden Unterwerfung handeln. Das eine stammt aus Ps 110,1, einem Königspsalm, in dem Gott dem auf dem Thron in Jerusalem residierenden judäischen König zusagt, daß er ihm seine Feinde zum Schemel seiner Füße macht. Das andere Schriftzitat ist aus Ps 8,7 genommen, in dem die Würde des kleinen Menschen voller Staunen beschrieben wird, dem Gott »alles unter seine Füße« getan, die Herrschaft über alle anderen Lebewesen der Schöpfung anvertraut hat. In der urchristlichen Literatur werden beide Psalmstellen – in ihrer Septuagintafassung – immer wieder zitiert und auf den erhöhten Christus bezogen, dem Gott bei der Auferweckung von den Toten alle seine Feinde zu Füßen legte.[354] Doch ist nun nicht mehr an menschliche Feinde gedacht. Im Blick sind überpersönliche Mächte, die Sünde, Verderben, Leid und Tod über die Menschheit bringen. Auch Paulus hat diese Mächte vor Augen, vornehmlich aber geht es ihm um die *eine* Macht, die er als den letzten und darum mächtigsten Feind kennzeichnet, den Tod. Deshalb fügt er in V. 25 in das Zitat von Psalm 110,1 das Wörtchen »alle« ein und stellt zwischen beide Schriftzitate in V. 26 den Satz, der der Höhe- und Zielpunkt der ganzen Textpassage ist. Keine Macht ist von der Unterwerfung unter die Herrschaft Christi ausgenommen. »Der letzte Feind, der vernichtet wird, ist der Tod« (15,26).

An dieser Stelle wird deutlich, wie sehr Paulus auch in dem komplizierten Gedankengang der Verse 23–28 den Konflikt mit den Korinthern im Auge behält. »Es gibt keine

---

ihrer Verwandtschaft mit der Verkündigung Jesu, in: E. Earle Ellis/E. Gräßer (Hg.), Jesus und Paulus, FS W.G. Kümmel, Göttingen 1975, S. 301–314: 310 f.

354 In Kombination werden beide Psalmstellen in Eph 1,20–22 und Mk 12,36 par angeführt. Ps 110,1 wird darüber hinaus zitiert oder klingt an in Mk 14,62 par; Apg 2,34 f.; Röm 8,34; 1. Petr 3,22; Hebr 1,13; 10,13 u. ö. Auf Ps 8,7 wird über Eph 1,22 und Mk 12,36c hinaus auch in Phil 3,21 angespielt. In Hebr 2,6–9 wird Ps 8,5–7 sogar ausführlich zitiert.

Auferstehung von den Toten!«, lautete ihre Parole. Mitgedacht wurde dabei offenbar, daß es wohl eine Erlösung der Seele des Menschen aus dem der Vergänglichkeit und dem Tod preisgegebenen Leibe gibt, daß aber eine Auferweckung des Leibes oder auch der Seele absurd und zudem überflüssig sei. Der Pneumatiker vermag sich kraft seiner mit Unsterblichkeit begabten Seele in die himmlische Welt aufzuschwingen, während er die der Macht der Vergänglichkeit und des Todes verfallene irdische Welt gleichmütig hinter sich zurückläßt. Nach seinem Glauben bleibt der Tod unbesiegt und herrscht weiter über alle und alles, was sich nicht in den unsterblichen Geist verwandeln kann. Dagegen verkündigt der Apostel ein Evangelium, das den Tod und die Todeswelt selbst angreift. »Nun aber ist Christus auferstanden aus den Toten ...« Dieser Satz spricht die Gewißheit aus, daß die Kraft des Lebens in die Todeswirklichkeit eindrang und Christus ihrer Macht entriß. Der Zusatz: »... als Erstling der Entschlafenen«, aber besagt, daß es nicht bei diesem einen Sieg über die Todeswelt bleiben wird. Seit seiner Auferweckung ist Christus dabei, die Mächte des Verderbens, Sünde und Gesetz, zu unterwerfen. Noch ist der Tod ausgenommen. Noch leiden auch die zu Christus Gehörenden darunter, daß sie täglich die Macht des Todes an ihrem Leib erfahren müssen (vgl. 1. Kor 4,9–13; 2. Kor 4,7–18; 6,3–10; 11,23–33 u. ö.). Doch auch dieser »letzte Feind« wird vernichtet werden bei der Parusie Christi, wenn die Auferweckung der Entschlafenen und die Verwandlung der noch Lebenden geschieht. Dann erst, dann aber auch wirklich, ist Christus *alles* unterworfen. Wer dagegen wie die Korinther behauptet, daß es keine Auferstehung von den Toten gibt, bestreitet, daß Christus wirklich über alles Macht gewinnt.[355] Er findet sich mit der Herrschaft des Todes ab,

355 Diese theologische Intention von 1. Kor 15,23–28 ist besonders herausgearbeitet von G. Barth, Erwägungen zu 1. Korinther 15,20–28, EvTh 30, 1970, S. 515–527: 523–525. Sie ist auch die Spitze der Auslegung bei G. Sellin, Streit (s. Anm. 334), S. 272–275 und A. Lindemann, Parusie Christi (s. Anm. 351), S. 106 f.

wenn er auch für sich selbst individualistisch einen Ausweg aus der vergänglichen Welt gefunden zu haben meint.[356]

Der in 1. Kor 15,28 beschriebene letzte Akt besteht darin, daß auch Christus sich, wenn ihm alles *unterworfen* ist, dem Vater *unterordnen* wird, »damit Gott alles in allem sei«. In diesem Vers ist, wie Wilhelm Thüsing gezeigt hat[357], auf den Wechsel des Verbs zu achten. Während die Feindmächte ausgeschaltet und vernichtet werden sollen, wird im Blick auf den Sohn von einem »Unterordnen«, gesprochen. Dieser Begriff, aus dem Zitat von Ps 8,7 genommen und in V. 27 noch auf die Unterwerfung der Feindmächte bezogen, hat dennoch einen weiteren, positiven Sinn, wie sein Vorkommen auch in anderen paulinischen Textstellen[358] belegt. In diesen meint das griechische Verb ein Sich-Einfügen und Hinordnen, das in freiem Gehorsam und in der Bereitschaft zum Dienst geschieht, einer Haltung, die nach Phil 2,8 gerade den Sohn Gottes bis hin in sein Kreuzessterben charakterisiert. So liegt es nahe, auch in 1. Kor 15,28 diesen positiven Sinn vorauszusetzen. Wenn sich Christus dem Vater unterordnet, gibt er damit seine beherrschende Stellung nicht auf, sondern fügt sich mit allen, die er durch seinen Sühnetod für Gott zurückgewonnen hat, in die Herrschaft des Vaters ein. So bringt er, der bis in den Tod am Kreuz mit dem Willen Gottes übereinstimmte, nun, als Erhöhter, seinen Gehorsam in der Hinwendung zum Vater zur Vollendung, auf daß »Gott alles in allem sei«. Dieser »Ausdruck der Fülle«[359] zielt nicht auf »ein endzeitliches Aufgehen des Sohnes im Vater«[360] oder

356 Vgl. G. Sellin, Streit, S. 275: »Ginge es, wie die Korinther meinen, nur um das individuelle Jenseitsschicksal, dann bliebe der Tod ja ein ewiger Bestandteil der Welt, eine ungebrochene Macht ... Die Korinther verharmlosen den Tod als Trennung der pneumatischen Seele vom verachteten Körper. Sie überlassen die Schöpfung damit dem Tod, der – so Paulus – dann Sieger bleibt.«

357 W. Thüsing, Per Christum in Deum, NTA 1, Münster 1965, S. 241–243.

358 Vgl. Röm 13,1.5; 1. Kor 14,34 und vor allem Phil 3,21.

359 R. Schnackenburg, Gottes Herrschaft und Reich, S. 208, zit. bei W. Thüsing, a. a. O., S. 243.

360 W. Thüsing, a. a. O., S. 239.

eine pantheistische Lehre. Philologisch auf ihren präzisen Sinn hin untersucht, bringt die Formel zum Ausdruck, »nicht, daß Gott ›alles‹ wird, sondern, daß er ganz und gar, ohne Beschränkung, in bezug auf alles ... der Herrscher ist«[361]. Gott muß zu seinem Recht kommen gegenüber seiner Schöpfung, und diese muß von seiner Lebensmacht so durchdrungen werden, daß kein Bereich, auch nicht die Todesmacht, seiner Herrschaft entzogen ist. Erst dann ist das τέλος, das Ziel der Wege Gottes mit seiner Welt, erreicht. Reflektiert wird also in V. 28 nicht, wie die Stellung des Sohnes zum Vater definiert werden muß[362]. Die Aussageabsicht ist, daß Gott – der Vater, zu dem der Sohn gehört (1. Kor 3,23)[363] – »seinen Anspruch auf die gesamte Schöpfung« durchsetzt. »Erst dann ist Gott ›überall‹«, während die Welt für die Auferstehungsleugner »gott-verlassen« ist[364].

In einer ungemein kühnen Perspektive wagt es der Apostel, bis zum Ende der Wege Gottes vorauszuschauen und das letzte Ziel zu beschreiben, auf das hin Gott mit seiner Schöpfung unterwegs ist. Er tut es, weil er durch die Gegenposition der Korinther dazu herausgefordert wurde, so daß er jetzt mit aller Deutlichkeit sagen muß, was mit der Rede

---

361 Ders., a. a. O., S. 243–246: 244. Das Verb »ist« oder »sei« bezeichnet also nicht »ein statisch aufgefaßtes ›Sein‹ Gottes, sondern ist primär dynamisch zu verstehen, daß Gott *mit seiner Kraft* in bezug auf alles ›in allem‹ ist« (ebd). Dabei bezeichnet die Wendung »in allem« Gottes Herrschaftsbereich, nämlich die »Gesamtheit der Wesen und Geschehnisse, die der Schöpfer ins Dasein gerufen hat«. »Es ist die in Vollendung lebende, also von der Lebenskraft Gottes dynamisch bewegte neue Schöpfung gemeint.« (S. 246).

362 Dies ist das Interesse erst einer späteren Zeit. Vgl. dazu E. Schendel, Herrschaft und Unterwerfung Christi. 1. Korinther 15,20–28 in Exegese und Theologie der Väter bis zum Ausgang des 4. Jahrhunderts, BGBE 12, Tübingen 1971.

363 Vgl. E. Schweizer, Zeugnis (s. Anm. 353), S. 312: »Paulus meint auch nicht, daß Christus aufhöre zu herrschen oder einfach im Vater aufgehe. Die Vollendung besteht darin, daß er mit allen, die ihm zugehören ..., ganz Gott zugehört, so daß er als Herrscher ... nur noch Teil der einen Herrschaft Gottes ist.«

364 G. Sellin, Streit (s. Anm. 334), S. 276.

von der Auferstehung von den Toten auf dem Spiel steht. Denn die Korinther verdrängen in ihrem Geist-Enthusiasmus die Realität des Todes. Sie suchen nach einer Heilslehre, die die Seele des Einzelnen in das himmlische Reich entrückt, während sie die übrige Welt der Herrschaft der Sünde und des Todes überlassen. In ihrer Vorstellung bleibt die Welt, die doch Gottes Schöpfung ist, wie sie immer war: unerlöst und dem Tod unterworfen; nur der einzelne Mensch kann sich, wenn er vom Pneuma erleuchtet ist, zu Gott emporschwingen und Unsterblichkeit erlangen. Für Paulus dagegen ist Erlösung ein Geschehen, das die ganze Welt in ihrer Todeswirklichkeit umgreift. Ihm geht es darum, daß das Leben Gottes im Sterben und in der Auferweckung Jesu in die Todeswelt eindrang und schon den »Ersten« ihrer Macht entriß. Daher beschreibt der Apostel den in der Auferweckung Jesu anhebenden Prozeß, in dem zuerst Christus, dann die Seinen, zu neuem Leben auferstehen und in dem am Ende der Tod selbst vernichtet wird. Gott setzt seine erlösende Macht in seiner ganzen Schöpfung durch. Es bleibt kein unerlöster Rest.[365]

6. *Der Tod ist verschlungen in den Sieg*

Vom Sieg Gottes, der durch Christus gegeben ist und in den am Ende auch der Tod verschlungen wird, sprechen in jubelndem Triumpf die Schlußverse im Auferstehungskapitel des 1. Korintherbriefes (1. Kor 15,54 ff.). Doch zuvor geht Paulus, den Disput mit den Korinthern fortsetzend, in einem großen Exkurs (1. Kor 15,35–50) auf die Frage ein, *wie* denn

---

365 Mit anderen Bildern und in anderer Terminologie ist die gleiche Hoffnung am Ende der Offenbarung des Johannes zur Sprache gebracht. Zuerst geben das Meer (gemeint ist die Chaos-Macht) und das Totenreich ihre Toten heraus, dann werden Tod und Hades selbst vernichtet, indem sie in den Feuersee geworfen werden (Offb 20,13 f.). Danach schaut der Seher einen neuen Himmel und eine neue Erde, sowie das Kommen des neuen Jerusalem vom Himmel herab als jener Stätte, da die Erlösten in vollendeter Gottesgemeinschaft leben werden (21,1–4. 9–23).

die Toten auferstehen sollen. Denn offenbar hat sich, wie hier deutlich wird, der Widerspruch der korinthischen Weisheitslehrer vornehmlich an der Rede von der Auferstehung des *Leibes* entzündet.[366] Für sie kann es eine Auferstehung der Toten schon deshalb nicht geben, weil der *Leib* des Menschen, den sie nach ihrem hellenistisch-griechischen Verständnis lediglich als das vergängliche Gefäß oder den finsteren Kerker für die Seele ansehen, nicht auferweckt werden kann. Doch auch Paulus lehrt nicht, daß die irdisch-vergänglichen Leiber der Entschlafenen wieder erstehen. Er betont, daß der Auferstehungsleib des Menschen ein anderer sein wird als der kreatürlich-irdische Leib, und beschreibt, welche unendlichen Möglichkeiten Gott hat, seinen Geschöpfen Gestalt und Form zu geben (V. 38–41).[367] Dennoch hält der Apostel am Begriff des Leibes fest und spricht von einer *leiblichen* Auferstehung, was darauf hindeutet, daß auch in dieser Frage der Dissens mit den Korinthern in einer unterschiedenen Anthropologie seinen Grund hat. Während die korinthischen Weisheitslehrer von einem – durch den Geist erleuchteten – unsterblichen Seelenkern ausgehen, der das Ablegen des Leibes überdauert und – nackt[368] – in die himmlische Welt eingeht, ist der Mensch für Paulus, der hier genuin alttestamentlich-jüdisch denkt, nur in der Ganzheit seiner Person, d. h. als Leib, er selbst, – ein lebendiges Wesen, das sich zu Gott und seinen Mitgeschöpfen verhalten kann.[369] In dieser seiner Leiblichkeit aber ist er auch total

---

366 Zur Position der korinthischen Gegner s. o. S. 156–160. Die folgende Auslegung von 1. Kor 15,35–58 orientiert sich wieder vorrangig an der Untersuchung von G. Sellin, Streit (s. Anm. 334), S. 210–230.

367 Auch der auferstandene Christus hat für Paulus einen anderen himmlischen Leib als der Gestorbene und ins Grab Gelegte (1. Kor 15,44–49)!

368 Paulus bezieht sich ausdrücklich auf diese Vorstellung in einer Textstelle seines späteren Briefes (2. Kor 5,3).

369 Zum biblischen Verständnis des Leibes vgl. E. Schweizer, Art. σῶμα (s. Anm. 337), S. 1043–1046. 1054–1079. Dieser Begriff bezeichnet – alttestamentlich-jüdisch gedacht – »den Menschen als Gesamtheit« (S. 1045,27 f.). Er beschreibt »den Menschen, der anderen, Gott oder den Mitmenschen oder allen möglichen Mächten, gegenüber steht« (S. 1046,8 f.). Dieses alttestamentliche Verständnis wird von Paulus in

dem Tod unterworfen. Es gibt nichts im Menschen, was den Tod überdauern könnte. Polemisch gegen die Korinther gerichtet, spricht Paulus in V. 37 aus[370], daß auch der Mensch, dem Samenkorn vergleichbar[371], in seiner irdischen Existenz vergehen muß. Doch Gott in seiner Schöpferkraft ruft die in Christus Entschlafenen noch einmal zum Leben und schenkt ihnen einen neuen, unverweslichen Leib. Nur so, in der Ganzheit ihrer Person[372], und nicht in der Form nackter Seelen, werden sie vor Gottes Angesicht treten und »mit dem Herrn sein« können allezeit[373]. Dazu aber müssen die Toten mit einem neuen Leib bekleidet auferstehen und die bei der Parusie Christi noch Übriggebliebenen verwandelt werden (1. Kor 15,51). Denn – auch dies ist deutlich gegen die Korinther gesagt – »Fleisch und Blut«, d. h. irdische Menschen mit ihren irdischen Seelen können »das Reich Gottes nicht erben«, auch kann »die Verweslichkeit die Unverweslichkeit« nicht erlangen (1. Kor 15,50)[374]. Wenn aber dies beides, die Auferstehung der Entschlafenen zugleich mit der Verwandlung der noch Lebenden, geschieht, dann hat das Leben ein für allemal über den Tod gesiegt.

---

neuer Weise zur Geltung gebracht. Gerade der Leib ist für ihn »der Ort, an dem der Mensch Gott und seinem Mitmenschen begegnet« (S. 1079,12 ff.).

370 G. Sellin, Streit, S. 211–217.

371 Nach antiker Vorstellung löst sich das Samenkorn im Erdreich gänzlich auf. Vgl. H. Conzelmann, 1. Korintherbrief (s. Anm. 202), S. 333 f.; F. Lang, Briefe (s. Anm. 199), S. 232; G. Sellin, Streit, S. 214 f., u. a.

372 Paulus betont die Leiblichkeit der Auferstehung, weil es ihm um die »neugeschenkte personale Existenz« des Menschen geht, »welche die Relation zu Gott und zur Welt einschließt«. G. Greshake/J. Kremer, Resurrectio Mortuorum. Zum theologischen Verständnis der leiblichen Auferstehung, Darmstadt 1986, S. 23–42.

373 Vgl. 1. Thess 4,17c; Phil 1,23; 2. Kor 5,8. Auch der auferweckte Mensch wird also wieder ein auf andere und auf seinen Schöpfer bezogenes Wesen sein. Besteht doch die himmlische Vollendung darin, daß nun nichts mehr zwischen Christus und den Seinen, zwischen Gott und seinen Geschöpfen (Röm 8,21 f.) steht.

374 »Fleisch und Blut« – d. h. der natürliche Mensch einschließlich seiner Seele! – »sind vom ›Gottesreich‹ ausgeschlossen (V. 50). Deshalb ist Verwandlung, neue Leiblichkeit erforderlich.« G. Sellin, Streit, S. 223.

Um diesen Sieg in seiner Größe zu beschreiben, greift Paulus in 1. Kor 15,54 auf den Spitzensatz prophetischer Eschatologie zurück, in dem in einer für das Alte Testament einmaligen Weise von der Vernichtung des Todes die Rede ist. In dem großen Heilswort Jesaja 25,6–8[375] ist die zukünftige Herrschaft Gottes im Bild eines Festmahles beschrieben, zu dem alle Völker geladen sind. Gott selbst bewirtet sie mit den üppigsten Speisen. Er nimmt die Tücher weg, mit denen sie sich in seiner Gegenwart verhüllen mußten,[376] und wischt die Tränen von jedem Angesicht. Ja, noch mehr: In der zukünftigen Welt Gottes wird es auch denjenigen nicht mehr geben, der alle Tränen, alles Leid, Geschrei und Schmerz (vgl. Offb 21,4) verursacht hat. Denn »er (der HERR der Heerscharen) wird den Tod vernichten für immer« (Jes 25,8). Sicher nicht ohne Grund zitiert der Apostel diesen alle alttestamentlichen Hoffnungen umschließenden und sie zugleich überbietenden Spitzensatz auch am Ende seines großen Kapitels über die Auferstehung. Allerdings wird der Satz von Paulus in einer abgewandelten Form wiedergegeben.[377] In Anlehnung an eine – von der Septuaginta unterschiedene – jüdische Übersetzung ist im Zitat das Attribut »in den Sieg« hinzugefügt[378] und das Verb mit »verschlingen« (in einer Passiv-Form) übersetzt. »Der Tod ist verschlungen worden in den Sieg« (15,54b). Schon die alttestamentlichen Textstelle deutete an, daß dem Tod am Ende dasselbe widerfährt, was er zuvor allen Lebewesen antat. Der Alles-Verschlinger Tod soll zuletzt selber verschlungen werden.[379] Im paulinischen Zitat ist diese Bedeutung unterstrichen und durch die Angabe des Zielpunktes präzisiert: Der Tod wird

375 Zu Jes 25,6–8 s. o. S. 85–89.

376 Zur Auslegung von Jes 25,7 s. o. S. 88.

377 Vgl. Chr. Wolf, An die Korinther, (s. Anm. 213), S. 417.

378 Statt der Worte »für immer« las diese Übersetzung: »in den Sieg«. Im Hebräischen entscheidet sich in diesem Fall die Wortbedeutung lediglich an der unterschiedlichen Vokal-Punktation.

379 S. o. S. 50. Auch das in Jes 25,8 gebrauchte hebräische Verb bedeutet wörtlich: verschlingen. Vgl. H. Wildberger, Jesaja (s. Anm. 127), S. 966 f.

in den Sieg hinein »verschluckt«[380], nämlich in den Sieg des Christus, den dieser durch Kreuz und Auferstehung errungen hat. Die Todesüberwindung, die am Ostermorgen, am »dritten Tage«, begann, hat – einer Explosion mit ihrer Druckwelle gleich – eine Dynamik des Lebens in Gang gesetzt, in die am Ende auch der Tod mit hineingerissen wird. So ist die prophetische Verheißung, die von der Vernichtung des Todes spricht, in Jesus Christus ihrer Erfüllung nahegekommen, und der Apostel kann unter Aufnahme von Hos 13,14[381] triumphierend weiterfragen, wo denn nun der Sieg des Todes und sein Treiberstachel[382] geblieben seien. Nicht nur der Tod, auch sein »Stachel«, nämlich die Sünde, die den Menschen dem Todesverhängnis preisgab (vgl. V. 56), sind durch Christus überwunden worden, dazu das Gesetz, das der Sünde ihre »Kraft« gegeben und sie vor Gott zur Anrechnung gebracht hat. Schon jetzt ist das die Mächte des Todes überwindende Leben in einem Siegeszug begriffen, an dessen Ende das Verwesliche die Unverweslichkeit und das Sterbliche die Unsterblichkeit anziehen wird (15,54). Daß die zu Christus Gehörenden an diesem Triumpfzug schon jetzt teilnehmen (vgl. 2. Kor 2,14) und dabei des endgültigen Sieges gewiß sein dürfen, bringt Paulus in den letzten Sätzen

380 Chr. Wolf, a. a. O., S. 417: Das von Paulus gebrauchte griechische Verb »katapinein bezeichnet ein Herunterschlingen auf einmal«.

381 Auch das Zitat aus Hos 13,14 entspricht weder dem hebräischen Urtext noch der Septuagintaübersetzung. Bei Hosea droht Gott in dieser Textstelle seinem Volk das Vernichtungsgericht an und ruft dazu den Tod und die Unterwelt mit ihren Seuchen herbei. Die Septuagintaübersetzung hat bereits die Fragen in Hos 13,14 positiv, im Sinn der Überlegenheit Gottes über die Macht des Todes, verstanden, spricht aber vom Recht (der δίκη/*dike*), nicht aber vom Sieg (νῖκος/*nikos*) des Todes. Es könnte sein, daß Paulus selbst das Wort »Sieg« aus dem Jesajazitat auch hier eingesetzt hat und bewußt zweimal den Tod, nicht – wie der hebräische Text und die Septuaginta – Tod und Unterwelt nennt.

382 Das Bild vom »Stachel des Todes« kann unterschiedlich gedeutet werden: Giftstachel bestimmter Tiere, ein mit einem Stachel versehener Stock, mit dem Zugtiere angetrieben wurden (Treiberstachel) oder Stachelpeitsche. In jedem Fall ist ein Instrument gemeint, mit dem jemand Gewalt über einen anderen ausübt. Chr. Wolff, a. a. O., S. 418.

zum Ausdruck. Er beschließt das große Kapitel in V. 57 mit einem Lobpreis, in dem er – in präsentischer Formulierung – Gott danksagt, »der uns den Sieg *gibt* durch unseren Herrn Jesus Christus« (1. Kor 15,57). Es hat Verheißung, bei der von den Aposteln grundgelegten Verkündigung fest und unerschütterlich zu bleiben und am »Werk des Herrn« weiter mitzuarbeiten, denn diese Arbeit wird nicht vergeblich sein (15,58).

Wie zuvor in den Versen 1. Kor 15,20–28 versucht der Apostel auch in diesem Abschnitt, den Korinthern zu verdeutlichen, daß ihre Hoffnung auf eine den Tod überdauernde pneumatische Seinsweise die biblische Hoffnung viel zu klein schreibt. Es geht nicht darum, daß einzelne Menschen in ihrem seelischen Kern nach dem leiblichen Tod weiterexistieren, es geht um die Entmachtung des Todes. Diese aber ist ein kosmisches Ereignis, das die ganze Schöpfung mit einbezieht. Auch ihr Seufzen und ängstliches Harren wartet auf Erlösung. Durch den Ungehorsam des Menschen ist auch sie dem Tod preisgegeben worden (Röm 8,20), doch sie steht wie die Menschheit unter der Verheißung, von dieser »Knechtschaft der Vergänglichkeit« frei zu werden (Röm 8,19–22). Daher muß und wird die in Jesu Tod und Auferweckung begonnene Heilswende auch den Kosmos einbeziehen. Gerade mit dem aus Jes 25,8 aufgenommenen prophetischen Wort bringt Paulus zum Ausdruck, »daß das in Christi Auferweckung begonnene Heil den Widerspruch in der Schöpfung (das ist der Tod als schöpfungsfeindliche Macht) total überwinden muß und den Menschen nicht abgesehen von seiner Weltverhaftung und an dieser vorbei erlösen kann«[383].

383 G. Sellin, Streit, S. 226.

7. *Wache auf, der du schläfst, und stehe auf von den Toten*

Im Zusammenhang einer Ermahnung, wie sie als Christen leben sollen, erinnert der unbekannte Verfasser des Epheserbriefes im Schlußteil seines Schreibens die Adressaten an einen ihnen offenbar bekannten liturgischen Ruf: »Darum heißt es: ›Wach auf, der du schläfst, und steh auf von den Toten, so wird Christus dir leuchten‹. So achtet nun sorgfältig darauf, wie ihr euer Leben führt ...« (Eph 5,14 f.). Es gibt gute Gründe, in diesem Weckruf das Fragment eines Taufliedes oder einer Taufansprache zu sehen[384], in der die Täuflinge aufgefordert wurden, ihr altes Leben, das der Nacht und dem Tod vergleichbar sei, hinter sich zu lassen und in ein neues aufzustehen, über dem Christus als Sonne des Lebens leuchtet[385]. Wenn auch das Alter dieses Textfragmentes unbekannt ist, steht doch fest, daß die Taufe seit der ältesten Jüngergemeinde am Anfang der Biographie eines jeden Christen ihren Ort hatte und daß sie den Sinn des Aufwachens und Aufstehens zu Christus hin von jeher in sich schloß.

Wer durch die Predigt des Evangeliums zum Glauben gekommen war, wurde in der Lehre der Apostel unterrichtet und im Akt der Taufe, bei dem er sich zu Jesus Christus als seinem Herrn bekannte, auf den Namen Jesu Christi getauft.

---

384 Als ein gottesdienstlicher Text, der seinen »Sitz im Leben« in der Tauffeier hatte, wird dieses Lied von J. Gnilka, Der Epheserbrief, HThK X, 1971, S. 259–263, bestimmt. An ein Tauflied denkt unter Hinweis auf Eph 2,6 und weitere Taufmotive ebenfalls F. Mußner, Der Brief an die Epheser, ÖTK 10, Gütersloh 1982, S. 146 f. Auch R. Schnackenburg, Der Brief an die Epheser, EKK 10, 1982, S. 233, hält es immer noch für »die beste Erklärung, daß hier ein Fragment aus der Taufliturgie auf die Situation der bereits Getauften angewendet wird, um ihnen das lichtvolle Leben, das ihnen in der Taufe zuteil wurde, in Erinnerung zu bringen«.

385 Das hier gebrauchte griechische Verb ἐπιφαύσκω bedeutet: aufgehen, erscheinen, leuchten, und wird für das Aufgehen der Gestirne gebraucht. Vgl. W. Bauer, Wörterbuch zum Neuen Testament, 6., völlig neu bearb. Aufl. von K. und B. Aland, Berlin/New York 1988.

Die dabei verwendete Taufformel ist in doppelter Form überliefert. An den Täuflingen wurde »im Namen« Jesu, d. h. in seiner Autorität, der Akt der Taufe ausgeführt (vgl. Apg 10,43). »Jesus als der Erhöhte ist der eigentliche Spender der Taufe; er wirkt durch sie Vergebung und Umkehr.«[386] Zugleich wurden die Neubekehrten – und diese Formulierung ist noch häufiger bezeugt[387] – in den Namen Jesu Christi hinein getauft, d. h. ihm und seiner Herrschaft übereignet. Wie das alttestamentliche Israel JHWH durch die Ausrufung des Gottesnamens über ihm als sein Eigentumsvolk zugehörte (vgl. 5. Mose 28,10; Jes 43,7), so sind auch die Christen ihrem Herrn durch die Taufe auf seinen Namen unterstellt (vgl. Jak 2,7).[388] Sie bilden die endzeitliche Heilsgemeinde, die Christus durch sein Blut erworben hat (1. Petr 1,18 f.; 1. Kor 6,20; 7,23) und die er nun »abgewaschen«, »gerechtfertigt« und »geheiligt« (vgl. 1. Kor 6,11) in das Reich und unter die Herrschaft Gottes, des Vaters, zurückbringt. Was dies für das Leben und Verhalten des Einzelnen und der ganzen christlichen Gemeinde bedeutet, daß sie auf Christus und seinen Namen getauft wurden, hat am konsequentesten der Apostel Paulus bedacht, der in vielen Streitfragen auf dieses Urdatum christlicher Existenz erinnernd zurückgreift.

Im Römerbrief (Röm 6,1 ff.) wendet sich der Apostel gegen jüdische oder judenchristliche Gegner, die seine Rechtfertigungsbotschaft mißdeuten. Wenn es wahr ist, daß dort, wo die Sünde zunahm, die Gnade um so größer wurde (Röm 5,20b) und der Mensch »umsonst«, »aus Gnade« vor Gott gerechtgesprochen wird (3,24), dann – so lautet ihre sarkastisch gemeinte Folgerung – »laßt uns doch in der Sünde

386 J. Roloff, Exkurs: Ursprung und Bedeutung der christlichen Taufe, in: Die Apostelgeschichte, NTD 5, Göttingen [18]1988, S. 61–63, S. 62.

387 Vgl. 1. Kor 1,13.15; Apg 8,16; 19,3.5. Von der Taufe »in Mose« spricht Paulus in einer typologischen Gegenüberstellung in 1. Kor 10,2. Trinitarisch erweitert findet sich die Taufformel in Mt 28,19 und der Didache 7,1.3 (vgl. K. Wengst (Hg.), Schriften des Urchristentums II, Darmstadt 1984, S. 76 f.).

388 J. Roloff, a. a. O., S. 62.

bleiben, damit die Gnade um so größer werde« (Röm 6,1). Vertritt der Apostel nicht eine Lehre, die die Menschen der Sünde überläßt, ja, sie sogar zum Sündigen ermutigt?[389] Ein harsches »Nein!« ist die Antwort des Paulus, das er durch die Erinnerung an die Taufe[390] untermauert. »Wir, die wir der Sünde *gestorben* sind, wie sollten wir noch in ihr leben? Oder wißt ihr nicht, daß wir, die auf Christus Jesus getauft sind, in seinen Tod hinein getauft sind? Wir sind zusammen mit ihm durch die Taufe in den Tod *begraben*, damit, gleichwie Christus von den Toten *auferweckt* wurde durch die Herrlichkeit des Vaters, so auch wir in der Neuheit des Lebens wandeln« (Röm 6,2–4). Betrachten wir die Verben in dieser Satzfolge, können wir leicht die Nähe der Aussagen zur Christusüberlieferung in 1. Kor 15,3–5 entdecken.[391] Was dort das urchristliche Katechismusstück über den für unsere Sünden gestorbenen, begrabenen und auferweckten Christus gesagt hat, begegnet nun als Qualifizierung des Lebens der in ihrer Taufe mit Christus Verbundenen. Auch sie sind in Christi Tod und seine Auferweckung mit hineingezogen, ihr Leben ist in Christi Geschick mit »eingetaucht«[392].

---

389 Vgl. die ganz ähnliche Unterstellung, die Paulus in Röm 3,8 wiedergibt: »... daß wir sagen: ›Laßt uns das Böse tun, damit das Gute daraus entstehe‹«.

390 Wenn Paulus von der Taufe spricht, denkt er dabei immer an den gesamten Zusammenhang, in dem Menschen zum Glauben an Jesus Christus kamen, in das Bekenntnis einstimmten, sich im rituellen Akt taufen ließen und von da an in der Gemeinschaft der christlichen Gemeinde, des »Leibes Christi«, ihr Leben führten. Die Rede von der Taufe schließt also immer den Glauben und das Bekenntnis zu Christus ein. Der Taufakt selbst verdeutlicht in einem symbolischen Vollzug, was das Christusevangelium dem Einzelnen zugesagt und dieser im Glauben empfangen hat. Auch im obigen Text ist mit dem Wort »Taufe« dieser umfassende Sinn gemeint.

391 Darauf verwies schon G. Eichholz, Die Theologie des Paulus im Umriß, Neukirchen-Vluyn ^{7}1991, S. 207–209; Vgl. weiter U. Wilckens, Der Brief an die Römer 2 (Röm 6–11), EKK VI/2, Neukirchen-Vluyn 1980, S. 12; P. Stuhlmacher, An die Römer (s. Anm. 346), S. 84 f.; ders., Theologie (s. Anm. 196), S. 351 f.

392 Die konkrete Bedeutung des im Griechischen für »taufen« gebrauchten Verbs »βαπτίζω« bedeutet »eintauchen«, und so, in einem Akt des Untertauchens, wurde bis in die Alte Kirche hinein die Taufe vollzogen.

Zwei Aussagen fallen in dieser Argumentationskette besonders auf: Die Aussage, daß Neubekehrte, die die Taufe auf den Namen Jesu Christi empfingen, in seinen *Tod* getauft wurden, ist nur bei Paulus zu finden.[393] Es muß sich also um eine entfaltende Redeweise des Apostels handeln, in der dieser die Taufformel interpretiert. Wer auf den Namen Jesu getauft und ihm damit übereignet wurde, ist in das Geschehen mit hineingenommen, von dem das Christusevangelium nach 1. Kor 15,3–5 kündet. Er steht in einer Schicksalsgemeinschaft mit dem für ihn gestorbenen, begrabenen und auferweckten Herrn, so daß Christi Todes- und Lebensweg auch zum Prägestempel seines Lebens wurde.[394] Zwar ist ohne Zweifel Jesus allein gekreuzigt worden. Alle, die sich auf seinen Namen taufen lassen, leben im vorfindlich-weltlichen Sinn auch nach diesem Taufakt weiter. Dennoch sind sie in Bezug auf ihr bisheriges, der Sünde verfallenes, Leben vor Gott mit Christus gekreuzigt (Röm 6,6; Gal 2,19; 6,14), gestorben (Röm 6,8; 2. Kor 5,14b) und begraben worden (Röm 6,4). Paulus unterscheidet daher zwischen dem »alten«, von der Sünde beherrschten, und dem neuen, dem inneren und dem äußeren Menschen in jedem Glaubenden[395]. Mit Christus starb und begraben wurde der außerhalb von Christus existierende, auf sich selbst vertrauende und aus seinen Werken lebende alte Mensch. Dieser hat bereits im Kreuz Jesu das Todesurteil von Gott empfangen. Für seine Sünde ist Christus in den Tod gegangen. Daher kann für ihn

393 Vgl. U. Wilckens, a.a.O, S. 11: »Ist so die ›Taufe auf (den Namen) Christus‹ als traditionell erwiesen, so gibt es für die parallele Formulierung εἰς τὸν θάνατον (auf seinen Tod) keinen weiteren Beleg im Urchristentum.«

394 Vgl. G. Eichholz, Theologie, S. 211: »Alles kommt darauf an, daß begriffen wird, daß der Mensch mit seiner Geschichte von der Geschichte Jesu Christi her definiert, umfaßt und aufgenommen wird.«

395 Bei Paulus findet sich die Bezeichnung »alter Mensch« in Röm 6,6, während der Ausdruck »neuer Mensch« bei ihm terminologisch noch nicht vorkommt. Wohl aber findet er sich im Kolosser- und Epheserbrief, hier auch in der Gegenüberstellung zum zuerst genannten Begriff, vgl. Kol 3,9 f.; Eph 4,22–24. Vom »äußeren« und »inneren Menschen« spricht Paulus in 2. Kor 4,16. Der Ausdruck »innerer Mensch« fällt auch in Eph 3,16.

nur gelten, daß er, insofern er auch nach der Taufe immer wieder neu in Selbstbehauptung, Ruhmsucht, Machtstreben und ähnliche »fleischliche« Verhaltensweisen zurückfällt, mit Christus täglich neu sterben und begraben werden muß (Röm 6,6.11 f.; 8,13; Gal 5,24). Doch so wie dieser auferweckt wurde aus den Toten durch die Lebensmacht Gottes, ist auch in jedem einzelnen Christen in der Taufe durch das Sterben hindurch ein neuer Mensch geboren worden, der aus der Gnade und dem Geist Gottes die Kraft zu einem neuen Leben empfängt (2. Kor 13,4; Röm 8,10.13; Gal 5,16. 22 ff.). Allerdings vermeidet es Paulus – anders als es später im Kolosser- und Epheserbrief[396] geschieht –, von einem Mit-Auferweckt- und Mit-Auferstanden-Sein der Glaubenden zu sprechen. Die Auferstehung von den Toten, zu der Christus als der »Erstling« bereits durchgedrungen ist, liegt für die Seinen in Gottes Zukunft. Sie ist das für die christliche Gemeinde und jeden einzelnen Christen noch Ausstehende, auf das sie im Glauben zugehen (vgl. Röm 6,8), das sie aber noch nicht besitzen. Dennoch sind sie dazu berufen, schon jetzt in der »Neuheit des Lebens« zu wandeln (Röm 6,4), was bedeutet, daß sie – in ein neues Lebens- und Vertrauensverhältnis zu Gott gestellt (Röm 8,15 f.; Gal 4,6 f.) – sich selbst in freier Selbstbestimmung Gott zum Dienst unterstellen und ihre Glieder als »Waffen der Gerechtigkeit« einsetzen (Röm 6,12 f.).[397] Doch die Wendung »Neuheit des Le-

---

396 Vgl. Kol 2,12 f.; Eph 2,5 f.

397 Paulus beschreibt in unserem Kapitel das Verhältnis, in dem die einzelnen Christen vor ihrer Taufe zur Sünde gestanden haben, als einen Dienst für die Sünde. Es war ein Abhängigkeits- und Hörigkeitsverhältnis (vgl. Röm 6,16 ff. und 7,5.14 ff.), in dem der Mensch unfrei und getrieben seine Glieder der Sünde als Werkzeuge hingab, so daß diese sie – seine Hände, Füße, Mund, Zunge, Denken und alle Sinne – nach ihrem Gutdünken benutzen konnte. Nun aber sind die Angeredeten durch die Evangeliumsbotschaft und das Mitsterben mit Christus aus diesem Abhängigkeitsverhältnis zur Sünde frei geworden. Der »alte Mensch« in ihnen ist in der Taufe mit Christus mitgestorben. An seine Stelle ist der neue Mensch getreten, der aus der Gnade und Kraft Gottes lebt und daher sich selbst, nicht mehr nur seine Glieder, in freier Selbstbestimmung Gott zum Dienst zur Verfügung stellen kann (Röm 6,13 f.). Daß er dies auch tue, ist die Konsequenz der Taufe, zu der

bens« meint noch mehr: Sie verweist nicht nur auf das neue Leben und Verhalten, das die auf Christus Getauften nunmehr an den Tag legen, sondern meint den »Lebensraum der mit der Auferstehung Christi angebrochenen neuen Schöpfung«[398], in den sie nun hineingestellt sind. Von dieser neuen Wirklichkeit soll ihr konkretes Leben schon jetzt bestimmt sein, von der eschatologischen »Neuheit« ihr Wandel Zeugnis geben.

Die eigenartige Dialektik, die das Leben der an Christus Glaubenden und auf seinen Namen Getauften nunmehr kennzeichnet, wird von Paulus und anderen Textzeugen in ganz bestimmten Bildern beschrieben. Die Nacht der alten Weltzeit ist »vorgerückt«, der neue Tag schon nahe herbeigekommen. Daher sind die zu Christus Gehörenden und um die Stunde Wissenden dazu bestimmt, vom Schlaf aufzuwachen, die alten Kleider, d. h. die Werke der Finsternis, abzulegen und die »Waffen des Lichtes« anzuziehen (Röm 13,11–14). Christen gehören – so sagt es Paulus an einer anderen Stelle (1. Thess 5,4–8) – nicht mehr der Nacht und der Finsternis an, sondern sind zu »Kindern des Lichtes« und »Kindern des Tages« geworden. Darum steht es ihnen nicht an, zu »schlafen« und »trunken« zu sein wie die übrige Menschheit, sondern sie sollen wachen und nüchtern sein, gewappnet mit den Waffen des Glaubens, der Liebe und der Hoffnung, die allein die immer noch andringende Finsternis überwinden können (vgl. auch Eph 6,10 f.13–17). Im Weckruf des am Anfang dieses Abschnittes genannten Taufliedes (Eph 5,14) wird der einzelne Christ zum Aufstehen in die »Neuheit des Lebens« direkt aufgerufen. »Wache auf, der du schläfst und stehe auf von den Toten, so wird Christus dir leuchten«. Christus, der die Wirklichkeit des neuen Lebens ans Licht gebracht hat, ist nicht nur die Voraussetzung für den Glauben und die Umkehr der einzelnen Christen. Er ist auch das Ziel, zu dem hin die Gemeinde und jeder Einzelne in ihr aufwachen und aufstehen sollen. »Als Erwa-

---

Paulus die Gemeinden und ihre einzelnen Glieder immer wieder aufruft (Röm 6,12 ff.; 8,12 f.; 12,1 ff.; 13,12 ff.; Gal 5,13 ff. 25 f. u. ö.).

398 Vgl. U. Wilckens, An die Römer 2, S. 12 und Anm. 31.

chende und Auferstehende erheben sich die Getauften in das Licht des Tages, Christus, so daß dieser ihr Licht wird, das sie erleuchtet und zum Leuchten bringt.«[399]

Durch das Sterben und Auferstehen Jesu ist die Verschlossenheit des Todes mitten in dieser Zeit und Geschichte aufgebrochen worden. Das Leben ist in die Todeswelt eingedrungen und hat den Erstling der Todesmacht entrissen. Damit sind auch diejenigen, die in ihrer Taufe mit Christus verbunden wurden, in einen neuen Lebenszusammenhang gestellt. Während in der von der Sünde beherrschten Welt alles Leben in den Tod, vom Licht in die Finsternis, vom Tag in die Nacht geht und dort verlöscht, ist dieses Todesgesetz in Christus gebrochen und umgekehrt worden. Für Christus selbst wie für die Seinen gilt, daß sie vom Tod zum Leben, aus der Finsternis in das Licht, von der Nacht zum Tag unterwegs sind. Zwar sind die ihrem Herrn Nachfolgenden noch nicht an diesem Ziel angekommen, noch herrscht der Tod in seinen vielfältigen Gestalten auch über die Christus Angehörenden, so daß sie seine tödliche Macht an und in ihrer kreatürlichen Leiblichkeit erfahren. Dennoch leuchtet vom Ziel her das Leben aus Gott, das Leben aus der Auferstehung, in das vom Tod überschattete Leben hinein und erweist sich an denen, die an Christus glauben und auf seinen Namen getauft sind, als lebendig machende Kraft, die durch Anfechtung, Verfolgung, Demütigung, durch Sterben und Tod hindurchführt.

---

399 H. Schlier, Der Brief an die Epheser, Düsseldorf 1962, S. 242; zit. bei F. Mußner, a. a. O. (s. Anm. 384), S. 147.

VI. Leben und Sterben in der durch Christus verwandelten Welt

Schon das Alte Testament kennt die Hoffnung, daß JHWH die Todesschranke durchbricht. Das Leben endet nicht – jedenfalls nicht für alle! – im Schattenreich des Todes. Einzelne Beter wissen sich auch über ihr Sterben hinaus geborgen bei Gott, der ihr Leben in seiner Hand behält, ja, auch aus den toten Gebeinen neues Leben erstehen lassen kann und will. Doch nur vereinzelt sind diese Stimmen im Alten Testament zu vernehmen, und sie sprechen von einer Hoffnung, die erst am äußersten Horizont aufscheint. Am Ende der Weltzeit läßt Gott die Toten auferstehen, die einen zum Heil, die anderen zum Gericht (Dan 12,2). Über das Sterben hinaus bleibt Gott einzelnen Frommen zugewandt.

Das Grundbekenntnis der neutestamentlichen Gemeinde lautet dagegen, daß Gott seinen Christus auferweckt habe »am dritten Tag«. Derjenige, der für die Sünden der Menschen starb und in die Totenwelt hinabstieg, ist auferstanden mitten in der Zeit. Gottes zum Leben erweckende Macht ist in diese Weltzeit eingebrochen und hat damit begonnen, die Schöpfung auf sein Reich hin zu verwandeln. Älteste eingliedrige Bekenntnisformeln, die Gott als den beschreiben, der Jesus von den Toten auferweckt hat[400], verweisen auf dieses Geschehen, sowie das schon Paulus vorgegebene Katechismusstück 1. Kor 15,3–5, das der Apostel der heidenchristlichen Gemeinde in Korinth bei seinem ersten Besuch als apostolische Lehre weitergab. In diesem geprägten Text, der in lapidarer Kürze zusammenfaßt, was gemeinsame Ba-

400 Vgl. Röm 4,24; 10,9; 1. Thess 1,10; Gal 1,1; 1. Petr 1,21; Apg 2,24.32 u. ö.

sis der urchristlichen Verkündigung seit den Anfängen der Urgemeinde in Jerusalem bis hin zu den griechischen Missionsgemeinden des Paulus war, wird in einer Folge von vier Sätzen letztlich nur ein einziges Geschehen umschrieben: Christus, der sein Leben für die Sünden der Welt dahingab und starb, ist auch begraben und damit der Herrschaftsmacht des Todes preisgegeben worden. Doch die Totenwelt konnte ihn nicht festhalten. Gott hat ihn am 3. Tag zu neuem, unzerstörbarem Leben erweckt und so sein Reich anbrechen lassen mitten in der Todesgeschichte dieser Welt. Damit Israel und die Völker dies erfahren, ist Christus seinem engsten Jüngerkreis »erschienen«. Er hat sich einzelnen Menschen als der über alle Todesmächte Erhöhte offenbart und sie damit zu Zeugen seines Lebens und zu Boten der neuen Welt gemacht.

Wir haben oben (vgl. Kap. IV.) 1. Kor 15,3–5 in seiner formalen Struktur und seinen inhaltlichen Bezügen behandelt. Die Frage nach dem Ereignischarakter der genannten Vorgänge blieb dabei noch offen. Sind alle Geschehnisse auf der gleichen Ebene zu denken? Daß die Kreuzigung Jesu ein historisch faßbares Ereignis war, das wir – unter der Statthalterschaft des Pilatus geschehen – sogar ziemlich genau datieren können, ist keine Frage. Aber ist die Auferweckung Jesu von derselben Art, ein Geschehnis *in* Raum und Zeit, das wir mit den Mitteln historischer Forschung feststellen und einordnen können? Diese systematische Frage ist in den letzten Jahren in der systematischen Theologie intensiv bedacht worden.[401] Nach Hans Kessler, Ingolf U. Dalferth und Georg Essen ist die Auferweckung Jesu von den Toten ein Geschehen, das grundsätz-

---

401 Verwiesen sei hier vornehmlich auf H. Kessler, Sucht den Lebenden nicht bei den Toten. Die Auferstehung Jesu Christi in biblischer, fundamentaltheologischer und systematischer Sicht. Neuausgabe mit ausführlicher Erörterung der aktuellen Fragen, Würzburg 1995; G. Essen, Historische Vernunft und Auferweckung Jesu. Theologie und Historik im Streit um den Begriff geschichtlicher Wirklichkeit, TSTP 9, Mainz 1995, vgl. bes. S. 295–385. 454–457; J. Ringleben, Wahrhaft auferstanden. Zur Begründung der Theologie des lebendigen Gottes, Tübingen 1998, S. 28–54. 79–88, und I. U. Dalferth, Der auferweckte Gekreuzigte, Tübingen 1994, S. 54–84; ders., Volles Grab, leerer Glaube? Zum Streit um die Auferweckung des Gekreuzigten, ZThK 95, 1998, S. 379–409.

lich aus dem Bereich des nach den Erkenntnisbedingungen des Historikers objektiv Festellbaren herausfällt[402], daher »kein Vorkommnis in Raum und Zeit« und also »nicht empirisch zugänglich«[403] ist. Nicht das Diktat der menschlichen Vernunft oder unser neuzeitliches Bewußtsein, sondern die theologische Reflexion auf den »modus essendi«[404], auf das Wesen dessen, was mit der Aussage von der Auferweckung Jesu aus den Toten nach biblischem Verständnis eigentlich gemeint ist, verbietet es, das Ostergeschehen als ein *in* Raum und Zeit feststellbares, innerweltliches Ereignis zu denken. Handelt es sich doch um ein Geschehen, das die raum-zeitlichen Dimensionen unserer Wirklichkeitserfahrung sprengt. Darauf verweisen gerade die Ostertexte, die deutlich machen, daß Jesu Auferweckung von den Toten nicht die Wiederbelebung eines Verstorbenen und also nicht seine Rückkehr »unter empirisch prüfbare Daseinsbedingungen«[405] darstellt. Sie ist vielmehr der »Beginn eines radikal neuen, unzerstörbaren Lebens«[406], das den Tod ein für allemal hinter sich gelassen hat. »Gott hat Jesus nicht in unser vergängliches, sondern in sein unvergängliches Leben hinein auferweckt«[407]. Und doch ist dieses Geschehen menschlichen Zeugen kundgeworden (1. Kor 15,5 ff.)! Der auferstandene Christus hat sich selbst in seiner österlichen Lebendigkeit Menschen offenbart, ist ihnen in den Weg getreten und hat sie – dabei zugleich ihre Augen für seine Wirklichkeit öffnend – zu Zeugen seines Lebens gemacht. So wenig daher das Geschehen der Auferweckung selbst unserem Denken und Verstehen zugänglich ist, so sehr doch das, was mit den menschlichen Zeugen durch diese Begegnungen ge-

402 H. Kessler, S. 138.

403 A. a. O., S. 434. 468 f. Vgl. auch I.U. Dalferth, Der auferweckte Gekreuzigte, S. 69: »Das Bekenntnis der Auferweckung Jesu artikuliert also keinen historischen Sachverhalt ...«. Ders., leerer Glaube?, S. 385: »Das Kreuz, nicht die Auferweckung verankert den Glauben in der Geschichte. Nur nach dem Kreuz, nicht aber nach der Auferweckung kann daher historisch gefragt werden«.

404 Dieser Begriff wird von G. Essen, a. a. O., S. 381. 456 gebraucht. Er will damit sagen, daß sich die Auferweckung Jesu aufgrund ihres *Seinscharakters* der historischen Erkenntnis prinzipiell entzieht. »Die Auferweckung Jesu selbst hat keinen raum-zeitlichen Terminus. Sie war deshalb kein Gegenstand der sinnlichen Anschauung und entzog sich der empirischen Feststellbarkeit« (S. 379).

405 H. Kessler, a. a. O., S. 475.

406 Ebd.

407 I.U. Dalferth, Der auferweckte Gekreuzigte, S. 79. Vgl. ders., leeres Grab?, S. 384.

schah: ihre Umwandlung durch Gott, ihre In-Dienst-Nahme durch den auferstandenen Herrn, ihr neues Reden und Verkündigen dessen, was ihnen offenbar geworden ist. Natürlich kann man versuchen, diese Erfahrungen psychologisch und rational aufzulösen, wie es seit Hermann Samuel Reimarus[408] in der Theologiegeschichte immer wieder geschehen ist und auch heute geschieht.[409] Doch haftet all diesen Erklärungsversuchen zugleich etwas Verkrampftes und Willkürliches an. In ihnen soll bewiesen werden, was die Erklärer schon immer voraussetzen und worauf ihr methodisches Vorgehen von Anfang an ausgerichtet ist. Zugleich reduzieren sie die zu untersuchenden Phänomene auf das, was nach dem Analogieprinzip begreiflich ist. Doch wie will man nach Analogien suchen, wenn ein Ereignis verkündigt wird, das – per definitionem – analogielos ist und »eine ganz einzigartige, exzeptionell-eschatologische Realität«[410] darstellt? Daß die neutestamentlichen Quellen am ehesten zu verstehen sind, wenn im Blick auf den österlichen Neuanfang der Jünger Jesu tatsächlich eine Begegnung »ab extra«, ein Impuls von außerhalb (doch gleichwohl in ihre geschichtliche Erfahrung sich vermittelnd), auch historisch angenommen werden kann, haben Georg Essen[411] und Hans Kessler[412] m. E. überzeugend aufgezeigt.

---

408 In den von G.E. Lessing ab 1774 veröffentlichten »Fragmenten eines Ungenannten« erklärte Reimarus die Osterbotschaft als Erfindung der enttäuschten Jünger und behauptete, daß diese, wie es die Juden nach Mt 27,64 und 28,13–15 sagen, den Leichnam Jesu gestohlen hätten. Vgl. Fünftes Fragment: Über die Auferstehungsgeschichte, und: Von dem Zwecke Jesu und seiner Jünger. Noch ein Fragment des Wolfenbüttelschen Ungenannten II, §§ 54–57, in: G.E. Lessing, Werke VII. Theologiekritische Schriften I und II, Darmstadt 1976, S. 426–457. 588–604.

409 Vgl. G. Lüdemanns tiefenpsychologischen Erklärungsversuch der Bekehrungen des Paulus und Petrus in: Auferstehung Jesu (s. Anm. 251), S. 96–99.113–116, und seinen Beitrag: Zwischen Karfreitag und Ostern, in: H. Verweyen (Hg.), Osterglaube ohne Auferstehung? Diskussion mit Gerd Lüdemann, Freiburg 1995, S. 13–46, sowie die kritische Auseinandersetzung H. Kesslers, a. a. O. (s. Anm. 401), S. 420–442, mit Lüdemann.

410 H. Kessler, a. a. O., S. 282.

411 G. Essen, Historische Vernunft (s. Anm. 401), S. 426–449.

412 H. Kessler, a. a. O., S. 233–236. 492–501.

Was kein Auge gesehen und kein Ohr gehört hat (1. Kor 2,9), was daher auch im Neuen Testament an keiner Stelle als anschaulicher Vorgang beschrieben wird: der Einbruch des Lebens Gottes in die Todeswelt, ist dennoch Menschen offenbar geworden (vgl. 1. Kor 15,5 ff.). Christus ist in seiner göttlichen Lebendigkeit seinen Jüngern neu begegnet und hat sie zu Zeugen seiner Herrschaft gemacht. Als »Botschafter an Christi Statt« (2. Kor 5,19) ziehen sie von nun an durch die Welt, um seinen Tod und seine Auferweckung als Gottes Versöhnung mit der Menschheit und Anfang einer neuen Schöpfung zu verkünden. »Das Alte ist vergangen, siehe: Neues ist« – von Gott her! – »geworden!« (2. Kor 5,17). Doch wie sollen die Boten Christi von dem reden, was alle Kategorien unseres Denkens und alle Vorstellungsmöglichkeiten übersteigt? Wenn sich die Auferstehung Jesu »*unvermeidlich* der sinnlichen Anschauung und empirisch-historischen Feststellbarkeit« entzieht[413], wenn sie »eine ganz einzigartige, exzeptionell-eschatologische Realität« darstellt[414], dann kann auch nicht mehr mit den Mitteln menschlicher Sprache, die auf irdische Gegenstände und Sachverhalte bezogen ist, davon gesprochen werden. Hier ist der Grund für den metaphorischen Charakter[415] der Ostertexte zu suchen, der in den hier gegebenen Auslegungen vorausgesetzt wurde. Denn wir haben keine Sprache, die in die verborgenen Dimensionen jenseits der uns mit unseren Sinnen erfaßbaren Welt hineinreicht. Wir können nur Worte aus unserer diesseitigen Welt und Lebenserfahrung nehmen

---

413 A. a. O., S. 433.

414 S. Anm. 410.

415 Die Metapherndiskussion, angestoßen durch die wegweisenden Arbeiten Paul Ricœurs und Eberhard Jüngels (vgl. P. Ricœur/E. Jüngel, Metapher. Zur Hermeneutik religiöser Sprache, EvTh Sonderheft, München 1974), ist in der neutestamentlichen Exegese vornehmlich mit Blick auf die Gleichnisauslegung rezipiert worden. Wie die gewonnenen Einsichten auch auf die Sprachgestalt des Auferweckungsbekenntnisses anzuwenden sind, wird bei I.U. Dalferth, Der auferweckte Gekreuzigte (s. Anm. 401), S. 70–76, und H. Kessler, Sucht den Lebenden (s. Anm. 401), S. 276–283, entfaltet.

und sie als Hinweise verwenden, die in die uns unfaßliche Wirklichkeit Gottes hinüberweisen.

Bereits die Grundworte der Osterüberlieferung, die vom »Aufstehen«, »Aufwachen« und »Leben« reden, sind Metaphern in diesem Sinn. Sie sprechen von der allen Menschen zugänglichen Erfahrung, daß Ruhende nach tiefem Schlaf wieder aufwachen, Liegende oder zu Fall Gekommene wieder aufstehen, Menschen und Tiere leben, d. h. sich auf dieser Erde regen und bewegen können, setzen sie aber neu in Beziehung zu einem Aufwachen und Aufstehen und zu einem Leben, das nicht mehr den biologischen Abläufen unterliegt, sondern ein für allemal die Kraft solchen Aufstehens und Lebens in sich hat.[416] Sie holen uns bei unseren menschlichen Erfahrungen ab, zeigen jedoch zugleich, daß nicht dieses irdische Aufwachen und Aufstehen, nicht dieses irdische Leben gemeint ist, sondern ein »ganz anderes«, unser diesseitiges Erleben und Begreifen übersteigendes, das dennoch in der Richtung der angegebenen Erfahrungen liegt und ein wesentliches Moment derselben in sich birgt. Christus ist wirklich »aufgestanden«, – aber ein für alle Mal; er wird nicht wieder irgendeiner zerstörenden Macht unterliegen. Gott hat ihn tatsächlich »aufgeweckt«, – aber aus dem Tod, aus dem sonst niemand erwachen kann. Er »lebt«, – jedoch in einer Lebendigkeit, die durch nichts mehr überschattet oder eingeschränkt wird, die vielmehr die Kraft des Lebens und Lebendigmachens auch für andere in sich trägt. Eine solche metaphorische Sprache hat *erschließende* Funktion. Sie beschreibt und definiert nicht, sondern sie *verweist*. Sie deutet auf Realitäten hin, von denen wir nur in dieser Gleichnishaftigkeit reden, aber so auch tatsächlich reden *können*. Daher ist gleichnishafte Rede vollgültige Rede, die das Verborgene, auf das sie hinweist, nicht verschleiert oder

416 In unserer deutschen Sprache deutet die intensivierende Silbe »er« (auf-er-stehen; auf-er-wecken) diese Endgültigkeit an. In der hebräischen und aramäischen, aber auch der griechischen, Sprache gibt es die Möglichkeit solcher sprachlichen Intensivierung nicht. Hier ist auch im eschatologischen Kontext vom »Aufstehen« und »Aufwecken« Christi bzw. der Gläubigen die Rede.

auflöst, sondern ihm allein gerecht wird. Sie kann daher auch nicht durch andere, vermeintlich »eigentlichere«, Rede ersetzt werden.

Was von den Grundworten der Osterüberlieferung zu sagen ist, gilt noch viel mehr von den Bildworten und ausgeführten Erzählungen, in denen die Osterbotschaft narrativ entfaltet wird. Es kennzeichnet insbesondere die hier untersuchten Texte, die vom Eintritt Jesu in die Todeswelt und der Verwandlung dieser Welt erzählen. Denn auch die Realität des Todes können wir Menschen nicht begreifen. Solange wir noch »unter der Sonne« leben (Pred 1,3.9.14), nehmen wir Sterben und Tod lediglich an anderen wahr oder erfahren an uns selbst die dem Tod im Alter, in Krankheiten und Lebensminderungen aller Art vorausgehenden Schatten. In dem Augenblick jedoch, in dem wir selber die letzte Grenze überschreiten, werden uns auch die Sinne genommen, mit denen wir alles, was jenseits dieser Grenze ist, aufnehmen. Auch von der Wirklichkeit des Todes können wir daher nur in Bildern und Metaphern sprechen, die – an diesseitige Erfahrungen anknüpfend – zugleich weit über sie hinausweisen. Ein Bild für die Welt des Todes war den Alten das in die Erde gegrabene oder aus dem Felsen gehauene Höhlengrab, das sie in ihrer alltäglichen Umwelt vielfältig vor Augen hatten. In ihm verdichteten sich für sie die Finsternis, Verschlossenheit und Abgründigkeit des Todes. So lag es nahe, daß die Osterverkündigung gerade dieses Bildzeichen aufnahm, um die Überwindung des Todes durch das Wunder der Auferweckung Jesu zu verkündigen. Mit Hilfe dieser Metapher versuchte sie auszudrücken, was in der Tiefe des Todes mit dem Tod selbst geschah, als Jesus von den Toten auferstand.

Eine Erzählung, die den Ostersieg Christi als ein Himmel, Erde und Unterwelt umgreifendes und verwandelndes Geschehen beschreibt, ist die Geschichte vom geöffneten Grab Jesu (Mk 16,1–8). Sie berichtet von den Lebenszeichen, die in die abgründige Wirklichkeit des Todes und seiner Macht hineinleuchten, die aber von den drei Frauen, welche am Ostermorgen das Grab Jesu aufsuchen, nur mit Unverständnis und Entsetzen wahrgenommen werden können. Sowohl der weggewälzte Stein wie die Grabstelle, an der die Frauen den gesuchten Toten nicht finden, sind Hinweise darauf, daß der Abgrund des Todes aufgebrochen wurde und leer ist. Denn das Totenreich, das sich nach altorientalischem und biblischem Verständnis in und hinter jedem konkreten Grab auftut, hat seine Beute hergeben müssen. Seine Schlösser und Riegel wurden aufgesprengt. Die unüberwindliche Barriere, die die Welt der Toten von jener der Lebenden trennt, ist zum Leben hin geöffnet worden. Damit wurde auch die aggressive, über alle Grenzen ausgreifende, Macht des Todes überwunden. Seine Schatten, die sich über alles Leben legen und dieses verdüstern, sind am Ostermorgen vertrieben worden. »Am dritten Tag« ist über der vom Tod überschatteten Welt die Sonne des Lebens aufgegangen. Der Morgen der in Christus erneuerten Schöpfung brach an. Doch die drei Frauen können all diese Zeichen des Lebens noch nicht deuten. An ihrer Flucht vom Grab fort, ihrem Zittern und Entsetzen ist erkennbar, wie der Umsturz des Todes und die Verwandlung der von ihm beherrschten Welt alles menschliche Begreifen übersteigt. Erst die Selbstoffenbarung des Auferstandenen vor seinen Jüngern und ihre Evangeliumsverkündigung wird – auch bei den genannten Frauen – den Osterglauben wecken.

Von diesem Sinn der Geschichte her zeigt sich, wie absurd der in den letzten Jahren geführte Streit um das leere Grab ist. Denn die in ihm verhandelte Frage, ob das Grab Jesu im historisch-faktischen Sinne leer war oder nicht, geht an der Botschaft des Textes völlig vorbei. Zudem kann diese Frage, mangels ausreichenden Quellenmaterials, nur in Wahrscheinlichkeitsurteilen münden. Gerd Lüdemann, der genau zu wissen meint, daß das Grab Jesu am Ostermorgen »voll« gewesen sei, setzt sein dogmatisches Urteil an die Stelle historischer Erkenntnis.[417] Aber auch die umgekehrte Position, die mit guten Gründen plausibel machen möchte, daß Jesu Grab historisch-faktisch leer war, kann auf diese Vermutung nicht die Wahrheit des Osterzeugnisses gründen. Es gäbe, selbst wenn der historische Nachweis gelingen sollte, noch immer verschiedene

417 Dies zeigt sich, von allen späteren Einlassungen ganz abgesehen, schon in seinem Buch, Auferstehung Jesu (s. Anm. 251), S. 28 ff. und 198 ff. Aus historischen Hypothesen werden unter der Hand sichere Behauptungen, die nicht mehr mit historischen Argumenten begründet sind.

»weltliche« Ursachen, die das Verschwinden des Leichnams Jesu erklären könnten. Vor allem aber ist theologisch zu fragen, ob der Übergang Jesu in das Leben Gottes mit dem faktischen Verschwinden seines Leichnams von der Sache her verbunden werden kann und muß. »Das Osterbekenntnis besagt, daß der gekreuzigte und begrabene Jesus in Person mit seinen Bezügen durch Gottes beziehungswillige Liebe in ein radikal neues Leben hinein gerettet und ewig aufgehoben ist. Der Übergang in diese ganz neue Dimension kann aber – da Ausstieg aus der kosmischen Zeit und Eintritt in ein nicht mehr physikalisch-biologisch zu fassendes ewig-endgültiges Leben, das von jenseits des Todes her zuteil wird – nicht wieder ein Vorkommnis in Raum und Zeit sein. Er liegt derart ›jenseits‹ der irdischen Natur- und Daseinszusammenhänge, daß er sie nicht außer Kraft setzt oder in ihnen eine Lücke hinterließe.«[418] – Für die Urchristenheit war die Schilderung der Auffindung des geöffneten und leeren Grabes Jesu am Ostermorgen das Fenster, durch das sie in die Tiefe der überwundenen Todeswelt und damit zugleich in die Höhe des auferstandenen Herrn blickte. Für unser heutiges Verstehen hingegen, das sich (fast) nur noch an faktischer Wirklichkeit orientiert, ist das Berichtete – wenn wir die Metaphernsprache nicht bewußt machen – ein Mirakulum, das wir anstarren und das uns, ob wir es nun affirmativ behaupten oder kritisch destruieren, den Sinn des Erzählten geradezu verstellt.

In der im Johannesevangelium überlieferten Grabesgeschichte (Joh 20,1–10) sind – verglichen mit dem Markustext – noch weitere Zeichen hinzugekommen, die auf die Überwindung des Todes hindeuten. Diese Erzählung berichtet, wie auf die Kunde der Maria von Magdala hin Petrus und der andere Jünger, »den Jesus liebhatte«, zum Grab laufen und dort in der Grabhöhle die Leinenbinden und das Schweißtuch sehen, mit denen der Leichnam Jesu umhüllt war (vgl. 20,4–8). Der Auferstandene hat also – so müssen wir diese Erzählzüge verstehen! – die »Stricke« und »Bande des Todes« (vgl. Ps 18,6; 116,3) hinter sich zurückgelas-

418 H. Kessler, Sucht den Lebenden (s. Anm. 401), S. 491 f. Vgl. auch den Gesamtabschnitt: »Mußte das Grab Jesu leer sein?«, a. a. O., S. 486–492. Ähnlich wie Kessler urteilt auch I.U. Dalferth, leerer Glaube?, S. 394–399, der seinen Aufsatz unter das Motto eines englischen Graffiti gestellt hat: »You can never be too dead for resurrection«.

sen.[419] Mit »unverhülltem Angesicht«, d. h. als Verherrlichter (vgl. 2. Kor 3,18), ist er in Gottes Leben eingegangen.[420] Während Petrus dies alles nicht oder noch nicht begreift, heißt es dagegen vom Lieblingsjünger, daß er »sah und glaubte« (20,8). Für ihn sind die zurückgelassenen Gegenstände sprechende Zeichen, die auf das Lösen der Fesseln des Todes (vgl. Apg 2,24) und aller Verhüllungen (vgl. 2. Mose 34,33–35; Jes 25,7[421]) hindeuten, obwohl auch er die alttestamentliche Schrift, die nach urchristlichem Schriftbeweis von Jesus und seiner Auferweckung redet, noch nicht versteht (20,9).

Doch was sich in der Auferstehung Jesu ereignete, ist kein Geschehen, das nur ihn allein betrifft. Der in die Machtfülle Gottes eingetretene Menschensohn ist der von Ewigkeit zu Ewigkeit Lebende, der die Todeswelt ein für allemal geöffnet und überwunden hat. Das besagt das große Ich-bin-Wort, mit dem sich der erhöhte Christus in der Offenbarung des Johannes dem Seher vorstellt (Offb 1,17 f.). Christus »war tot«. Auch er war der Herrschaft des Todes preisgegeben gewesen. Doch er ist durch den Tod hindurchgebrochen in das Leben, das den Tod nicht mehr vor sich hat, und hält nun die »Schlüssel« des Todes und der Totenwelt in seiner Hand. Wie der große Stein in der Markuserzählung (Mk 16,3 f.) spielt auch diese Metapher auf die Verschlossenheit

---

419 S. o. S. 106 f.

420 Vgl. zu dieser Auslegung S. M. Schneiders, »Das Tuch auf dem Antlitz Jesu«: ein johanneisches Zeichen (Joh 20,1–10), ThG 27, 1984, S. 34–40, die auf das Vorkommen des Begriffes »sudarium« (Schweißtuch) in aramäischen Übersetzungen von 2. Mose 34,33–35 verweist und von daher einen Bezug zwischen Joh 20,7, 2. Mose 34,33–35 und 2. Kor 3,18 herstellt.

421 Ob auch Jes 25,7 mit im Blick ist, muß offen bleiben. Wenn, wie P. Welten, Die Vernichtung des Todes (s. Anm. 169), S. 134 ff., herausgearbeitet hat, in Jes 25,7 nicht von der Vernichtung der Trauertücher, sondern jener Hüllen die Rede ist, mit denen sich der Mensch angesichts der Theophanie Gottes verhüllen muß, um nicht in der göttlichen Lichtherrlichkeit zu vergehen, könnte in Joh 20,7 auch diese Textstelle mit anklingen. Allerdings ist in der Septuaginta Jes 25,7 völlig abweichend vom hebräischen Text übersetzt. Die johanneische Erzählung müßte also am hebräischen Urtext anknüpfen.

der Todeswelt an. Mit den Schlüsseln waren die Pforten des Hades zugeschlossen, so daß keiner mehr herauskam, der einmal in das Schattenreich der Toten hinabgestiegen war. Bis zum Eintritt Christi hatte der Tod die Schlüssel in seiner Gewalt. Doch nun sind sie im Besitz dessen, der bei seiner Auferweckung selber die Hadeswelt durchschritten und ihre verriegelten Pforten geöffnet hat. In der Hand Christi künden sie von seiner Vollmacht, die Tore des Todes aufzuschließen und alle an diesem Ort Gefangenen in die Freiheit und das vom Tod nicht mehr zerstörbare Leben hinauszuführen.

Wie dies geschieht und geschehen wird, veranschaulicht die johanneische Geschichte von der Auferweckung des Lazarus (Joh 11,1–45). Dem äußeren Verlauf nach scheint es sich um eine »Totenerweckung« zu handeln, bei der der tote Lazarus in das irdische Leben zurückgeholt wird, in ein Leben freilich, in dem er den Tod noch einmal vor sich haben würde. Doch die doppeldeutigen Aussagen am Anfang der Erzählung, die geheimnisvollen Ankündigungen und dargestellten Mißverständnisse lassen ahnen, daß auch diese Geschichte auf einer anderen Ebene verstanden sein will. Christus wird gezeichnet wie der zur Parusie kommende Herr, bei dessen Ankunft die Seinen »aufstehen« und dem sie erwartungsvoll »entgegengehen«. Zudem spielen auch in diesem Text die Metaphern eine Rolle, die uns aus den Ostererzählungen bei Markus und Johannes vertraut sind. Von der »Gruft« ist die Rede und dem »Stein«, der die Grabhöhle verschließt, sowie den »Grabtüchern« und dem »Schweißtuch«, in die Lazarus eingebunden ist. Doch nun wird das Geschehen selbst beschrieben, wie der tote Lazarus durch Christus, der in der Einheit mit Gott handelt, lebendig wird. Jesus gebietet, den Stein wegzuheben. Seine Stimme erschallt in die Totenwelt hinein und ruft Lazarus bei seinem Namen an, worauf dieser aus dem Grab herauskommt. Gleichnishaft stellt diese Szene in der Anschaulichkeit irdischer Wirklichkeit vor Augen, was in der Zukunft des kommenden Herrn geschehen wird, wenn dieser als der Totenerwecker die Toten aus ihren Gräbern ruft. Zugleich macht dieses Zeichen aber auch deutlich – und darauf liegt im vierten Evangelium der noch stärkere Akzent –, was sich schon »jetzt«

in der Begegnung mit dem gekommenen Herrn und seinem Wort ereignet. Daher geht der geschilderten Szene der Dialog mit Martha, Lazarus' Schwester, voraus, an dessen Höhepunkt Christus sich selbst als »die Auferstehung und das Leben« offenbart (11,25 f.). Wer auf ihn hört und an ihn glaubt, wird leben, auch wenn er stirbt. Nicht erst am »Jüngsten Tag«, schon jetzt ist die Stunde angebrochen, da die Toten die Stimme des Sohnes Gottes hören, und diejenigen, die sie hörend aufnehmen, leben werden (Joh 5,25). Lazarus, der zu solchen Menschen gehört, läßt sich durch die Stimme Jesu aus dem Grab rufen. Allerdings ist er – dies kann man im Vergleich mit Joh 20,5–7 beobachten – noch durch die Grabbinden und das Schweißtuch verhüllt.[422] Er ist noch nicht in die Herrlichkeit Gottes durchgedrungen, wie es vom auferstandenen Christus gesagt wird. Aber vielleicht soll dieser erzählerische Zug andeuten, daß sich Lazarus, von Christus gerufen, auf dem Weg dorthin befindet, wo er von den Todesfesseln erlöst und Gott mit »aufgedecktem Angesicht« (2. Kor 3,18) schauen wird. Daher erhalten die Anwesenden den Befehl, den aus dem Grab Getretenen loszubinden und gehen zu lassen (Joh 11,44b), ein Gebot, das auf den Auftrag der Jüngergemeinde anspielen könnte (vgl. Mt 18,18; Joh 20,23).

Wie alle johanneischen Wunderzeichen ist auch die Auferweckung des Lazarus ein gleichnishaftes Geschehen, in dem in der irdischen Wirklichkeit vorabgebildet wird, was nur für die Augen des Glaubens erkennbar ist. Nach ihrem zeichenhaften Sinn zeigt diese Geschichte bereits den österlichen Christus, der Menschen, die im Tode gefesselt sind, zu jenem Leben befreit, über das der Tod keine Macht mehr hat. Christus, der sich anschickt, für die Sünden der Welt in den Tod zu gehen (vgl. 11,47 ff.) und in die Herrlichkeit des Vaters erhöht wird, hat die Vollmacht, Gräber zu öffnen und Menschen durch sein lebendig machendes Wort aus dem Tod zu rufen. Dies geschieht nicht nur am Jüngsten Tag, wenn der Menschensohn zu seiner Parusie erscheint. Es ge-

422 Vgl. J. Kremer, Lazarus (s. Anm. 327), S. 78 f.

schieht auch schon jetzt, nämlich überall dort, wo »seine Schafe« die Stimme des guten Hirten (Joh 10) hören und ihr folgen.

Alle bisher besprochenen, aus so unterschiedlichen neutestamentlichen Schriften stammenden, Ostertexte wollen uns durch die vor Augen gebrachten Bilder und Szenen hindurchblicken lassen auf das, was sich in der Tiefe des Todes in der Auferweckung Jesu vollzog. Sie verkünden das Wunder der Auferstehung als ein Geschehen, in dem Christus *im Tode durch den Tod* hindurchbrach und so das Totenreich selbst als schöpfungsfeindliche Macht überwand. Daher betrifft seine Auferweckung nicht nur ihn allein. Christus ist der »Erstling der Entschlafenen« (1. Kor 15,20 und 23), der »Erstgeborene der Toten« (Offb 1,5; Kol 1,18), der erste Mensch der neu geschaffenen Welt (1. Kor 15,21 f. 47–49). Mit seiner Auferweckung ist ein Geschehen in Gang gesetzt, das auch seine vielen Geschwister (vgl. Röm 8,29) zum Leben führt, ja, das erst dann zu seinem Ziel und Ende gekommen sein wird, wenn auch der »letzte Feind«, der Tod (1. Kor 15,26), verschlungen ist. Was das Alte Testament in einer äußersten Hoffnungsperspektive verkündigt, daß Gott die Tränen von jedem Antlitz abwischen und den Tod für immer vernichten wird, ist schon in seine Erfüllungsgeschichte eingetreten. Im Kreuz und in der Auferweckung Jesu hat eine Lebensgeschichte begonnen, die immer mehr Menschen in die Lebens- und Auferstehungsmacht Gottes einholt[423], bis sie zuletzt auch den Tod und seine Finsternis verschlingt und »alles«, die ganze Schöpfung, unter die Herrschaft des Gottes des Lebens zurückbringt.

423 Vgl. hierzu das eindrucksvolle Kapitel von H. Kessler: Der andauernde dramatische Kampf des neuen Lebens mit den Mächten des Todes und der Zerstörung, in: Ders., Sucht den Lebenden (s. Anm. 401), S. 390–404. Christi Herrschaft über die Mächte (vgl. 1. Kor 15,25–27; Phil 2,9; Eph 1,20–22; Kol 2,10 und 15) ist eine *dynamische* Wirklichkeit, die von der Erhöhung Christi über alle Mächte und Gewalten (bei seiner Auferstehung) bis zur Übergabe der Herrschaft an den Vater (bei seiner Wiederkunft) auf die Entmächtigung der zerstörerischen und gottfeindlichen Herren und Gewalten zielt.

Von diesem letzten Ziel redet der Apostel Paulus ausführlich im 1. Korintherbrief, in dem er sich mit Gegnern auseinandersetzt, die auf die Unsterblichkeit ihrer erleuchteten Seelen hoffen, und dabei die von Gott geschaffene Welt der Vergänglichkeit und dem Tod überlassen. Auf der einen Seite nehmen sie die Realität des Todes nicht ernst und meinen, in ihrem geistigen Kern von ihm nicht betroffen zu werden. Auf der anderen Seite überlassen sie alles, was sich nicht in den erleuchteten, unsterblichen Geist verwandeln kann, der Macht der Vergänglichkeit und des Todes. Paulus dagegen zeigt, daß die Hoffnung auf Auferstehung die Hoffnung auf die Erlösung dieser gequälten, der Vergänglichkeit und Vernichtung unterworfenen Schöpfung mit einschließt. Der Tod ist nicht ein letztlich hinzunehmender, gleichmütig zu ertragender Faktor dieser Welt, sondern Gottes Feind. Er ist durch die Sünde in die Welt gekommen und nimmt durch die Sünde täglich an Gewalt und Schreckensmacht zu. Christus aber, der in seinem Kreuz und seiner Auferweckung bereits den »Stachel des Todes« (1. Kor 15,56), nämlich die Sünde und ihre Kraft, besiegt hat, wird bei seiner Parusie auch diesen letzten Feind überwinden. Die in seinem Ostersieg begonnene Lebensgeschichte wird auch den Tod einholen, und Gottes Herrschaft wird dann über alles und in allem sein.

In diesem »Triumphzug Christi« (2. Kor 2,14) ist auch die christliche Gemeinde mit unterwegs. Sie kommt vom Geschehen des Kreuzes und der Auferweckung des *einen* her und geht auf die Wiederbringung des Lebens aller, die neue Schöpfung, das Reich und die Herrlichkeit Gottes zu. Jeder einzelne Christ ist bei seiner Taufe Jesus Christus, dessen Name über ihm ausgerufen wurde, übereignet worden und damit in sein Sterben und Leben mit »eingetaucht«. In allen Leidenserfahrungen um Christi willen, in Krankheit, Schwachheit und Tod erlebt er das Sterben Jesu an seinem Leibe. Gleichzeitig ist er aber auch mit Christus in den Sieg des Lebens hinübergerissen und erfährt inmitten seiner Bedrängnisse das Wunder der Auferweckung schon im diesseitigen, irdischen Leben. In sehr persönlicher Sprache bringt der Apostel, seine eigenen Erfahrungen andeutend, diese Gebrochenheit christlicher Existenz zum Ausdruck:

> Von allen Seiten sind wir bedrängt, aber nicht erdrückt; ratlos, aber nicht verzweifelt; verfolgt, aber nicht verlassen; niedergeworfen, aber nicht vernichtet. Allezeit tragen wir das Sterben Jesu an unserem Leib umher, damit auch das Leben Jesu an unserem Leib offenbar werde. Denn immerfort werden wir, die da leben, in den Tod dahingegeben um Jesu willen, damit auch das Leben Jesu an unserem sterblichen Fleisch offenbar werde. (2. Kor 4,8–11)[424]

Nur in diesem »aber nicht«, diesem »mehr« an Kraft, kommt für den Apostel die Kraft der Auferstehung und des Lebens schon im diesseitigen Leben zur Erfahrung. Denn die Todesmacht läßt in der alten Welt noch kräftig ihre Muskeln spielen. Ja, es scheint fast so, daß sie, da in der Tiefe getroffen, nur um so wütender um sich schlägt. Dennoch ist die Lebensmacht Gottes schon auf dem Plan. Sie erweist sich u. a. in den Wirkungen des österlichen Geistes, der den einzelnen Christen und der Gemeinde insgesamt in der Taufe als »Erstlingsgabe« bzw. »Angeld« (Röm 8,23; 2. Kor 1,22; 5,5) geschenkt ist. In diesem Geist haben die Getauften die Vollmacht, Gott als ihren Vater anzurufen (Gal 4,6; Röm 8,15), durch ihn ist ihnen die Kraft gegeben, in der »Neuheit des Lebens« auch tatsächlich zu wandeln (Gal 5, 22–25; Röm 6,4). Der Geist des auferstandenen Herrn rüstet sie mit den »Waffen der Gerechtigkeit« (Röm 6,13; 2. Kor 6,7) aus, so daß sie, angetan mit dem Panzer des Glaubens und dem Helm der Hoffnung (1. Thess 5,8), den Kampf mit den Todesmächten bestehen.

Noch sind die zu Christus Gehörenden auf dem Wege. Sie sind noch nicht mit Christus auferstanden, sondern der leibliche Tod, der Abbruch des irdischen Lebens, steht auch ihnen bevor. Doch im Glauben sind sie mit dem verbunden, der über den Tod Herr geworden ist. Von ihm vermag sie nichts mehr zu trennen (Röm 8, 35–39; 14,7–9). Daß diese Gemeinschaft auch im Sterben nicht abreißt und alles, was

---

424 Übersetzung nach F. Lang, Die Briefe an die Korinther (s. Anm. 199), S. 279 f. Vgl. auch die anderen Selbstzeugnisse in 2. Kor 6,4–10; 13,4; Phil 3,10 f.; Gal 2,20 sowie 2. Kor 1,8–11.

hier geliebt, geglaubt und gehofft wurde, hinüberreicht und seine Früchte bringt in der kommenden Welt, dessen dürfen sie in Christus gewiß sein (1. Kor 13,8–13). Wie wir es im Alten Testament bei einzelnen Psalmisten (Ps 16,5 ff.; 49,16;73,23–26; 139,8–12) fanden, daß sie sich selbst angesichts des Todes von der Treue Gottes gehalten wußten, richtet sich auch im Neuen Testament die Hoffnung des Einzelnen auf die ihn durchtragende Liebe Christi und damit Gottes. Die ausmalenden Bilder vom paradiesischen Leben der Gerechten in der kommenden Welt, die die Apokalyptik in nach-alttestamentlicher Zeit entwarf, werden in der neutestamentlichen Literatur wieder deutlich zurückgenommen. Kern der persönlichen Hoffnung ist es, auch im Tod »bei Christus zu sein« (Phil 1,23; 1. Thess 4,17; 2. Kor 5,8), »zugleich mit ihm (zu) leben« (1. Thess 5,10), in die Wohnungen des Vaters durch und mit Christus aufgenommen zu werden (Joh 14,2 f.) und Gott schauen zu dürfen »von Angesicht zu Angesicht« (1. Kor 13,12; 1. Joh 3,2).

Anhang: Historisch-faktisches oder real-symbolisches Verstehen?

Thesen zum angemessenen Lesen und Verstehen der Schrift

1. Die alttestamentliche und neutestamentliche Schrift enthält, wie die Formgeschichte gezeigt hat[425], eine Vielzahl von Textformen, denen wir mit unterschiedlichen Leseerwartungen begegnen. Wir lesen die Gleichnisse in der Bibel anders als die Geschichtsberichte, Jesu Rätselworte anders als ein urchristliches Lied, die Apostelgeschichte mit anderem Interesse als die apostolischen Briefe und so fort. Die hier vorgelegten Thesen beziehen sich auf Texte, die ebenfalls eine besondere Lesehaltung verlangen, – die *großen kerygmatischen Erzählungen der Bibel.* Wenn sich auch diese Geschichten nicht einer einheitlichen Textgattung zuordnen lassen, so stimmen sie doch alle darin überein, daß in ihnen in verdichteter Form das Heilswirken Gottes bzw. das Heilswirken Jesu unter den Menschen verkündigt wird. Die eindrücklichen Erzählungen des Exodus möchte ich zu ihnen rechnen, sowie die johanneischen Wunder, aber auch die synoptischen Heilungs- und Rettungsgeschichten, die Epiphanien und eben auch die Ostererzählungen.

2. All diesen Geschichten eignet eine besondere *Transparenz.*[426] Sie erzählen von der Teilung der Wassermassen beim

425 Vgl. K. Koch, Was ist Formgeschichte?, Neukirchen-Vluyn ^{2}1967.

426 I. Baldermann hat bereits vor Jahren darauf hingewiesen, daß die Bibel in »elementaren Zeichen« spreche. Vgl. Einführung (s. Anm. 17),

Auszug Israels aus Ägypten, vom Sturm und dem durch das Befehlswort Jesu still gewordenen Meer, der wunderbaren Brotvermehrung in der Wüste, den Lahmen, Tauben und Blinden, die durch Jesu Wort und Handauflegung geheilt wurden, und vom Grab, das die Frauen am Ostermorgen geöffnet und leer fanden. Sie berichten von Geschehnissen, die nach Meinung der Erzähler auch in der geschichtlichen Wirklichkeit wahrgenommen und erfaßt werden konnten. Dennoch geht das Erzählte in den berichteten Ereignissen nicht auf. Diese selbst haben eine zeichenhafte Bedeutung. *Real* und doch zugleich *symbolisch* gemeint, weisen sie über sich hinaus in eine Wirklichkeit, die, wenn auch verborgen, alles Leben in dieser Welt hintergründig bestimmt: die Wirklichkeit Gottes, aber auch die Realität der chaotischen Mächte, die in den Geschehnissen dieser Welt auf dem Plan sind. So deuten z. B. die Geschichten von der Spaltung des Meeres (2. Mose 14) und von der Sturmstillung (Mk 4,35–41 par.) auf das Wirken des Schöpfers, der am Anfang bei der Weltschöpfung die Chaosfluten geteilt (Ps 74,13; 1. Mose 1,6–9) und Lebensraum für seine Schöpfung geschaffen hat, der dies aber nicht nur einmal »am Anfang« der Weltgeschichte tat, sondern in seiner schöpferischen Kraft bis heute am Werk ist. Auch weiterhin wehrt er in der geschichtlichen Wirklichkeit dem Andringen der Chaosmächte, indem er das Toben der Völker stillt (Ps 65,8; 89,10 f.; Jes 17,12–14 u. ö.), den einzelnen Psalmbeter aus den tiefen Wassern der Angst reißt (Ps 18,5 f.17; 32,6; 42,8; 69,2 f.15 f. u. ö.), dem Meer seine Grenze zieht (Ps 104,9; Hi 38,8–11) und am Ende einmal alle finstere, chaotische Gewalt endgültig zum Schweigen bringt (Offb 8,1; 21,1). All dies scheint auf und leuchtet durch das Geschehen hindurch, von dem Markus und die anderen Evangelisten in der Erzählung von der Sturmstillung berichten. Und so, in ähnlicher Transparenz, wollen auch die übrigen Geschichten gesehen

S. 98–105. Ich habe in meinem Aufsatz: »Wer ist der?« (s. Anm. 265), diese Einsichten modifizierend aufgenommen. Auch die hier vorgelegten Thesen knüpfen an das Gespräch mit Baldermann an und versuchen eine Weiterführung.

und verstanden werden. Jesus begegnet den Seinen als derjenige, der wie Gott »auf den Wogen des Meeres« geht (Hi 9,8; Mk 6,45–52 par.), und läßt sogar auch seinen Jünger, solange der im Glauben auf ihn blickt, über das Chaos schreiten (Mt 14,22–33). Er speist mit nur wenigen Broten eine unübersehbare Volksmenge in der Ödnis (Mk 6,30–44 par.), so wie Gott sein Volk durch das Manna in der Wüste am Leben erhielt (2. Mose 16). Seine Grabstelle ist geöffnet und leer (Mk 16,1–8), weil Gott ihn bei seiner Auferweckung die Pforten der Totenwelt durchbrechen ließ und schon damit begonnen hat, die Scheol, das Gefängnis des Todes, leerzuräumen.

3. In dieser eigenartigen Transparenz der Erzählungen drückt sich ein *Wirklichkeitsverständnis* aus, das für die altorientalische-biblische Welt kennzeichnend ist und von Othmar Keel folgendermaßen beschrieben wird: »Für den AO weist die empirische Welt als Manifestation und Symbol über ihre vordergründige Wirklichkeit hinaus. Es findet eine ständige Osmose zwischen Tatsächlichem und Symbolischem, und umgekehrt auch zwischen Symbolischem und Tatsächlichem statt. Diese Offenheit der alltäglichen, irdischen Welt auf die Sphären göttlich-intensiven Lebens und bodenloser, vernichtender Verlorenheit hin ist wohl Hauptunterschied zu unserer Vorstellung der Welt als eines praktisch geschlossenen mechanischen Systems ... Die Welt ist nach biblischer und ao Vorstellung auf das Über- und Unterirdische hin offen und durchsichtig. Sie ist keine tote Bühne.«[427] Während nach unserem Verständnis die wahrnehmbare Welt ein mehr oder weniger geschlossenes System ist, das wir auf seine naturgesetzlichen Ordnungen hin untersuchen, während für uns Geschehnisse reine Fakten darstellen, denen wir erst nachträglich Sinn und Bedeutung geben, indem wir sie in evolutive oder historische Zusammenhänge einordnen, sind naturhafte wie auch geschichtliche Ereignisse für den biblischen Menschen Signale, die eine Botschaft

427 O. Keel, Bildsymbolik (s. Anm. 5), S. 47.

enthalten. So kündet z. B. die geschaffene Welt schon allein durch ihr Dasein von dem wunderbaren Erbarmen Gottes, der das Chaos zurückdrängte, um einen Raum für seine Geschöpfe freizulegen, wohingegen alle chaotischen Erscheinungen, die Brandung des Meeres ebenso wie die Kriege der Völker, auf die noch immer hinter der Schöpfung lauernde und sie bedrohende Chaosmacht verweisen. Auch Tag und Nacht erzählen von der Güte Gottes. Während in jeder Nacht die Chaosfinsternis, wenn auch gezähmt und eingegrenzt, in die geschaffene Welt hereinragt (vgl. 1. Mose 1,2–5; Hi 38,12–15), ist jeder anbrechende Morgen, jedes Aufgehen der Sonne, ein Hinweis, daß Gottes Barmherzigkeit »noch kein Ende« hat, sondern »alle Morgen neu«, und seine Treue groß ist (Klgl 3,22 f.). Krankheiten haben gleichfalls ihre Botschaften. Sie sind nicht einfach gesundheitliche Defekte, die es schleunigst zu reparieren gilt, sondern Schatten und Zugriff der Todesmacht, der der Mensch unter dem »Zorn Gottes« ausgeliefert ist[428]. Vollends die Phänomene des Todes, das Grab und die Grablegung eines Verstorbenen, sind reale Bilder für das hinter diesen empirischen Phänomenen existierende Schattenreich des Todes, das alles Leben in sich hereinzieht. Wir sind nicht nur umgeben von einer äußerlichen faktischen Welt, sondern dahinter und darin umgibt uns eine »andere Zone der Wirklichkeit«[429], die – verborgen und unverfügbar – in bestimmten Erfahrungen immer wieder staunenerregend oder auch erschreckend in diese Welt einbricht: die Wirklichkeit Gottes, der Leben schenkt und Wunder des Lebens schafft, und die Wirklichkeit der gottfeindlichen Mächte, die das Leben zerstören.

4. Den frühen Hörern und Lesern der Schrift war die Zeichenhaftigkeit der Dinge und Ereignisse vertraut. So weit es sich nicht um im alten Orient allgemein verbreitete Bilder und Vorstellungen handelte, die allen Zeitgenossen ver-

---

428 Vgl. Ps 6; 32; 38 und andere Krankheitspsalmen und dazu die einfühlsame Auslegung von Chr. Hinz, Die Krankheitspsalmen. Ein Gespräch mit ihren Betern, Leipzig 1994, S. 20–34.

429 K. Berger, Jesus (s. Anm. 261), S. 130 ff.

ständlich waren, wie z. B. die Todesvorstellungen, kannten sie doch die Zeugnisse des Alten Testaments und wußten, die auf sie anspielenden Bilder und Geschichten im Neuen Testament richtig zu lesen. Die Heilswunder des schöpferischen Gottes, der am Anfang die Welt aus dem Nichts erschaffen hatte, der dann am Schilfmeer vor seinem Volk das Meer spaltete, Israel in der Wüste am Leben erhielt und immer wieder seine Frommen aus den Fluten des Verderbens herausriß, konnten sie in den Jesusgeschichten wiedererkennen und diese so im Licht des alttestamentlichen Schriftzeugnisses in ihrer Transparenz verstehen. Für uns heutige Menschen ist dagegen diese Sicht weitgehend verschlossen. Nicht nur unsere mangelnde Bibelkenntnis, sondern ein anderes Wirklichkeitsverständnis verstellen uns den Zugang zur Botschaft. Denn *für uns hat die Welt ihre Zeichenhaftigkeit verloren.* Wir leben in einer eindimensional ausgelegten Welt ohne einen durch die Dinge hindurchscheinenden, das Leben und die Geschöpfe tragenden, Sinn. Die Geschehnisse in Natur und Geschichte haben für uns keine über diese selbst hinausweisende Bedeutung und in diesem Sinn auch keine Wahrheit, sondern ihre Faktizität ist ihr einziges bedeutsames Merkmal. Entsprechend können wir auch das in der Bibel Berichtete nur im historisch-faktischen Sinn verstehen. Nicht, was die Geschehnisse *sagen*, worauf sie *verweisen*, welche Botschaft sie *aufleuchten lassen*, ist für uns von Interesse, sondern ob alles tatsächlich so geschehen sei oder wie es gegebenenfalls denn »wirklich« war. Doch mit dieser neuzeitlichen Fragehaltung, in der ironischerweise dezidierte Rationalisten und Fundamentalisten heute genau übereinstimmen, gehen wir an der Sinnhaftigkeit der biblischen Zeugnisse vorbei. Denn nicht, ob das Grab des Joseph von Arimathia am dritten Tag historisch-faktisch leer war und wie es wohl dazu gekommen sein könnte, ist für die Erzähler von vorrangigem Interesse. Nicht darauf, ob Fallwinde, von den Golanhöhen herwehend, manchmal den See Genezareth so aufwühlen, daß Fischerboote in arge Not geraten, oder ob und an welchem Ort sich Jesus einst mit einer fünftausendköpfigen Menge in Galiläa versammeln konnte, kommt es beim Hören und Verstehen dieser Geschichten an. Die

Wahrheitsfrage, auf die hin sie gelesen und verstanden werden wollen, geht viel tiefer. Sind wir der Meinung, daß uns im letzten eine finstere, gefühllose Todesmacht umgibt, der wir alle einmal anheimfallen, oder können wir glauben, daß Christus in der Lebensmacht Gottes in die Wirklichkeit des Todes eintrat und auch unsere Toten aus der Todesfinsternis herausreißt? Stellen wir uns darauf ein, daß am Ende doch die Chaoskräfte wieder über dieser Welt zusammenschlagen, oder können wir hoffen, daß Christus diesen Mächten Stille gebieten wird, und also darauf vertrauen, daß er auch schon in dieser Weltzeit bei seiner ängstlichen, glaubensarmen Jüngerschar mit im Boot ist und sie in den Stürmen der Weltgeschichte bewahrt? Halten wir es mit denen, die behaupten, daß jeder sich selbst der Nächste ist, oder sind wir bereit, von den Jüngern Jesu zu lernen, die auf Anweisung ihres Herrn das wenige, was sie haben – was sie *von ihm* empfingen – mit den Hungernden in der Wüste teilen und dabei erfahren, daß am Ende alle satt werden? Um *diese* Fragen geht es in den großen Verkündigungsgeschichten der Bibel; sie fordern unseren Glauben und unsere Glaubensantwort heraus. Doch um die so gestellten Fragen hören zu können, müssen wir die Texte in ihrer Mehrsinnigkeit verstanden haben. Wir müssen ihre Bildersprache kennen, um die biblischen Anklänge und Verweisungen wissen und vor allem die Tiefendimensionen der Wirklichkeit und unseres Lebens wahrzunehmen fähig sein.

5. Die Einsicht in die Mehrdimensionalität der biblischen Texte hat einst in der Alten Kirche zur Ausprägung der »*Lehre vom mehrfachen Schriftsinn*« geführt.[430] Die Schrift hat nicht nur einen einzigen, den »historischen Sinn«. Das in ihr Bezeugte geht nicht auf in seiner historischen Tatsächlichkeit, sondern in und hinter dem Erzählten verbirgt sich nach dem Schriftverständnis der Alten Kirche ein »geistlicher Sinn«, der auf eine geistliche Wahrheit hinzielt. Dieser

---

430 Vgl. P. Stuhlmacher, Vom Verstehen des Neuen Testaments. Eine Hermeneutik, GNT 6, Göttingen ²1986, 76–93.

»geistliche Sinn« wurde seit Origenes weiter ausdifferenziert und auf die christologische, ekklesiologische und eschatologische Dimension der Texte bezogen. Die Schriftzeugnisse meinen nicht nur den historischen Fakt, sondern verweisen verborgen auf Christus und den Glauben, auf den Weg der Kirche und das zukünftige Heil. – Vor allem infolge der willkürlichen Auslegungspraxis, die in den späteren Jahrhunderten um sich griff, ist die Lehre vom mehrfachen Schriftsinn in der Reformation scharf verurteilt worden. Sie steht bis heute im Protestantismus im Verruf. Die Reformatoren empfanden die allegorischen Deutungen der mittelalterlichen Kirche als ein unernstes Spielen mit der Schrift und machten ihnen gegenüber den historischen bzw. wörtlichen Sinn zum einzigen Maßstab ihrer Lehre. Doch wenn wir nun entdecken, daß dieser wörtliche Sinn selbst nach seiner geistlichen Deutung verlangt, wenn es, wie wir sehen, die Sprachgestalt der biblischen Texte selbst ist, die als ein Netz verweisender Zeichen und Metaphern verstanden und gedeutet werden will, so kann und sollte die Weisheit und das begrenzte Recht der altkirchlichen Schriftlehre noch einmal in den Blick kommen.

6. Auch wir müssen heute wieder zu einer Schriftauslegung kommen, die die Mehrdimensionalität der biblischen Texte bewußt macht, auf ihre verweisenden Zeichen achtet und so *den geistlichen Sinn* der Schrift erschließt. Nicht einer willkürlichen Exegese, die der Phantasie freien Lauf läßt, soll damit das Wort geredet sein, wohl aber einer an die Sprache der Texte gebundenen Auslegung, die den innerbiblischen Verweisen und Metaphern nachspürt und dabei den theologischen Sinn erfragt. Zu solcher Auslegung gehört es, sich die in den Texten gezeichneten Bilder und Situationen vor Augen zu stellen, bewußt zu machen, welche Glaubenserfahrungen mit diesen grundlegenden Bildern im Lauf der biblischen Überlieferungsgeschichte verknüpft wurden, die eigene Emotionalität und die eigenen Lebenserfahrungen mit ins Spiel zu bringen, und vor allem: sich für die Tiefendimensionen unseres Lebens und der uns umgebenden Wirklichkeit neu zu öffnen. Zwar können wir das Wirklichkeitsverständ-

nis der Antike nicht einfach übernehmen. Wir leben in einer durch Wissenschaft und Technik grundsätzlich veränderten Welt. Doch sollten wir kritisch werden gegenüber einer Weltsicht, die nur noch das wirklich sein läßt, was wir fassen und greifen und selber produzieren, aber alles, was darüber hinausgeht, was uns beunruhigen oder stören könnte: die Wirklichkeit Gottes und die Wirklichkeit der Sünde und des Todes, – ausklammert und verdrängt. Denn die neutestamentlichen Erzählungen weisen in ihrer Zeichensprache in eben diese Wirklichkeit hinein. Die Speisung in der Wüste, die Stillung des Meeres, das Heilwerden der Blinden, Lahmen und Tauben, der Seewandel sowie der weggewälzte Stein und die leere Grabstätte und andere Zeugnisse sind Zeichen und Hinweise, daß etwas Neues von Gott her in die von Angst und Hunger, Heillosigkeit und Verderben gekennzeichnete Welt eingebrochen ist, daß Christus seine Herrschaft bereits antrat und Sünde und Tod entmächtigt wurden.

7. Können wir die biblische Sprache, die gleichnishaft und metaphorisch in die Lebensmacht Gottes hinüberweist, verstehen und lernen, oder ist die in sich geschlossene empirisch-faktische und rational aufgeklärte Welt der einzige Horizont unseres Lebens und Denkens? Das ist *die Frage, vor der wir heute stehen*. Die biblische Hoffnung richtet uns auf eine Wirklichkeit aus, die unser Wahrnehmen und Vorstellen übersteigt. Gleichzeitig öffnet sie unser Denken und Empfinden für Dimensionen unseres Lebens, die uns gewöhnlich verschlossen sind. Daß sich der ewige Gott des kleinen Menschen angenommen hat, ihn liebt und trotz seiner Gottlosigkeit nicht verlorengehen lassen will, daß der Tod nicht die letzte, alles zunichtemachende Wirklichkeit ist und Menschen daher getrost leben und auch angesichts des Sterbens hoffen dürfen, ist aus der empirisch wahrnehmbaren Welt nicht abzuleiten und kann daher auch nicht mit den Mitteln einer das Vorfindliche lediglich abbildenden Sprache ausgesagt werden. Worauf sich unser Leben gründet und zu welchem Ziel es führt, können wir nur in der Metaphernsprache des Glaubens sagen und weitergeben. Daher steht heute

nicht die Frage zur Debatte, ob sich dies oder jenes historisch-faktisch nachweisen und in diesem Sinn »glaubhaft« machen läßt. Es geht darum, ob wir, eingepaßt in die eindimensional ausgelegte Welt, in Zukunft verstummen müssen, oder Worte und Bilder haben und weitergeben können, in denen die alle Welterfahrungen sprengende biblische Hoffnung uns erreicht.

Übersicht über die ausgelegten Bibeltexte

„Der Weg ins Leben führt nur durch den Tod"

Ursula Früchtel / Astrid Ohla / Kerstin Othmer-Haake

Tod und Auferstehung

Das Thema im Unterricht der Kirche und der Schule. In Verbindung mit Hans-Martin Böcker, Michael Fürste, Christoph Grün, Roger Hartmann, Manfred Karsch und Detlev Schuchardt.

1996. 355 Seiten mit zahlr. Abbildungen und Textblättern, kartoniert
ISBN 3-525-61263-X

„Tod und Auferstehung" ist das zentrale Thema christlichen Glaubens – zugleich auch das am schwersten zu vermittelnde und oft gescheute. Der Unterricht der Kirche und der Unterricht der Schule werden bei diesem unumgänglichen Thema andere Akzente setzen. Das Buch bietet im Anschluß an theologisch-didaktische Grundüberlegungen konkrete Unterrichtsentwürfe, anregende Materialien und Kopiervorlagen für die Lernorte Kirche und Schule.

Siegfried J. Schwemmer

Den Tod durchdringt das Leben

Umgang mit Grenzerfahrungen

TRANSPARENT, Band 44.
1997. 127 Seiten, kartoniert
ISBN 3-525-01818-5

Der Tod gehört zum Leben. Jeder Mensch muß sich mit ihm auseinandersetzen. Wie gehen wir mit den Grenzen des Lebens um?

Grenzerfahrungen sind emotional belastend. Sie können zu psychischen Reaktionen führen, ungeahnte Bilder und Vorstellungen wecken und zu einer geistigen und geistlichen Herausforderung werden. Nur wer den Tod nicht flieht, ihn nicht verdrängt, beschönigt und sich nicht vertröstet, findet das Leben.